工程建设理论与实践丛书

# 地铁车站
## 建筑与消防设计

DITIE CHEZHAN JIANZHU YU XIAOFANG SHEJI

葛志伟 杜 玲 周伶俐 段劲夫 主编

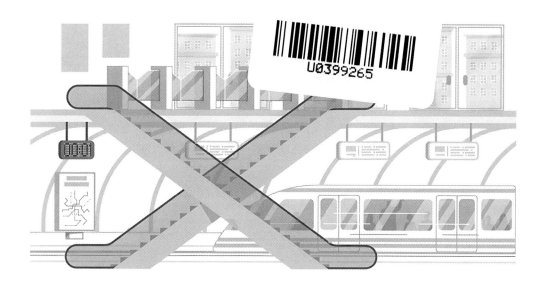

华中科技大学出版社
http://press.hust.edu.cn
中国·武汉

图书在版编目(CIP)数据

地铁车站建筑与消防设计/葛志伟等主编. —武汉:华中科技大学出版社,2023.4
ISBN 978-7-5680-9303-3

Ⅰ.①地… Ⅱ.①葛… Ⅲ.①地下铁道车站-建筑设计 ②地下铁道车站-消防设备-建筑设计 Ⅳ.①U231.4 ②U231.96

中国国家版本馆 CIP 数据核字(2023)第 053958 号

## 地铁车站建筑与消防设计　　葛志伟　杜　玲　周伶俐　段劲夫　主编
Ditie Chezhan Jianzhu yu Xiaofang Sheji

| | |
|---|---|
| 责任编辑:周永华 | |
| 封面设计:杨小勤 | |
| 责任监印:朱　玢 | |
| 出版发行:华中科技大学出版社(中国·武汉) | 电话:(027)81321913 |
| 　　　　　武汉市东湖新技术开发区华工科技园 | 邮编:430223 |
| 录　　排:华中科技大学惠友文印中心 | |
| 印　　刷:武汉科源印刷设计有限公司 | |
| 开　　本:710mm×1000mm　1/16 | |
| 印　　张:19.5 | |
| 字　　数:350千字 | |
| 版　　次:2023年4月第1版第1次印刷 | |
| 定　　价:98.00元 | |

本书若有印装质量问题,请向出版社营销中心调换
全国免费服务热线:400-6679-118　竭诚为您服务
版权所有　侵权必究

# 编 委 会

**主　编**　葛志伟(中铁第六勘察设计院集团有限公司)
　　　　　杜　玲(佛山铁路投资建设集团有限公司)
　　　　　周伶俐(中铁第六勘察设计院集团有限公司)
　　　　　段劲夫(中铁二院工程集团有限责任公司)

**副主编**　黄启友(北京城建设计发展集团股份有限公司)
　　　　　梅　俊(中铁第六勘察设计院集团有限公司)
　　　　　徐培牲(嘉善县消防救援大队)

**编　委**　高　明(苏州市吴江区消防救援大队)
　　　　　杨明新(深圳市市政工程质量安全监督总站)
　　　　　曹江涛(中铁十六局集团铁运工程有限公司)
　　　　　常新亮(成都轨道建设管理有限公司)
　　　　　陈选芳(云南省城乡规划设计研究院)
　　　　　刘智佳(深圳市市政设计研究院有限公司)
　　　　　刘志刚(中铁城建集团有限公司)

# 前　言

随着城市化进程的不断加快,城市人口急剧增加,地铁作为现代城市交通的重要工具,缓解了城市人口增加带来的城市交通拥堵问题。地铁作为一种安全性与舒适性较强的快速交通手段,是目前大城市的重点交通工具,有助于减轻城市交通压力。地铁的建筑设计决定了地铁服务质量。为促进地铁的发展,我们需要通过不断创新的理念健全现有的地铁建筑结构体系。在人口高度密集的大城市,每天的人流量非常大,尤其是在上下班高峰期,通行人群高度密集,但地铁属于地下建筑,其内部空间相对密闭,且与外界相连的出入口较少,一旦发生火灾等安全事故,乘客的生命财产安全将受到严重的威胁。如何在事故发生时有效地控制火灾事态和快速安全地疏散乘客,是值得关注的问题。

地铁车站是供乘客候车和换乘的场所。随着全国地铁运营里程不断增加,车站安全问题成为地铁建设的重要研究课题。尤其是车站的建筑设计和消防设计,直接关系到地铁工程的安全运营和使用功能的正常发挥,对公共安全、城市轨道交通建设和发展影响重大。

本书围绕地铁车站建筑设计和消防设计两大方面分别进行研究,主要内容分为5章:概述、地铁车站、地铁车站建筑设计、地铁车站消防设计、地铁车站消防智能安全系统。

# 目　　录

- 第 1 章　概述 …………………………………………………………… (1)
  - 1.1　地铁与城市发展 ………………………………………………… (1)
  - 1.2　地铁车站消防设计的重要性与必要性 ………………………… (4)
- 第 2 章　地铁车站 ……………………………………………………… (9)
  - 2.1　地铁车站概述 …………………………………………………… (9)
  - 2.2　地铁车站建筑综合体 …………………………………………… (47)
- 第 3 章　地铁车站建筑设计 …………………………………………… (69)
  - 3.1　地铁车站建筑设计概述 ………………………………………… (69)
  - 3.2　地铁车站主体建筑设计 ………………………………………… (75)
  - 3.3　地铁车站地面附属建筑设计 …………………………………… (101)
  - 3.4　地铁车站建筑综合体空间设计 ………………………………… (123)
  - 3.5　地铁车站结构设计 ……………………………………………… (134)
- 第 4 章　地铁车站消防设计 …………………………………………… (178)
  - 4.1　地铁车站消防设计概述 ………………………………………… (178)
  - 4.2　地铁车站消防与疏散设计 ……………………………………… (188)
  - 4.3　地铁车站地下建筑综合体防灾设计策略 ……………………… (240)
  - 4.4　南宁市轨道交通 2 号线东延工程玉岭路站消防设计 ………… (243)
- 第 5 章　地铁车站消防智能安全系统 ………………………………… (264)
  - 5.1　地铁车站建筑消防系统联动 …………………………………… (264)
  - 5.2　基于 BIM 技术的地铁智能消防 ………………………………… (283)
- 参考文献 …………………………………………………………………… (299)
- 后记 ………………………………………………………………………… (303)

# 第1章 概　　述

## 1.1 地铁与城市发展

### 1.1.1 地铁建设背景

随着越来越多的人口涌入城市,大量的住宅楼、写字楼、商业建筑纷纷涌现,给城市的基础设施带来很大压力,楼房越建越高,城市居住用地越来越稀缺,导致土地价格一路上涨,城市绿地越来越少。如果道路交通发展受限,那么中心城区与周边城镇的联系会很薄弱,城市中心区辐射能力受限,周边区域和城镇的经济很难被带动,进而阻碍城市化进程。

城市化速度加快,城市人口增长迅速,尤其是在大城市,城区内的道路大多不具备再次大规模扩建整改的可能,通行能力早已饱和,且私家车的数量与日俱增,城区内又没有富余的土地用于设置足够的停车位,从而使交通更加拥挤。

一个城市的交通,就如同人体的骨骼一样,城市面积越大、发展得越快,越需要更为庞大的骨架进行支撑。世界各国、各大城市都在探索城市交通发展新形式,其中最为有效的模式是促使人们使用公共交通出行,对城市进行立体化改造。为了使城市里现有的空间得以扩大,人们开始对城市的地下空间进行开发,城市立体化改造便逐步发展起来。这样地面上便有更多的空地可以进行绿化,更重要的是,可以大大减轻地面交通的压力,在地下空间的各种开发方式中,地铁是公认最高效的,它就像地下空间的动脉一样,为拓展城市地下空间贡献了巨大的力量。

地铁线路优先敷设于地下,但也有地上车站,有的站点甚至会采用高架桥敷设的方式。地铁具有运量大、速度快两大特点。地铁交通便捷,能够减少地面交通的通行压力,减少人们的出行时间,使人们有更多的交通方式选择,同时也优化和增强了地面的使用价值和使用效率。城市轨道交通的建设及运营能促进工业、运输业、房地产行业等的发展,刺激就业,促进沿线土地升值,拓展城市发展空间,具有明显的外部经济性,即项目产生的社会总经济效益远大于其本身产生的账面收益。

全球首条地铁建于19世纪的伦敦。《2022年世界城市轨道交通运营统计与分析综述》数据显示,截至2022年底,全球有78个国家和地区的545座城市开通了城市轨道交通系统,总里程超过41386.12 km,其中地铁、轻轨、有轨电车分别占48.9%、9.8%和41.3%。随着中国国力的提升、经济水平的提高,尤其是改革开放以后,国内地铁建设进入快速发展阶段。北京2008年成功举办了奥运会,对国内发展影响深远,对地铁行业的发展同样影响重大,这一时期不仅北京地铁得到迅猛发展,中国地铁的发展也进入了"黄金时代"。

由此可见,推动地铁建设已成为各国减轻城市交通压力的最佳途径之一。自2011年以来,国务院、工信部、国家发展改革委等多部门都陆续印发了支持和规范地铁行业的政策性文件。前期我国地铁行业政策着力于规范地铁运营安全;"十四五"时期,行业政策着力于进一步推动地铁行业装备的升级改造,同时建立现代化高质量综合立体交通网,推进地铁在城市发展中的带动作用。《"十四五"现代综合交通运输体系发展规划》指出,到2025年,综合交通运输基本实现一体化融合发展,智能化、绿色化取得实质性突破,综合能力、服务品质、运行效率和整体效益显著提升,交通运输发展向世界一流水平迈进。至2022年12月31日,我国城市轨道交通运营里程已达9584 km("交通运输部"微信公众号公布数据)。

随着地铁线路大量建设,地铁所承载的任务已不再是单一的运送乘客、缓解交通压力,人们希望它可以表达越来越多的东西,比如发挥窗口作用,通过展现城市地铁形象,来体现城市文化、地域风貌和历史底蕴等。

## 1.1.2　地铁文化及作用

根据《地铁设计规范》(GB 50157—2013),地铁指的是"在城市中修建的快速、大运量、用电力牵引的轨道交通。列车在全封闭的线路上运行,位于中心城区的线路基本设在地下隧道内,中心城区以外的线路一般设在高架桥或地面上"。

地铁在英文环境中,根据各城市类似系统的发展起源与使用习惯不同,常称为:metro(法国的巴黎,中国大部分地区)、MRT(新加坡,中国的台北、高雄等)、MTR(中国的香港)、overground(特指地上轨道)、railway(特指地上轨道)、subway(美国,中国的北京)、tube(英国的伦敦)或underground(英国的伦敦)。

我国的地铁建设从北京、天津等开始发展,凭借其高速、大运能、低污染、不受雨雪天气影响等特点,逐渐成为人们出行的首选。地下交通具有地上交通所不具备的优势,不仅可以给人民群众带来生活上的便利,更改善了当地的发展环境。我国也将"发展大城市轨道交通"列入《中华人民共和国国民经济和社会发展第十个五年计划纲要》,将其作为健全综合交通体系的重要措施。北京地铁于20世纪50年代开始筹建,60年代开始动工并通车运营,80年代得以发展,90年代进入新的发展时期,2008年的奥运会成为北京地铁建设的一个重要契机,进一步推动了北京地铁的发展。现如今,我国一线城市的地铁网络已初步建立,并逐步发展完善,与此同时,越来越多的二线和三线城市也在为了当地的长远发展积极筹建地铁,以期通过发展地下轨道交通,改善城市公共交通。

建设城市轨道交通,应先考虑如何缓解城市交通拥堵。城市轨道交通修建后所达到的效果应是立竿见影的。随着城市的不断发展,社会的不断进步,城市轨道交通的先导性功能(即引导城市结构优化、建设生态城市)也越来越受到人们关注,应该延伸城市地铁建设的意义,深度发掘地铁建设的城市影响。同时,轨道交通运输作为一种公益性的运输方式,竞争力较小,可以大幅减轻交通压力,同时具有改善环境、减少污染等优势,地下轨道交通系统的不断完善对城市的建设和发展大有裨益。

## 1.1.3 地铁与城市发展

地铁是通往城市的门户,是展现城市形象的窗口,也是城市经济发展的催化剂。地铁修建完成后,将会对城市产业结构产生影响,城市的可达性将增加,经济产业也将转移到可达性较高的城市空间,城市空间结构也会产生相应变化。

现如今城市的发展有两种类型:紧凑模式(也称为集约开发模式)和松散模式。前者的特点为:尽可能提高土地利用率,包括地上空间和地下空间,并在高密度的城市空间内布置产业和人口。后者的特点为:城市人口与产业布局较为松散,与郊区化的发展特征比较吻合。按照我国目前的发展来看,最适合的发展模式是紧凑模式。有学者认为,紧凑模式是当今中国实现可持续发展的关键。

一方面,人员的高效流动带动着城市的快速发展,地铁车站就是一个区域增长极,可通过提升车站周边的土地利用率,放大地铁车站的经济意义,从而带动周围的经济发展逐步向外扩延;另一方面,经济的发展势必会促进人员的进一步流动,其带动效应会通过地铁线路影响更远的区域,出现一点带一片、一片带一面的效应。这也是集约式发展的典型模式。

不同城市地铁的发展阶段不一样。举例来说,与北京、上海等较早建设城市轨道交通的城市不同,郑州第一条城市轨道交通线路(郑州地铁1号线)在2013年12月28日才开通试运营。其虽然起步时间相对较晚,但同样具有一定的优势,比如郑州地铁的设备比通车较早的城市更先进,地铁车站内部的设施、交通流线也进行了优化。从郑州市的发展情况来看,郑州不断建设的地铁系统,必将成为郑州城市发展的主要动力。地铁的潜在价值是巨大的,是值得花时间与精力去挖掘的,比如说在条件合适时,将地铁与商业结合,采用地铁车站上方盖商业建筑的方式为远期周边的发展做考虑,也可为远期周边商业建筑或大型公共建筑预留接口等,虽然工期会延长,但地铁是百年工程,与日后产生的正面效益相比,是值得投入的。

地铁的发展带动着城市不断扩大,这种扩大有地域面积的扩大,也有经济效益的增长;经济的不断壮大又会反过来促进地铁建设的不断深化、进步和延伸。城市和地铁相辅相成、相互影响、相互促进。

## 1.2 地铁车站消防设计的重要性与必要性

### 1.2.1 地铁车站火灾事故情况

近年来,城市轨道交通发展迅速,是城市现代化发展的标志之一,城市轨道交通客运量占公共交通客运总量的比重持续增高。选择地铁交通出行的城市居民比例逐步增加。随着先进科技的应用,地铁车站内设备增加,设施损耗增大,加之站内乘客、工作人员具有不确定性,火灾事故发生率也随之增高。在地铁交通中,地铁车站为列车提供停靠地,也是乘客换乘、候车的场所,空间内人员多,脆弱性增强,一旦发生灾害,波及范围广,应该重点关注其安全性。

为有效预防和控制地铁火灾事故,国内外很多学者对地铁火灾的发展规律、起火部位、起火原因、事故损失等方面进行了研究。杜宝玲对国外地铁火灾案例进行统计,分析地铁火灾的主要原因和火灾发生部位的分布规律。袁勇、邱俊男统计整理了1960—2012年的地铁火灾并分析了地铁火灾的主要原因。朱奥妮从地铁事故原因、发生空间和时间分布、火灾事故损失等方面统计分析了2000—2019年国内外地铁火灾事故。

2021年,陈佳乐、张秀敏、徐强等在《国内外地铁火灾事故统计分析及对策》

一文中,从国内外文献、新闻报道、网站等收集到地铁火灾事故案例118例(包括国外地铁火灾事故案例84例,国内地铁火灾事故案例34例),对全球地铁火灾事故总体情况进行了统计分析,其内容如下。

(1)为研究地铁火灾的发展情况,以20年作为一个研究周期。1960年之前仅有伦敦、巴黎等少数发达城市建有地铁,因此只收集到1起1960年之前的地铁火灾事故案例。从图1.1可以清晰地看出,地铁火灾事故数量在不断增长,并于2000—2020年达到最高。

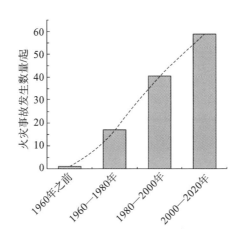

**图1.1　国内外不同时期地铁火灾事故发生数量**

(2)火灾事故造成的人员死亡、受伤情况如图1.2所示,可以看出火灾事故造成的人员伤亡人数随周期递增。2000—2020年发生的地铁火灾事故最多,累计的伤亡最大,共计2563人。1980—2000年造成的死亡人数最多,共计744人。21世纪以来地铁火灾中死亡人数与其相比下降了36%,但死亡人数仍接近500人,地铁防火形势不容乐观。

陈佳乐、张秀敏、徐强等按照我国《生产安全事故报告和调查处理条例》将调研整理的地铁火灾事故进行了分级。

(3)结合调查统计的火灾事故案例,同时参考相关文献的起火原因,可将地铁火灾事故原因分为人为因素、设备因素、意外明火、其他因素。

由于事故原因各异,在地铁车站运营过程中,需要关注站内所有可能的致灾因素,进行全面预防与控制,降低火灾事故率,最大限度保证地铁车站的安全。

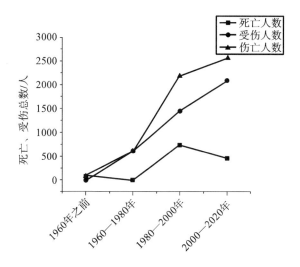

图 1.2 国内外地铁火灾中死亡、受伤人数统计

## 1.2.2 地铁车站火灾的特点

地铁车站属于地下建筑,四周封闭,内部空间有限,供人员出入的通道较少,且地铁内的人员数量多,列车、站台等地的人员密度较高,在这样的环境下一旦发生火灾事故,将严重威胁乘客的生命财产安全。近年来,随着各个城市地铁建设的发展,地铁安全问题越来越多地引起人们的关注。地铁一旦发生火灾事故,危害极大,原因有以下四点。

(1)人员密集。地铁车站人员密集,是运量较大的交通工具之一,当事故发生时,乘客容易慌乱,由于逃生出口有限,待疏散人员量大,疏散口处会形成拥堵现象,甚至会出现踩踏事故,从而造成二次伤害。

(2)温度高。与地面建筑相比,地铁位于地下,其四周封闭,且周围的防护结构坚固,同时与外界相连的出入口较少,一旦发生火灾事故,烟、热无法通过自然排烟的方式及时排出,地铁内部的温度将会快速上升,形成非常不利于人员疏散的高温缺氧环境。

(3)产生一氧化碳等有毒气体。由于地铁建筑多位于地下,空间狭小且封闭,发生火灾时,燃烧不充分产生的一氧化碳等有毒气体浓度迅速增加,严重威胁车站内待疏散人员的安全。

(4)可见度低。地铁内部空间有限,火灾发生时会释放大量的高温高热烟气,烟气积累无法及时排出则会使得地铁内部的可见度下降,严重影响人们的疏散效率。

## 1.2.3 地铁车站火灾危险性分析

结合地铁车站内火灾事故发生的原因,对地铁车站火灾事故的危险性进行总结,如图1.3所示。

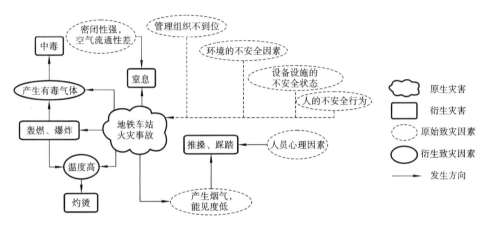

图1.3 地铁车站火灾事故的危险性图示

地铁工程中火灾事故出现频率较高的区域分别为区间隧道、地铁车站、车站重要的管理、设备用房。地铁发生火灾时主要有以下特点。

(1)人员疏散难度大。由于地铁工程一般位于地下空间,地铁车站内人员密度大,空间相对较小,一旦发生火灾,火势蔓延迅速,人员疏散困难,抢险救援难度较大。

(2)逃生条件差。地下空间起火后,由于供氧不足,可燃物燃烧不够充分,迅速出现大量浓烟和有害气体。这些有毒烟气扩散,易使人缺氧、中毒、窒息等,还会降低能见度,恶化逃生环境,影响逃生速度。

(3)突发性强,预防难度大。地铁人流量较大,事故发生的时间、地点随机性较强,很难事前控制。

(4)易发生推搡、踩踏。发生火灾时,火势与烟气会阻碍人群行动,加之人群对站内情况不熟悉,易导致慌乱,发生推搡、踩踏。

火灾事故的发生没有规律性,无法预测,一旦发生,往往会造成极大的损失,我们要做好预防工作,尽量减少伤亡、降低损失。如今,地铁消防安全已经在社会各界引起广泛的关注,特别是在人员密集的地铁车站,消防安全越来越受关注。地铁车站是整个地铁运营的控制中心,如果出现火灾事故将会产生不可估量的经济损失,同时还会产生不良的社会影响。地铁车站防灾系统的安全可靠性极其重要,特别是在起火初期,快速扑灭火源,防止其蔓延极为重要。因此,在地铁车站消防工程项目中,要重视消防方案设计、优化、选择等方面的工作,并进行全方位分析研究,保证整个工程项目的质量,从而保障设备和人民生命财产的安全。

### 1.2.4　加强地铁车站消防设计的重要性、必要性

地铁作为人们日常出行的主要方式之一,牵动着大家的日常工作和生活。在设计地铁车站时,为了保障安全,应当全面分析研究地铁车站可能存在的安全隐患,有效提升地铁车站的整体设计水平,从而保证地铁能够更安全、更舒适地服务乘客。

在地铁车站设计中应重视解决消防问题,设计人员需要针对消防问题优化设计方案,降低火灾发生的可能性,同时保证在发生火灾后乘客可以及时逃生。地铁车站建筑的特殊性使其在发生火灾后会面临比地上建筑更大的扑救难度和人员营救难度,所以在车站设计之初,要合理设计地铁车站建筑结构,提升地铁车站的安全性,预防火灾。同时提高地铁车站的火灾应对能力,保障乘客出行安全,推动地铁行业健康持续发展。

# 第 2 章　地 铁 车 站

## 2.1　地铁车站概述

### 2.1.1　地铁车站基本构成与发展趋势

**1. 功能属性**

与其他城市公共交通建筑相比,地铁车站建筑除具有交通运输的基本功能属性之外,还具有城市系统中的交换属性、活动过渡的中介属性、高速变化的流动属性、专用路权的排他属性、人流汇集属性、塑造城市形象的"地标"属性等。

(1)城市系统中的交换属性。

在城市系统中,地铁作为其重要的交换元素,能够表现城市的流动模式。地铁能够使不同地点的人交换互通,串联起城市人群的工作、生活、娱乐等空间,满足人们切换不同活动空间的需求。

(2)活动过渡的中介属性。

地铁作为一种交通运输工具,有效连接城市中的不同区域,是城市空间转换的过渡介质。城市人群的出行活动需要交通设施,地铁车站作为重要的轨道交通设施实现了人群活动起点与终点的重要过渡。

(3)高速变化的流动属性。

城市轨道交通的运行帮助人们在城市中快速发生位置移动,缩短行程时间,改变了人、空间、城市之间的相互关系,乘坐过程较为单调。地铁高速变化的流动性容易分散人的注意力,降低人与人的互动感、人对空间的体验感。

(4)专用路权的排他属性。

路权的专用性是指地铁在区间隧道或隔离式专用路轨上运行。乘坐地铁的乘客无法通过视觉参与其他城市活动,给人以很强烈的独有性、排他性、疏离感,这也是除高速变化的流动性之外,又一个造成乘客旅程单调的原因。

(5)人流汇集属性。

地铁因其运载量大、方便快捷的特点成为大众使用频率较高的交通方式,扮演着轨道交通运输者的重要角色。地铁车站作为城市公共交通空间是一种可以吸引大量人流的"特有空间",也是一种为大众服务的"普通空间"。

(6)塑造城市形象的"地标"属性。

地铁车站并非孤立存在,它扎根于城市,作为城市文化的传递者、城市人流的运输者、城市形象的塑造者而存在,其地面建筑的外观形态对城市整体形象会产生一定的影响。城市或区域特色反映到地铁车站上,地铁车站融入周边的建筑环境中,可以打造城市的独特风景与地标。

## 2. 建筑构成

地铁车站的构成有多种划分方式。

地铁车站从空间环境来划分,由室内和室外两种环境要素构成。室内环境是指地铁交通空间、地铁站厅空间、地铁站台空间及辅助性功能用房。室外环境主要是地铁车站外的空间区域和地铁出入口空间。

地铁车站主要由三大部分组成,第一部分为车站主体,包括站厅、站台、设备及管理用房等;第二部分为出入口及通道;第三部分为附属建筑,主要有通风道、风亭、冷却塔等。

地铁车站内部组成复杂,涉及较多设备及辅助设施,也可以将地铁车站划分为乘客使用、运营管理、设备用房、生活辅助四个部分(表2.1)。乘客使用部分是为乘客提供服务的场所,是地铁车站的重要组成部分,约占地铁车站总面积的40%,主要包括站厅、站台、出入口、通道、售票处、检票口、问询处、楼梯、自动扶梯等。运营管理部分是为保证车站正常运行而设置的相关办公用房,主要包括站长室、车控室、值班室、客服中心等。设备用房部分是保证车站正常运行,为乘客提供优质服务,营造车站良好环境的设备用房,主要包括环控、照明、给排水、供电、通信信号等房间。生活辅助部分是为满足车站工作人员工作与基本生活需求而设置的房间,主要包括茶水间、储藏室、休息室、工具室、更衣室等。各部分之间既独立又有一定的内在联系。

表 2.1 地铁车站建筑构成及设施部分

| 序号 | 建筑构成 | 主要设施部分 |
| --- | --- | --- |
| 1 | 乘客使用部分 | 站厅、站台、楼梯、卫生间等 |

续表

| 序号 | 建筑构成 | 主要设施部分 |
| --- | --- | --- |
| 2 | 运营管理部分 | 站长室、值班室、广播室等 |
| 3 | 设备用房部分 | 通风、给排水、空调等设备用房 |
| 4 | 生活辅助部分 | 储藏室、休息室、工具室、更衣室等 |

## 3. 空间特征

地铁车站建筑空间可按照乘客乘坐地铁的整个动线划分为出入口空间、过渡空间（站厅、楼扶梯及通道空间）、候乘空间（图 2.1）。地铁出入口空间是地面空间与地下站内空间的重要连接部位，它的主要作用是将乘客由城市道路或地面建筑引导至地铁建筑空间中，要求其易识别和方便使用等。站厅层作为出入口空间与候乘空间的重要节点，承担着连接与过渡二者的作用。站厅层一般划分为公共区（分为非付费区和付费区）、设备及管理用房区两部分。其中非付费区和付费区以进出站的检票机作为分界线，检票机以外区域为非付费区，以内区域为付费区。候乘空间是供乘客等候和换乘的区域，对地铁的运载能力有着直接的制约作用，候乘空间尺度需要满足基本的安全疏散要求。

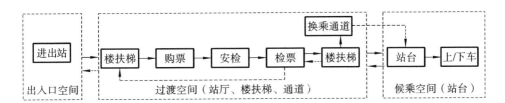

图 2.1　地铁车站建筑空间划分

相比其他地面建筑，地铁车站建筑因处在地下，通常无法满足乘客对自然光线的需求，空间环境比较封闭、沉闷，容易使人产生压抑、不安的情绪。地铁车站建筑中的出入口空间、过渡空间、候乘空间采用多种空间形态组合，有利于通过多元化的艺术形式，有效缓解乘客因处于地下空间而产生的压抑感。对不同地铁车站建筑空间进行差异化的艺术处理，可以强化空间节奏的变化，优化空间形态及功能，突出整体空间的艺术氛围，让乘客能够在地铁车站中体验多变且具有秩序感的空间。

### 4. 发展趋势

从1863年英国伦敦首条地铁建设运营之后,为顺应时代的发展与进步,地铁建设也产生了相应的改变。在满足基本的交通功能需求之外,乘客对地铁车站建筑又提出突出区域特色、注重人的空间感知等设计要求。现阶段地铁车站在建筑功能、建筑形式、空间形态等方面朝着复合化、多元化、人性化的方向不断发生演变。这些发展趋势也从侧面反映了大众对地铁车站建筑设计的需求,同时为后续在地性设计提供趋向依据与技术支撑。

(1) 建筑功能的复合化。

随着轨道交通的发展与进步,地铁车站建筑在满足乘客对交通功能需求的同时,越发追求形态多样、空间人性的设计,站内空间在交通功能的基础上又衍生出休闲、展览等复合功能。越来越多的城市居民选择地铁出行,使得地铁车站周边人流密集,产生新的公共空间的功能需求。引入新型的公共空间或与现有的商业等相结合成为城市地铁车站建筑功能拓展的重点,这些都促进地铁车站建筑的功能从单一向复合化方向发展。

(2) 结构形式的多样化。

在城市的不同发展阶段,地铁车站建筑的空间形态也发生着相应的变化,建造技术的发展与新型材料的产生,使其结构形式由单一向多样化方向转变。在地铁建设初期,由于受到建造技术的制约,地铁车站建筑仅满足交通功能的需求,建筑形式较为单一,且建筑结构多为传统的砖拱结构,建筑材料多选用砖石与钢材。经过一百多年的建设,地铁建筑结构形式不断发生变化,建筑空间形式越发多样。不同的建筑结构形式可营造不同的空间氛围,给人不同的空间体验。设计师一般通过建筑材料与建筑结构的选择,营造车站空间氛围。

(3) 空间形态的多元化。

随着技术的发展与进步,地铁车站建筑空间在形式上也呈现出多元化的趋势。站厅作为主要的乘客活动空间,是连接地铁出入口与站台层的重要节点,布局形式的多样性为站内空间的发展增添了很多可能性。站厅层中庭空间的置入打破了原有的站厅布局形态限制,即大多在水平方向上进行空间延伸,丰富了竖向空间的层次,使得空间形态更加灵活多样。同时中庭营造的大体量空间具有良好的视觉可达性、人群聚集性、形象可识别性等特征。

## 2.1.2 地铁车站主体形式的选择和分类

地铁车站的形式与位置的选择首先要服从城市整体地铁线路规划,然后再根据车站本身的特殊性,选择车站的空间位置、运营性质、结构形式、站台形式、换乘方式等。结合不同的现场状况选择合适的车站形式,不仅可以降低造价、缩短工期、提高经济效益,还可以改善车站布局、优化车站功能、方便乘客通行等。因此,地铁车站选型不应该一概而论,因地制宜地选择合适的车站形式,是地铁车站建设中的首要任务。

**1. 根据地铁车站与地面位置关系分类**

(1)地下车站。

地下车站是指结构位于地面以下的地铁车站(图 2.2)。我国早期地铁车站普遍采用地下车站,主要是因为地下车站有节约城市用地、有防护功能等优势,但地下车站的缺点也很明显,空间封闭,采光差,站内噪声大,空气潮湿,照明及通风都需要人工加强,同时施工程序复杂,施工周期长,改造困难,成本也相对较高。

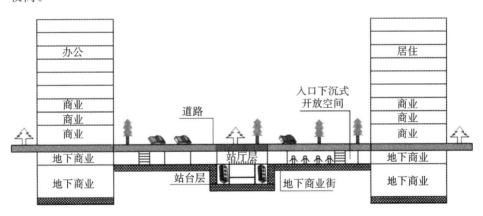

**图 2.2 地下车站示意图**

地下车站本身缺少建筑立面等设计要素,往往车站在地面之上唯一的可见元素就是车站出入口,其造型设计也就成为乘客辨识车站方位及建立车站印象的主要依据,因此出入口的设计在车站评价中占据了主要地位。同时由于人们在地下行走时方向感往往会降低,车站内部空间的导向和光线设计就显得尤为重要,而且车站应根据内部结构布置,规划站内装修设计,展现城市文化。

地下车站对城市地面空间的影响小,可以在改善地面交通环境的同时保持原地面建筑格局,不会打破地面城市空间结构的平衡,这也意味着对地面空间的重塑能力有限,往往仅限于对车站正上方的局部空间进行调整和空间重分配。

(2)地面车站。

地面车站是在场地空间允许的情况下,直接建设在地面的车站(图2.3)。其优点是布局灵活,乘客通行便利,可以实现自然通风和采光,建设成本较低。但地面车站建设受到城市地面交通限制,往往仅适用于人口密度较低路线的郊区站点,在城市中心区域和地面建筑密度较高的地区很难实现。

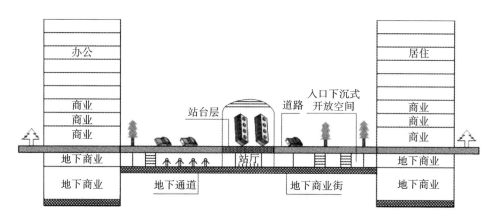

图2.3　地面车站示意图

地面车站对城市地面空间的影响明显,由于车站本身需要占用一部分地面空间,再加上为保证车站周边的交通顺畅,受车站影响的整个区域的地面布局都可能需要进行调整。虽然地面车站对城市空间改造的推动力较强,但我国城市空间密度相对饱和,从长远的经济开发角度来考虑,建设地面车站会对土地资源的利用造成浪费,因此,地面车站往往需要采用上盖物业等综合开发的形式,在垂直空间的利用上进行优化。

(3)高架车站。

城市轨道交通高架车站(图2.4)相比地下车站而言,建造速度快,造价较低,建设周期较短,车站的形象清晰明了,就是车站本身。相对于地面车站而言,高架车站占用的地面面积相对较少,对城市地块的分割作用较弱,对城市规划的影响较小。

高架车站由于主体结构位于高架桥上,其自然通风、采光可以达到令人满意的效果,但也不可避免地会产生噪声等干扰。相对于地下轨道交通而言,高架轨

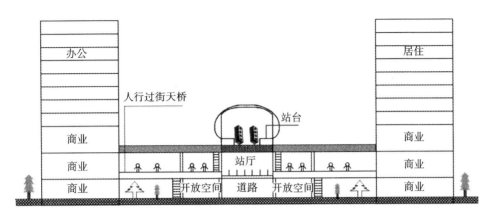

图 2.4 高架车站示意图

道交通主要存在以下三大问题:振动、噪声和对城市景观的负面影响。对于高架上铺设的地铁线路,应该尽量采取可以降噪减震的措施。

在城市设计中,高架车站对城市空间的影响虽不如地面车站,但在外观造型上也应该注意融入周围建筑物。如何使高架车站既不在城市空间中显得突兀,又在融入城市环境的同时有自己的风格特色,同时保证各个车站之间的风格统一,提高车站的辨识度,是高架车站建筑设计要考虑的主要问题。

## 2. 根据地铁车站埋深分类

地铁车站可根据埋深分成浅埋车站和深埋车站两类。

(1)浅埋车站。

浅埋车站是指轨顶标高距离地面标高在 20 m 以内的车站。浅埋车站的优点是车站埋深小,可以减少造价,楼扶梯及电梯距离短,方便乘客通行。但浅埋车站可能受到周边既有建筑物地基基础的影响,车站布局的局限性较大,同时车站本身的净高和造型会受到一定限制。浅埋车站建设时,如果采用开挖的施工方式,则车站周边的城市空间可以借车站建设重新进行规划。

(2)深埋车站。

深埋车站是轨顶至地表距离超过 20 m 的车站。埋深对车站内部的采光有较大的影响,埋深大的车站需要人工采光,地铁车站内往往更加阴冷潮湿。当然埋深对地铁车站的结构形态也有影响,由于施工工艺的限制,深埋车站往往为圆拱形车站,车站本身也具备了防空洞的功能,车站几乎不会对城市地面空间造成直接的影响,但车站带来的客流会加大对车站周边的功能需求,从而加速车站周边城市功能的发展。

## 3. 根据地铁车站施工方法分类

地铁车站按不同的施工方法可分为明挖法施工的车站结构、盖挖法施工的车站结构、矿山法施工的车站结构及盾构法施工的车站结构等。

(1)明挖法施工的车站结构。

明挖法施工的车站结构一般采用矩形框架结构,根据功能要求,可以设计成单层/双层/多层、单跨/双跨/多跨等形式。明挖法施工的车站,施工方法简单、技术成熟、工期短、造价低、便于使用,适用于环境要求不太高的地段。

明挖法施工的车站结构一般由底板、侧墙及顶板等围护结构和楼板、梁、柱等内部构件组合而成,如图 2.5 所示。根据受力的不同,顶板可采用单向板、井字梁式板、无梁板或密肋板等形式;底板主要按受力和功能要求设置,均采用以纵梁和侧墙为支撑的梁式板结构;侧墙多采用以顶、底板及楼板为支撑的单向板;其立柱一般采用钢筋混凝土结构,柱距一般取 8～9 m。

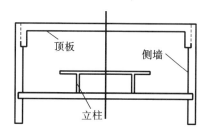

**图 2.5 明挖法施工的车站结构**

(2)盖挖法施工的车站结构。

盖挖法施工的车站结构一般也采用矩形框架结构。盖挖法施工的车站,是通过桩或连续墙支护侧壁,加顶盖恢复交通后在顶盖下开挖,然后灌注混凝土进行施工,如图 2.6 所示。其特点在于地面交通繁忙时对交通影响小,但施工难度稍大。

(3)矿山法施工的车站结构。

矿山法施工的车站结构一般采用拱形结构(图 2.7),根据地层条件的不同,可采用单拱式、双拱式或三拱式车站,根据需要可设计为单层或双层。其开挖断面面积一般为 150～250 m²。这种车站一般位于岩石地层,在松软地层中,施工难度和土建造价要高于明挖法施工的车站。

(4)盾构法施工的车站结构。

盾构车站的结构形式与所采用的盾构类型、施工方法和站台形式等密切相

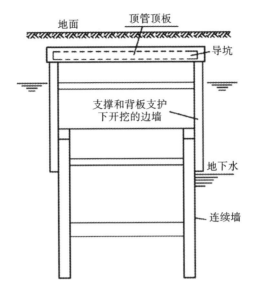

图 2.6 盖挖法施工的车站结构

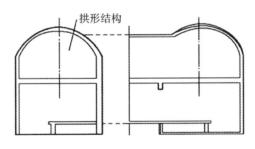

图 2.7 矿山法施工的车站结构

关。近年来开发的多圆形盾构等新型施工方法,进一步丰富了盾构车站的形式。盾构车站的结构形式可大致分为以下几种。

①两圆形隧道组成的车站。这种盾构车站施工简单、造价低,适用于道路较窄和客流量较小的车站。一般每个隧道都设有1条轨道和1个站台,如图2.8所示。两隧道的相对位置主要取决于场地条件和车站的使用要求,多设于同一水平位置。在车站两端或车站中部,两隧道之间设有斜隧道供乘客进出车站。

②三拱塔柱式车站。这种盾构车站施工也较为简单,总宽度较大,适用于工程地质和水文地质条件较差的地段。车站由并列的3个圆形隧道组成,两侧为行车隧道,并在其内设置站台,中间为集散厅,用横向通道将3个隧道连成一体。

③立柱式车站。这种盾构车站施工工序多,工程难度大,造价较高,具有总

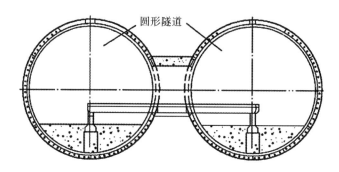

图 2.8 盾构法施工的车站结构

宽度较窄、能满足大量客流通行的优点。传统的立柱式车站为三跨结构,针对其存在的问题,日本开发了"多圆形盾构"。这种新型盾构经组装或拆卸后,可用于车站隧道的施工,车站断面一次开挖成型。

### 4. 根据地铁车站站台与轨道的关系分类

按地铁车站站台与轨道的关系分类,地铁车站主要分为岛式站台车站、侧式站台车站和岛、侧混合式站台车站三类。

(1)岛式站台车站。

一般岛式站台(图2.9)车站的站台位于上下行线路之间,这样的站台把人流集中在中间,方便乘客在同一站台上换乘不同方向的车次,面积利用率高,空间离心感强。客流量较大的站台一般都会使用岛式站台,换乘灵活、方便。正是因为站台集中,所以当站台规模和结构类型相一致时,岛式站台所需要的面积就要比侧式站台少。

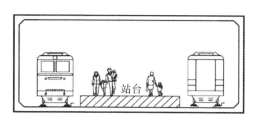

图 2.9 岛式站台示意图

(2)侧式站台车站。

侧式站台又称岸式站台(图2.10)。侧式站台车站的轨道位于中心,站台位于轨道两侧。侧式站台多用于地面车站或高架车站。侧式站台的主要特点是,两侧站台无法直接通行,必须借助人行天桥或地下通道等。与岛式站台相比,侧式站台面积受轨道限制小,只要周边环境许可,无须对现有轨道进行改动就可以继续扩建。

图 2.10 侧式站台示意图

(3)岛、侧混合式站台车站。

当车站设置两个或两个以上站台时,往往会采用岛、侧混合式站台,以增加车站灵活性。岛、侧混合式站台包括双岛式站台、双侧式站台和完全混合式站台等。

## 5. 根据地铁车站所在线路位置及规模分类

由于地铁线路具有错综复杂的关系,一条线会经过很多车站,每个车站也会服务于不同数量的线路,车站的规模和布置方式会发生不同的改变。根据车站所在线路位置及规模分类,地铁车站主要包括中间站、换乘站、综合枢纽和起、终点站四种类型。

(1)中间站。

中间站是地铁车站中的基本类型。随着地铁线路的增加,一条线路的中间站往往也会变成其他线路的中间站,从而转变成换乘站。在设计城市中心区域的中间站时,往往应该预留足够的改造条件,充分考虑日后车站规模扩大和改造的需求。

(2)换乘站。

多条线路相交必然会产生交点,换乘车站就是在这些交点上的车站。换乘站的规模和施工难度都比普通车站要大,设计时应该考虑的要素也相对较多。但换乘站的本质功能与一般车站相似,设计重点还是应该放在换乘方式上。

(3)综合枢纽。

综合枢纽具有中间站与换乘站的双重功能。随着地铁线路日渐复杂,国内许多城市开始出现此种类型的车站。综合枢纽往往会与汽车站、火车站或者机场等客运设施连通,车站内通常设有至少两种性质不同的列车线路,来进行联合运输及客流的换乘。

（4）起、终点站。

起、终点站是一条线路的终点站，同时也是该线路的起点站，位于线路的两端，由于其需要设置列车折返设备及站内客流需集中乘降的特殊性，一般规模都较大。列车在起、终点站改变运行方向的速度，是决定整个线路运载能力的重要因素。

### 6. 根据地铁车站的换乘方式分类

轨道交通换乘方式首先取决于两条线路的走向和相互交织的形式，一般有垂直交叉、斜交、平行交织等形式。在交织过程中，位于两条地铁线路交叉点的车站就称作换乘站。换乘站受到车站位置和线路位置及城市空间结构的影响，产生了多种换乘方式，需要根据车站实际环境综合分析，选取最为合理的换乘形式，为乘客提供最为便捷的换乘条件。一般常见的有同站台换乘、十字换乘、T形换乘、L形换乘和通道换乘等。

（1）同站台换乘。

同站台换乘适用于两条平行线路，乘客换乘时，由站台的一侧下车，通过站台到另一侧上车，换乘效率高。采用同站台换乘方式要求两条线路有足够的重合段；还要在两条线路建设期相近或同步建成的换乘点上选用。在两线分期修建的情况下，近期修建的线路需把后期修建的线路的车站及区间交叉的预留处理好，工程量大，施工难度大。

（2）十字换乘。

十字换乘常用于两条轨道线路出现十字交叉，一个车站直接布置在另一个车站的上部时，换乘通过交叉处的楼梯或自动扶梯实现。其优点主要体现在可以很好地实现站台到站台的换乘，可以为乘客提供方便和快捷的换乘条件，经济效益比较好。这种车站换乘方式根据站台布置形式又可分为三种，即岛岛换乘、岛侧换乘、侧侧换乘，其中岛侧换乘与侧侧换乘能够满足较大客流量换乘的要求，因此这两种方案使用得较多。

（3）T形换乘和L形换乘。

T形换乘是指当两条轨道线路出现T形交会的情况时，一个车站的侧面与另一个车站的端部通过换乘设施（如楼扶梯）相衔接。L形换乘是指两个车站呈L形交叉，通过两车站端部的换乘设施（如楼扶梯）相衔接。但是由于换乘客流集中在两个车站的端部相连处，换乘路线较长，乘客换乘时容易出现滞留和拥堵现象。

(4)通道换乘。

通道换乘常用于两条线路交叉时,适用于两个车站靠得很近,但又无法共建的情况。采用这种换乘方式时,建筑结构相对简单,两车站主体结构不必相接,仅通过换乘设施相连,连接通道一般设于两站站厅之间,也可以在站台上直接设置,实现站台到站台的换乘。通道换乘根据车站位置的不同,可以分为L形、T形和H形三种形式。

部分换乘方式比较见表2.2。

表 2.2 部分换乘方式比较

| 换乘方式 | 特 点 |
|---|---|
| 十字换乘 | 十字换乘车站,换乘客流集中在车站中部,换乘路线较明确、简捷;可形成公用站厅;站台形式的组合方式灵活多样;客流吸引均匀;换乘楼扶梯布置易受限制 |
| T形换乘 | T形换乘车站,站台之间直接换乘;换乘客流集中在一个车站的一端,换乘路线较长,方便性降低;地下站一般采用岛岛和侧岛两种组合 |
| L形换乘 | L形换乘车站,站台之间直接换乘;换乘客流集中在两个车站端部相交点,换乘路线较长,方便性进一步降低;地下站一般采用岛岛组合 |
| 岛岛换乘 | 岛岛换乘车站,换乘位置集中,换乘方式便捷。适用于换乘量小的车站,通常为三层;预留工程量小,是常见的换乘形式;站厅换乘客流和乘车客流有交叉,换乘量大时易形成拥堵 |
| 岛侧换乘 | 岛侧换乘车站,有两个换乘点,换乘量适中;换乘节点较大,车站一般为三层。站台换乘楼梯布置较困难 |
| 侧岛换乘 | 侧岛换乘车站,有两个换乘点,换乘量适中;换乘形式优于岛侧换乘;将侧式站台车站做成一层,可以实现与岛式站台共用地下厅,形成地下两层的效果 |
| 侧侧换乘 | 侧侧换乘车站,有四个换乘点,换乘量相对较大,换乘形式也比较顺畅。可将两个车站分别看作一层,整体视为地下两层站台 |

## 7. 根据地铁车站与道路的关系分类

地铁车站与道路的关系直接决定了地铁出站人流和与其他公共交通的换乘衔接。能不能处理好车站和周边道路的关系,直接成为判断地铁车站有没有很好地融入城市空间的一个标准。根据车站和道路的位置关系,地铁车站可以分成以下四种。

(1)跨路口站位车站。

跨路口站位车站是指车站横跨主要交通路口,并且在路口各角均设置出入口,乘客不需要穿过马路就可进入地铁车站,充分减少了路口处人流和车辆的交叉,车站与地面公共交通也会有良好的衔接条件,极大地方便了乘客的换乘。这时,假设地铁车站有条件与活动节点的地下层直接连通,乘客不用出站就能到达目的场所,路面交通的压力必然会大大降低。如果可以提前与周围城市空间进行结合设计,跨路口站位是可能获得最大城市效益的站位形式。

(2)偏路口站位。

偏路口站位车站是指车站偏路口一侧设置。位于这种站位的车站在施工时,受路口地下管线的影响较小,因此可以有效减小车站埋深,方便乘客进出车站,降低车站所需要的提升高度,缩短施工周期,进而减小对路口周边交通的干扰,工程造价也相对经济。但由于受到车站站位的影响,车站两端的客流量差异也十分明显,车站一侧的使用效能难免会有所降低。这时如果有条件,可以将低效能一侧的出入口的通道延伸至该路口的另一侧,获得与跨路口站位相似的效果,改善车站功能。

(3)两路口间站位车站。

两路口间站位车站两侧与主要交通路口的距离都较近,两路口之间的横向公交线路及客流较多时,考虑将车站设置于两路口之间,兼顾来自两个路口的客流来布置。

该类型车站由于周边均为主要交通路口,施工期间会对城市交通造成比较大的影响,应提前考虑车站施工期间的地面交通分流措施。

(4)贴道路红线外侧站位车站。

贴道路红线外侧站位车站受限制较大,出现的情况较少,一般只在地形地质条件有利时采用。在车站基础埋深浅、道路红线外侧有空地或旧的建筑物改造时,地铁车站的施工可以与建筑物改造相结合,将车站建于红线外侧的建筑区内,以少破坏路面,减少交通干扰,但车站的人流来源将受到十分大的限制,所以车站一侧应有大量稳定的客流来源。

## 2.1.3 地铁车站建筑的地域性

### 1. 地域性建筑设计要素

建筑的地域性设计是地域化的回归,是对建筑功能、文化特征、意识形态、城市归属感、空间场所感等的重新思考和构建。地域性建筑设计的四个要素如下。

(1)环境要素:在不同的地形地貌、地域气候等条件的影响下会形成不同的场地自然环境风貌,即不同建设场地的特殊性。地域性设计注重根据不同的自然气候、地形地貌等环境要素进行适应性设计,主要从建筑布局、外观造型、空间形态等方面具体考虑,采取不同的应对措施。

(2)人文要素:不同区域的人文要素不同,构成其区域文化的差异性,使得不同区域内的建筑具有不同的特色。地域性设计强调对场地内历史文脉的传承与延续,同时注重艺术民俗、社会历史、宗教信仰等人文因素的在地表达,增强建筑的地域感染力,勾起民众对场地的记忆,升华地域情感,产生场地文化上的共鸣。

(3)生态要素:地域性设计对场地气候的适应性,体现在对建筑自身形体、造型等进行被动式设计,从而延续建筑场地的生态环境。在建构过程中,以生态优先的理念为指导,充分利用场地的自然资源优势,注重节约土地、水资源、能源,并对建筑材料、结构、构造、空间、功能、设备等多方面进行设计,实现建筑整体生态的良性循环,成为高效能、低消耗、可持续的建筑。

(4)建构要素:建构是建筑材料通过一定的建构逻辑形成的,它受地方材料与建造技术影响,与地域生活相关联,传递着当地独特的信息。因地理空间环境不同,各区域内的建筑材料、建构体系也会存在明显的差异。地域性设计重视对本土建造的体现,提倡应用地方建材、建造工艺等,同时注重对现代材料、建造技术的适宜性运用,通过材料与技术再现建设场地的特质,从而使建筑根植于场地环境之中。

### 2. 地铁车站建筑的地域性解析

1)地铁车站建筑的地域性设计需求

每个城市都在历史长河中形成了自身独特的宏观地域特点,甚至在同一个城市不同区域的地铁车站,仍然具有所在场地的微观区域特征。地域性设计可以弱化建筑与场地的边界感,对场地环境、人文历史等要素做出回应,能够在既有的地缘关系中给予民众归属感。地铁车站建筑作为城市文化的传播者,承担着传承地域特色的重任,具有融入场地环境风貌、增强车站可识别性、彰显场地文化特色、活化站内空间氛围、展示现代建造技术等方面的地域性设计需求。

(1)融入场地环境风貌。

地铁车站建筑通常设置在街道转角处、广场开敞空间、历史建筑周边等城市界面中,它与城市中的街道、广场、绿化、建筑等城市景观要素构成一个经过局部更新而又整合的城市环境整体。地铁车站地面建筑即地铁出入口、风亭等附属建筑,作为加入的新个体,既要融入场地环境,与城市景观相协调,避免产生疏离感、违和感,又要延续场地风貌、增强公众的场所体验,引发公众对建筑的认同与共鸣。因此,在进行地铁车站建筑设计时,应寻求建筑与周边建筑环境的相互平衡,使建筑根植于土地之中,成为场地景观的一部分。

(2)增强车站可识别性。

在地面建筑环境中,人们通常利用地标性建筑、景观、小品等参照物进行方位感知与空间定位。而在相对封闭的地下建筑空间中,缺少相关参照物会增加人们对所处建筑环境与空间的感知难度。在进行地铁车站建筑设计时,利用与地面相关的标志性参照物为乘客提供有效的参照,可以明确站点在地铁线路中的定位。另外,相比于地面其他建筑,城市环境中的地铁出入口因体量小而不易被人迅速识别。因此,在设计中既要避免与周边环境不协调,又要具有一定的可识别性。一般可通过提炼周边建筑、环境等要素,融入地铁车站外观造型,同时在建筑造型、建筑材料、建筑色彩等方面塑造地铁车站的可识别性,为乘客提供区域定位与交通导向,从而提高乘车效率。

(3)彰显场地文化特色。

现阶段,地铁车站建筑不仅仅以交通功能的空间属性存在,还以展示城市形象、传播城市文化、构成城市空间等多种复合属性存在。随着城市文化和人文文化的不断渗入,地铁车站建筑作为城市名片,其象征城市环境基本风貌、代表城市发展状态、展示城市文化特征的作用越发突出。地铁车站作为连接地上、地下的重要节点空间,运用不同的地域文化元素,使地下站内空间与地上建筑相呼应,可以展现城市的良好形象,提升城市的文化品质,进而增加公众的场所归属感,唤起公众对站点区域环境的认知。另外,在地铁车站建筑设计中融入文化要素,如站内文化主题,可以提升城市的旅游文化传播力度,加深游客对城市文化的认知,进而提升城市经济效益。

(4)活化站内空间氛围。

地铁车站建筑多处于地下,空间环境较为封闭、压抑,容易引起乘客紧张不安的情绪。在地铁车站建筑中融入历史文脉和区域文化等地域性设计元素,构建文化与建设场地之间的互动关系,营造丰富多变且具有文化韵味的站内空间氛围,既可以缓解人的不安情绪,带来心理上的安全感,还可以给公众带来文化精神的享受。在快节奏、高压力的都市生活中,乘客每次乘坐地铁出行,都将拥有一次独特的空间艺术感知体验,可以舒缓人的精神与心理压力,同时也能够给予乘客充分了解所在城市文化和精神内涵的空间。

(5)展示现代建造技术。

建筑的建造过程与其建构技术、建筑材料息息相关,三者之间存在一定的相互关系。一方面,建筑材料与建构技术是建筑建造的重要制约因素,其直接影响建筑设计方案的最终呈现效果;另一方面,建筑材料与建构技术也可通过建筑外观造型、空间形态等方面展现出来。地铁车站建筑作为轨道交通重要节点,能够充分体现时代的变迁与发展、人类的文明与进步、建造技术的更新与变化。地铁车站建筑作为展示传统材料和技术与新型材料和技术的载体,时代的变迁引发的建造技术变化、建筑材料的更新状况也在地铁车站建筑外观造型、建筑空间中得以彰显。

2)地铁车站建筑的地域性设计要素

建筑的地域性反对简单纯粹的符号形式表达,它强调把土地及其蕴含的因缘线索作为设计存在的合理性前提,以生活在当地的人的空间感知作为设计的依据,将建筑功能根植于当地的土壤中。不同地铁车站因各自场所不同而存在不同的微空间、微气候、微地形等,设计时需要从环境、人文、气候、建构等方面做出特定的回应,使得地铁车站建筑锚固于场地环境之中。

(1)环境要素。

任何建筑都不是孤立存在的,而是存在于自然、人工环境之中。建筑与周围环境存在密切的联系,环境要素制约着建筑的发展,同时也促进着建筑的形成。建筑的地域性设计强调对特定建设场地的思考,而对建设场地的考虑要点是环境。在不同的地域气候、地形地貌、周边建筑、城市景观等条件的影响下,场地会形成不同的环境风貌。位于城市环境中的地铁车站建筑设计也应从场地的客观环境条件出发,充分考虑地域气候、场地环境等环境要素的影响,发挥各环境要素的最大优势,使得地铁车站建筑与周围环境和谐共生。

①气候条件。

气候是指区域范围内多年的大气平均状况,气候要素包括光照、温度和降水等。受地域纬度、太阳辐射量、风向、降水、人类活动等因素的影响,各区域内的气候状况不尽相同,各地的建筑为适应地区气候进行了不同程度的适应性设计,使得各区域建筑具有各自的特征。在不同地域气候的影响下,不同地域形成了不同的建筑形态。为适应建筑建设场地的地域气候,通常采用自然通风、机械通风、建筑形体、建筑材料隔热等建筑设计与相关技术手段对地域气候进行具体的回应。从地域性的角度去思考地铁车站建筑设计,需要考虑地域气候环境的适应性,可以参考区域内传统建筑适应气候的原理、模式与方法,并结合现代建筑技术进行综合思考。

②场地环境。

地铁车站建筑是城市建筑环境中的重要组成部分,不仅应适应气候条件、地形地貌,还需与周边建筑群、城市景观构成的城市环境相呼应。地铁车站建筑的地域性设计需注重地形地貌、周边建筑、城市景观等环境要素,考虑建筑物周围环境所能发挥的作用,并采取针对性的设计策略回应环境,从而使地铁车站建筑与周边环境达到平衡协调的状态。

a.地形地貌。

地形地貌是形成整个场地环境性格的重要因素。它对新建筑的形态与布局具有很大的约束力,同时在创作适应场地的新建筑过程中,也会对现有的地形进行适应性改造,从而进一步强调地形地貌的特色。因此,地形地貌的不同会对建设活动产生不同程度的影响,新建筑的介入也会影响地形,两者之间存在一定的相互适应的关系。地铁车站建筑的地域性设计需要考虑场地内地形与新建筑的关系,其建筑形态、空间布局结合地形地貌的特征进行适应性设计,既可以使新建筑融入场地环境,又可以使乘客感受到外部地形的风貌特征,给予他们对自身所在位置的真实感知。

b.建筑环境。

这里所提的建筑环境并非指建筑内部的声、光、热等物理环境,而是指建设场地范围内,由周边建筑所构成的环境。建设场地周边不同风格、体量、色彩的建筑构成不同的建筑环境。地铁车站建筑作为城市建筑环境的构成部分之一,其地面出入口建筑并非孤单地设置在地面之上,而是与周边其他建筑共同构成区域内的建筑环境。

地铁车站建筑的地域性设计应充分尊重区域内的建筑环境,从区域建筑环境中汲取灵感,使其建筑形态与周边建筑环境相协调,与其他建筑风格统一,并和谐地融入城市环境。若处于现代风格的建筑环境之中,地铁车站出入口建筑外观形态设计则倾向于动感、灵活;若处在历史街区,周边均是传统历史建筑,地铁车站出入口建筑外观形态的设计则需考虑与其相融合。如成都宽窄巷子地铁车站,地处历史文化街区之中,周边多为青黛砖瓦的川西民居建筑风格,其B出入口建筑采用传统的坡屋顶,上覆灰瓦、柱子、窗扇等,建筑形态延续川西民居风格,充分融入周边建筑之中,具有古朴文艺的气息。

地铁车站建筑是供乘客上下地铁的重要交通节点,其建筑服务对象是乘客,本着以人为本的设计原则,并考虑到乘客到达该区域的行为目的,为缩短其交通行程时间,使其方便快捷地到达目的地,通常地铁车站内部与其他交通建筑、商业综合体、地下步行街等建筑连通。这种与周边建筑相结合的设置方式,不仅可以为乘客提供方便,缩短行程时间,还可以带动周边区域的功能发展。另外,地铁车站因多布置在地下,建(构)筑物地下基础等也是地铁车站建筑设计的影响要素,地铁车站建筑设计应考虑城市环境内的高架桥桥墩、历史保护文物建筑地基等对地铁车站建设施工的影响,根据场地环境状况选择适宜的站内平面布局形式。

c.景观环境。

城市景观环境是由城市中的街道、广场、园林绿化等元素形成的环境,是形成地铁车站建筑地域性的环境要素之一。地铁车站位于城市大环境之中,其站点位置的选择及地面构筑物的建设均应考虑周边景观环境要素,力求与城市景观环境协调统一。为了避免其地面构筑物对城市街道甚至城市大环境的影响,通常将地铁车站出入口与广场、公园等景观结合布置。一方面,这种方式可以弱化地铁车站建筑的介入对城市环境的影响;另一方面,广场、公园等公共环境中会聚集大量的人流,地铁车站的设置也可以提高其使用率,能够满足该区域人们对便捷交通的需求。例如台北捷运信义线大安森林公园站(图2.11),打破传统地铁车站仅出入口连接地面的建筑形式,设计新形态车站,采用下凹庭园的形式将车站与公园进行整合连接,既为人们创造较为便利的交通场地,又使得站内与公园景观相互渗透,打造出绿意盎然、便捷舒适的场地环境。

(2)人文要素。

人文要素是一种非物质形态的存在,主要包括历史文化、风俗习惯、行为活动等内容,它并不是以凝结不动的静态存在,而是处于一定的动态发展之中。建筑地域性关注场地人文要素的表达,其设计需要对当地的人文要素进行深入的解读,提取出被当地人所认同的人文要素,并应用到建筑材料、建筑色彩、建造方式、空间布局、建筑形态等方面,使得建筑与当地人文进行对话。不同区域因人

**图 2.11　捷运信义线大安森林公园站**

文要素的不同,构成区域文化的差异性,从而使得不同区域的地铁车站建筑存在独特的可能性。因此,地铁车站建筑的地域性设计应该深入挖掘人文要素背后隐藏的深层含义,从历史文化、风俗习惯、行为活动等方面对设计要素进行更深层次的解读,将其作为在地设计的主要依据。

①历史文化。

历史文化是由多种要素组成的复杂整体,它以真实的生活为载体,通过当下的生活方式、生活经验来表现文化特征。文化根植于土壤之中,它与建筑之间存在一定的相互影响,一方面,建筑可以通过建筑造型、空间形态等表现当地的历史文化特征;另一方面,建筑的不同特征也可反映当地的历史人文环境及内涵。不同场地的历史文化之间存在明显的差异性,应将其转译成建筑设计语汇,并体现在建筑空间形态、建构细部等方面,同时还可以置入功能空间营造文化氛围,延续场地周边的历史文脉。历史文化的传承应强调现代转译,注重传统文化与现代需求及生活状态的结合,对特殊历史和文化进行分析解读,并合理应用于当下。

地铁车站建筑的地域性设计关注宏观层面的文化背景,注重对场地历史文化的在地表达,其设计并非对文化形式的简单模仿、文化元素的重复叠加,而是剖析文化内涵,立足于建设场地,构建地铁车站建筑站内空间形态,强化建筑的在地特征,加深人们对建设场地的认同感。如成都金沙博物馆站,地处金沙遗址附近,具有历史悠久的金沙文化氛围,地铁车站建筑设计充分尊重场地人文历史环境,提取商周太阳神鸟金饰的图案并应用到站内天花顶部;站内空间采用三联拱的天花造型,柱面提炼金沙文化十节玉琮造型,强化了金沙历史遗址的场地文化。

②风俗习惯。

风俗习惯是与人们的日常生活和行为观念联系密切的一种文化要素,它直接反映地区的人文环境。风俗习惯形成的原因复杂多变,与生活习惯、历史事件等都可能存在一定的联系,相对于城市区域发展的历史,它是人们行为与观念的活历史。贴合风俗习惯的设计可以增加区域文化的亲和力,提高凝聚力,彰显地域文化特色。地铁车站内的空间设计运用贴合风俗习惯的设计手段有助于延续地方风土人情,表达对人文环境的尊重。在设计中需要对特定场地内的民俗文化进行调查,结合周边场地人们的日常生活习俗,从建筑空间形态、站内建构细部等方面综合考虑,从而使建筑更好地融入当地的文化语境。

③行为活动。

建筑本身是一种对抽象空间秩序的具象化,满足人在空间中的活动需求是建筑设计的关键。地域性建筑设计更加关注人的感受,强调以人为本,通常以人的行为为依据进行建筑空间体验的探索。地铁车站空间是展开乘车活动的重要场所,站点周边的自然、人文等环境会影响站内空间乘客活动数量。在地铁车站建筑空间的营造设计中,应该充分了解乘客的建筑空间需求,创造符合乘客行为习惯的人性化、个性化的站内空间,同时使得乘客对地铁车站建筑产生一定的安全感、归属感。地铁车站建筑中人的行为活动主要是有目的的乘车活动,从外部环境经过出入口空间进入地铁车站建筑内部,接着穿过通道空间到达站厅空间购票、安检,再转至站台空间等候上车(图2.12)。整个乘车流线中,乘客在楼扶梯、通道等过渡空间内快速通过,在站厅空间内缓慢前行,在站台空间内表现出静态等候的行为活动。了解乘客在地铁车站建筑中的真实活动状态,并结合行为活动的特点,对站内不同空间环境进行设计是地铁车站建筑地域性设计的重点。地铁车站建筑的地域性设计,可以将建筑中人的行为活动作为切入点,分析乘客在站内的行为活动与习惯,梳理乘客对不同空间的需求,并通过完善空间形态、调整空间尺度、加强细部设计等措施,营造良好的站内空间氛围。

(3)生态要素。

生态要素是地域性设计的要素之一,应通过出入口建筑造型、站内空间形态设计,选择适宜的材料、技术、能源等措施,满足遮阳保温、采光通风、节约能源等绿色生态设计要求,达到地铁车站建筑绿色、生态、环保、节能、舒适的目标。

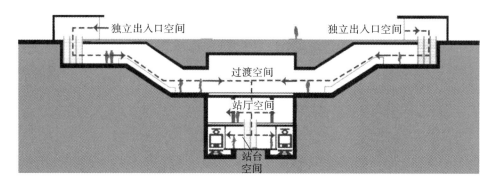

图 2.12 行为活动流动空间示意图

①绿色空间。

地面建筑通过合理的场地布局、适宜的建筑形态设计,可满足自然采光与通风的要求。与其他地面建筑相比,地铁车站建筑裸露在地面的出入口建筑等附属设施可依据不同场地的气候特征,选择合适的形体,并通过选择适宜的建筑材料获得良好的保温隔热、通风遮阳等效果,创造舒适的建筑出入口空间。另外,还应考虑以后客流量增大对出入口数量产生新的需求,预留扩建的余地,提高土地利用的应变能力,创造可持续性的地下空间综合利用模式。同时,应在满足车站基本功能的基础上,减少开挖量,缩小建筑体量,避免占地过大而造成浪费,合理利用地下空间资源。

地铁车站作为地下空间,其采光与通风是建筑设计考虑的重点,首先,将自然光线引入站内可以满足站内光环境需求,同时还能够解决乘客在地下空间的方向感缺失问题,缓解压抑、紧张的情绪;其次,地铁车站建筑内采用自然通风,既可以有效改善地铁车站内的空气质量,还可以降低机械通风产生的能源消耗,实现地铁绿色、节能的可持续发展目标。

通常为实现自然采光与通风,需要依据建设场地,选择适宜的建筑空间形态,如采用部分天然采光、自然通风的建筑形式等优化站内空间的措施,可以有效降低灯光照明、机械通风产生的能源消耗。同时,合理设计地下建筑空间形态也可以减少建筑面积和空间容积的浪费,从而降低空调负荷;增加站内空间环境中的绿化种植,能够改善地下空间湿热环境,打造出富有自然生机的地下空间。

②本土资源。

本土资源是指清洁能源、节能技术、绿色建材、当地建材、建筑废料等现有的技术与材料资源。地铁车站建筑中的绿色生态设计可通过对现有的本土建筑资源进行分析,合理分配与规划,实现本土资源的充分利用,如利用太阳能、地热能等清洁能源,减少建筑的不可再生能源消耗;运用现代智能技术,优化并改善站内建筑环境;选择利用无污染、无毒害、无辐射的绿色环保型材料;优先使用建设场地所在地区的建筑材料,对建设废料加以循环利用,有效节约运输与建设成本,从而打造出特色生态地铁车站空间。

(4)建构要素。

"建构"是指建筑物从设计到建造的过程。建筑的产生离不开建造,建构要素是建筑设计创作真实呈现的关键。建造技术与材料是建筑的建构要素,不同的建造技术与材料会形成不同的建筑设计效果。地域性设计强调对建构要素的提取与表达,主要反映在建筑材料及建造技术上,注重当地建筑材料与传统建造技术的运用,同时引入新型建筑材料与技术,使得新旧建筑材料与技术相互融合。地铁车站作为城市交通发展的现代产物,新型建造技术与材料为其建筑的现代化设计提供了强有力的支撑。同时,区域内的传统建造技术与材料的运用,也可加强人们对地铁车站建筑的地域性感知。

①建筑材料。

建筑形式取决于建筑功能、建筑技术等要素,而建筑材料是建筑设计的基础,是建筑形态形成的必要条件。因颜色、质感、纹理等特性不同,材料会表现出轻盈或厚重、刚硬或柔和、素雅或绚丽等特征,从而可以创造出不同的建筑形态,打造出不同的建筑视觉效果,给人不同的感官体验。一般来说,建筑材料可分为传统建筑材料(石材、木材、砖瓦等)与现代建筑材料(玻璃、混凝土、钢材等),两者具有各自的独特之处。如何在现代建筑中发挥两者的优点,是建筑设计思考的重点。材料的选择与运用是抽象设计思维转化为具象设计成果的过程中较为关键和坚实的一步。地铁车站建筑的材料选择与应用手段会影响地面建筑外观与站内空间形态的呈现。对材料的运用并非完全直接运用,而是结合建筑实际情况,选择合适的传统材料与现代材料,通过对建筑外观形体与站内空间的建构展现材料的特色属性,塑造具有区域特色的地铁车站建筑。

②建造技术。

建造技术是产生建筑物质形态的关键,也是建筑不断完善发展的动力,它不仅决定建筑的整体结构形式,还影响着建筑的施工方式。建造技术可分为传统建造工艺及现代建造技术两部分。传统建造工艺主要是指在区域范围内,延续区域历史文化的工艺技术。现代建造技术是随着时代的发展演绎出来的新技术,如装配式技术、混凝土浇筑技术等,能够打造新的建筑结构、新的建筑形态,为现代建筑空间形式的多样性提供了技术支撑。在地域性建筑的建构过程中,需要将所在地区的传统技术融入设计,既要考虑传统工艺的传承,又要考虑现代技术的适应性、现实性,将现代建造技术与传统建造工艺进行融合应用,从而让建筑在建构层面与所在区域存在一定内在联系,使建筑能更好地融入建设场地。在城市现代化的发展背景下,地铁作为城市交通快速发展的产物,通常地铁车站设立在城市繁华区段、交通密集区域内,传统建造工艺因自身的因素无法满足地铁车站建设的需求,应结合现代技术将传统建构逻辑进行在地化的呈现。

3)地铁车站建筑的地域性设计原则

在地铁车站建筑的地域性设计中遵循相关设计原则,有利于形成一个较为系统化的设计方案,从而更有效地突显场地区域特点,彰显个性化的特征,表达场地的场所精神。结合地铁车站建筑案例的收集与梳理,提出其地域性设计原则,主要包括整体性原则、人性化原则、个性化原则、可持续发展原则、继承与创新性原则。

(1)整体性原则。

若把城市看作一个有机整体,地铁车站则是其重要组成部分。从城市整体角度来看,地铁车站的设计要注重与城市或区域的整体关系,从宏观角度考虑,整体化设计。整体性是地铁车站建筑地域性设计的重要依据,将整体设计思路贯穿于地铁车站建筑设计的全过程,在尊重城市或区域现有环境的基础上,寻求整体性与独特性的平衡。以地铁规划网络为蓝图,归纳总结城市"面"域特征,具体分化定位到地铁"线"域中,并结合极具场地风貌特征的地铁"点"域进行设计。基于城市明确的地域性特征,从城市区域宏观的角度出发统筹规划,寻求区域特征的统一性与整体性。

(2)人性化原则。

人是建筑的服务对象,满足人使用空间的需求是建筑设计考虑的重点。建筑设计的人性化是指充分考虑人的行为习惯、生理特征、心理状况等因素,进行形式、材质、色彩等建筑空间形态的优化设计,从而体现人文关怀。因此,地铁车站建筑地域性设计在满足基本交通功能的基础上,还应以人的需求为出发点,考虑站内乘客的生理要求及精神层面的需求,同时考虑使用要求的多样性,为使用者打造便捷、安全的地铁车站建筑空间环境。

(3)个性化原则。

历史背景、自然地形、气候特征、居民生活习惯等是构成区域特征差异化的重要因素。场地所处空间地理位置不同,区域的历史背景、自然地形、气候特征、居民生活习惯等存在一定的差异,不同城市,甚至相同城市不同区域内的场地文化底蕴与表现形式也不尽相同。地铁车站是城市区域空间形象的缩影,是彰显区域文化特色的载体,因此,在保持城市区域整体设计的秩序感、统一性的基础上,对极具风貌特征的地铁车站进行个性化设计是地铁车站建筑地域性设计的要点。在地铁车站建筑个性化设计时,深入挖掘周边场地的特征,突出区域个性,既可以使乘客在感受独特地域性文化的同时产生精神认同,又能够提高地铁车站建筑的可识别性,并从根本上避免各地铁车站建筑形态设计的同质化。

(4)可持续发展原则。

地铁车站内空间光、热环境的舒适性主要通过人工照明、机械通风的方式保障,为保证空间的安全与舒适,必须配备庞杂的空调、通风系统和消防设施等,整个建筑使用中的能源消耗较大。为打造高效、舒适的地铁车站空间环境,地铁车站建筑设计应坚持可持续发展的原则,统筹考虑现有的场地环境特征、规划、建筑等因素,从更宽阔的视野考虑节能环保,实现地铁的可持续发展。

(5)继承与创新性原则。

基于地域性的地铁车站建筑设计不能仅仅对人文历史进行照搬式的继承,还应顺应发展趋势不断地推陈出新。地铁车站建筑地域性设计应考虑历史意义与现实意义,对历史的继承与延续有助于城市地域特色的形成与延续,也可增加居民对建筑的归属感,同时还应对历史与传统进行现代化诠释与创新,使其具有现实意义。结合场地的特征,深入挖掘并提取历史人文等方面的场地特色,通过现代化的艺术处理将其凝练成形式符号运用到地铁车站空间设计中,同时将地方特色与新型结构、材料、技术相结合,充分表现区域人文历史特色与新型技术的时代感,强化地域文化的空间形象。

## 2.1.4 典型车站建筑

国内外部分城市的地铁车站设计从不同的角度呼应建设场地的地形地势、自然气候、人文特征等场地要素,且已建造出许多颇具特色的地铁车站建筑。

**1. 国外典型地铁车站建筑**

(1)芬兰赫尔辛基阿尔托大学地铁车站。

阿尔托大学地铁车站位于奥塔涅米校区的核心地带,周边多为红砖建筑,其主入口直接开敞于前赫尔辛基理工大学的主楼。

阿尔托大学地铁车站从建筑造型、色彩和站内尺度上回应周边建筑环境,充分体现出场地周边的地点特征。车站出入口建筑形似"折纸"的造型,顶棚的玻璃切角,将自然光线引入站厅,整体造型简洁大方、动态轻盈。出入口建筑材料选用旧铜板饰面、灰色的花岗岩和耐候钢板等,有效消除室外风雪天气造成的眩光,强调材料的自然质感;站内顶棚采用耐候钢板,在色彩上与场地周边的红砖建筑相呼应,如图2.13所示。

**图2.13 芬兰赫尔辛基阿尔托大学地铁车站**

(2)美国洛杉矶好莱坞Vine地铁车站。

好莱坞Vine地铁车站位于好莱坞标志性岔路口的东侧,周边交通较为繁忙,建设场地与古典主义风格的Pantage剧院隔街相望,地铁出入口建筑与前部广场构成的外部空间具有强烈的人性化、艺术性特征。

好莱坞Vine地铁车站出入口的自动扶梯与剧院立面中心呈直线布置,人们从地铁车站出来,视觉中心停留在极具古典风格的剧院之上。地铁车站建筑采用黑色石材、黄色玻璃等材料,与剧院的建筑装饰艺术风格协调统一。同时站前广场采用多条黄色水磨石,黄色、黑色铺地等线性的硬质铺装强调了与剧院的轴线性,并通过色彩、材料、铺装等有效衔接新旧建筑。场地东侧采用玻璃骨料的混凝土材质进行线性铺装,象征着好莱坞"红地毯"的硬质铺装,较好地呼应了周边建设场地的文化特征,使得地铁车站更具有独特性。

(3)瑞典斯德哥尔摩地铁车站。

斯德哥尔摩地铁车站是对地形地貌特征进行充分回应的典型案例。斯德哥尔摩位于海湾岩礁地带,地铁车站站台多建在地下20~30 m深处。考虑到城市特殊的地质造成的开采挖掘难度较大等问题,地铁车站建筑设计减少空间形态打磨加工量,站内空间保留地下开挖形成的地貌与岩壁,尤其是顶部、墙壁,结合凹凸不平的岩洞风貌展开地铁车站建筑的艺术设计。站内空间艺术设计主题与站点所在区域所承载的历史轨迹、人物事件、功能性质等特定元素息息相关,主题涉及历史文化、艺术装饰、社会生活、人类宣言、科学探索等几大领域,主要采取绘画、文字、雕塑、灯光等表现手段,来塑造不同文化主题的风格,使乘客感受到不同站点的文化氛围。站内建筑装饰多选用自然、可循环利用的建筑材料,建筑色彩较为丰富,且不同站点运用不同的色彩基调。

①Stadion 地铁车站。该车站是斯德哥尔摩最早的洞穴车站之一,该站点紧邻奥运会场馆,站内空间艺术创作于 1973 年,站点采用拱形彩虹顶,使其成为斯德哥尔摩地铁的标志性景观之一。站内主体采用明亮的蓝色色调,在侧墙、顶部大面积涂刷,展现出蔚蓝天空与五彩斑斓的彩虹景象,打破人们起初由原始岩洞延伸出的地狱幻想。

②Tensta 地铁车站。该车站附近为移民聚居区,站内空间设计考虑到周边区域的文化特点,艺术家以"给移民的玫瑰"为主题,通过置入象征和平、团结的元素,描画抽象可爱的人物壁画、各国语言文字表达团结,充分展现城市对移民的友好和对不同文化的包容,呈现出不同文化交融的景象。

③Kungstradgarden 地铁车站。该车站位于斯德哥尔摩市中心,是斯德哥尔摩最令人赞叹的站台之一,站点名称有"国王的花园"的内涵。站点场地原为雄伟的马卡洛斯宫殿的所在地,有美丽的法式花园,后被烧毁不复存在。设计师将场地人文与历史事件融入站内空间设计,站内空间色彩运用法式花园的配色方案,设置马卡洛斯宫殿外的雕像复制品,整个车站犹如五彩缤纷的魔幻城堡,拱形天花板上仿佛镶满了七彩的宝石,使人联想到地面上马卡洛斯宫殿的辉煌形象,如图 2.14 所示。

图 2.14　斯德哥尔摩 Kungstradgarden 地铁车站

④Tekniska Hogskolan 地铁车站。该车站因紧邻瑞典皇家理工学院而得名。站内空间设计中,为与周边知识、科研、教育环境相呼应,设计师 Lennart Mork 将金、木、水、火、土等自然元素融入站内壁画设计。运用宇宙法则,创

作出具有强烈的自然元素暗示性的立方体。同时,站内将牛顿三大定律及哥白尼的日心说等历史科学事件简化处理后融入设计,整个站内空间具有浓厚的教育、科学氛围。

(4)莫斯科地铁。

莫斯科首条地铁修建于1932年,历经3年时间,在1935年建成开通,虽比全球首条地铁晚70余年,但其一直被认为是世界上最有魅力的地铁,也是全球使用率第二高的地铁。莫斯科地铁车站豪华大气,不仅风格独特、造型各异,还都是真材实料,五颜六色的大理石、花岗岩……拱顶和两壁有各种石雕、铜雕、玻璃镶嵌、马赛克拼图、浮雕、壁画,宫廷式吊灯、壁灯相映成趣,使得只是交通节点的地铁车站华丽典雅,犹如地下艺术宫殿,令人流连忘返。

莫斯科的地铁车站特色鲜明,二十多种产自各个地方的大理石或者矿石,把地铁车站的大厅装饰得富丽堂皇。精美的大理石艺术雕像、浮雕,古朴典雅的吊灯、玻璃拼花及站台顶部代表着建筑者卓绝技艺的镶嵌画,使车站俨然成为一座艺术博物馆。地铁车站的建造主题多样,包括民族特点、名人名事等。共青团车站是游客非常喜欢的一个地铁车站,基本上来莫斯科的人都会来到这里,这个车站里面建造得金碧辉煌,就像宫殿一般。另外还有一些车站是以著名的作家为主题建造的,在车站配置人物雕塑和历史浮雕,辅以绚烂的灯光,不仅仅表现了历史文化,而且美轮美奂,人们穿梭其间,在获得强烈艺术氛围感受的同时,也能够在精神上受教。

(5)巴黎地铁。

巴黎是世界上最早开通运营地铁的城市之一,其服务设施相当齐全,不论是站台还是车站的出入口设计都是城市中亮丽的风景线,烘托了巴黎浓厚的艺术气息。1900年世博会的召开,成为巴黎第一条地铁建设的助推剂,这条线路连接万生门和马约门,长度约为10 km,车站由马吉鲁设计,采用了新的艺术形式。第一次世界大战结束以后,巴黎地铁开始了大规模的扩建,地铁线路遍布城区各个位置,继而延伸到郊区,成为人们出行必不可少的交通工具。

巴黎是全球艺术之都,其艺术氛围也在地铁上展现。巴黎地铁的设计在当时堪称世界一流,并且很多车站设计得如艺术宫殿一般。比如卢浮宫站,车站内装饰了众多可供乘客等候时进行观赏的仿真艺术品,人们可以在车站里尽情地感受巴黎独有的文化艺术氛围。

(6)东京地铁。

东京地铁承担着东京80%的交通量,现已成为东京市民主要的交通工具。东京地铁每天承载的运量达到数百万,非常繁忙,故显得非常拥挤。

日本东京有涩谷站、中华街等特色十足的地铁车站。涩谷地铁车站赋予空间独特的场所感,通过自身的形式构建成一个多样化的空间场所,站台层上空通过采光井为地下空间引入光和空气,同时通过挑空形成球形空间,给人们带来全新体验和乐趣,如图2.15所示。中华街地铁车站则采取创造性的设计赋予车站文化趣味性,将公共艺术贯穿于车站设计的始末,使得公共艺术不仅为视觉观赏而存在,而且作为艺术形式和精神表现而存在,如图2.16所示。

图2.15 涩谷地铁车站

图2.16 中华街地铁车站

(7)巴西萨尔瓦多地铁车站。

萨尔瓦多地铁于2014年通车。萨尔瓦多拥有丰富的文化遗产,这已经体现在其城市生活的方方面面。

萨尔瓦多地铁2号线车站为两层楼高,包括站台和上面的夹层,采用可持续的施工方法。柱子根据瓷砖本身的曲率设计,很好地减少了建筑体积。整个建筑的跨度约为23 m,采用自支撑金属瓦结构和双重隔热及隔音保护层,如图2.17所示。人行道和封闭结构都位于金属结构之中。自支撑钢屋顶部分与水平面成10°角,这既有助于自然采光和通风,又能够形成一系列拱形棚。

## 2.国内典型地铁车站

(1)北京地铁车站。

①南锣鼓巷站。

南锣鼓巷站是北京地铁6号、8号线的换乘车站之一,分别于2012年、2013年开始运营,站点位于地安门东大街和南锣鼓巷的交会处,因紧邻南锣鼓巷而得

图 2.17　巴西 Hunter Douglas 地铁车站

名,站点地段人流量较大,其 A、B、E、F 出入口较有特色。该站建设受西端地安门东大街南侧的基督教会宽街堂和北侧的东不压桥遗址制约,以及地安门东大街下方地下空间的限制,采用两线双向轨道,站台上下叠摞,车站采用侧式叠式站台,如图 2.18 所示。

(a) 站厅空间　　　　　　　　(b) 站台空间

(c) 墙面壁画　　　(d) 柱子细部　　　(e) A出入口

(f) B出入口　　　(g) E出入口　　　(h) F出入口

图 2.18　南锣鼓巷地铁车站建筑

南锣鼓巷地铁车站出入口建筑采用传统双坡屋顶,青砖墙、灰瓦顶与朱柱建筑造型拟态场地周边传统民居建筑形象特征,展现胡同民居特色与风俗文化;站内顶棚天花、柱子的檩条、砖雕等细节,突显其周边建筑的文化特色,与周边历史建筑相协调(表 2.3)。南锣鼓巷地铁车站内天花、柱子等建筑构件多运用石材、金属等材料,出入口建筑采用青砖、灰瓦。

表 2.3 南锣鼓巷地铁车站特色设计要素分析

| 南锣鼓巷地铁车站 | 出入口建筑 | 站内柱子 | 站内顶棚 | 站内墙面 |
| --- | --- | --- | --- | --- |
| 空间形态 | 传统双坡屋顶 | 方形 | 折板 | — |
| 主题 | — | — | — | "城市记忆""南锣印象"等 |
| 材料 | 灰瓦、青砖 | 石材、金属 | 板材 | 瓷砖 |
| 色彩 | 灰色、青黑色、红色 | 灰色、红色 | 白色 | 多种 |

南锣鼓巷地铁车站建筑设计的优点与不足:该地铁车站出入口建筑与站内空间设计均具有传统民居的特色,建筑色彩比较协调、风格较为统一,但是整体建筑色彩偏暗,需要加强站内灯光照明,同时站内通道空间、休闲座椅等局部细节在场地特色表达上有所欠缺。

② 森林公园南门站。

森林公园南门站是北京地铁 8 号线的一个车站,于 2008 年开通运营,站点位于朝阳区科荟路奥林匹克森林公园南门附近。车站采用分离式站厅,南端是地下两层,北端是地下三层,站台采用岛式站台设计,地面共计 4 个出入口,2 种出入口建筑形式,如图 2.19 所示。

(a) A、B 出入口建筑形式    (b) C、D 出入口建筑形式

图 2.19 森林公园南门站出入口建筑形式

森林公园南门地铁车站紧邻北京奥林匹克森林公园,为强调周边场地特征,地铁车站建筑以"森林"为主题,站内空间天花顶棚与柱子统一设计(图 2.20),

采用金属材料模拟树干、枝叶的形态,同时墙面、楼梯扶手也采用森林图案进行装饰;出入口建筑将传统建筑材料青砖与玻璃、金属板等现代材料相融合,砖与玻璃砌成的建筑立面和顶面造型,与传统建筑肌理相呼应;同时设置出挑的红色雨棚,象征传统建筑的红瓦屋顶,营造出舒适的建筑入口空间(表2.4)。

图 2.20　森林公园南门地铁车站站台

表 2.4　森林公园南门地铁车站特色设计要素分析

| 森林公园南门地铁车站 | C、D出入口建筑 | 站内柱子 | 站内顶棚 | 站内墙面 |
| --- | --- | --- | --- | --- |
| 空间形态 | 森林空间 | 圆柱 | 穹顶 | — |
| 主题 | 森林主题 | 树干 | 枝叶 | 森林主题 |
| 材料 | 金属、青砖、玻璃 | 金属 | 金属 | 金属、玻璃 |
| 色彩 | 灰色、青黑色、红色 | 白色 | 白色 | 白色、透明 |

森林公园南门地铁车站建筑设计的优点与不足:该地铁车站设计提取场地环境要素,并统一运用到地铁车站内部空间之中,站内设计紧密围绕"森林"主题,与周边森林环境协调统一,充分展现场地环境特色,但是地铁车站出入口建筑与站内空间色彩、形态等存在风格不统一协调的现象。

③丽泽商务区站。

北京地铁14号线丽泽商务区站于2021年12月31日通行,作为首都五线换乘的重要枢纽站,其设计方案意图用简约现代的设计语言,营造开阔明亮的整体氛围,塑造一个国际化的"地下城市客厅"。站厅的主要承重构件为Y形柱,在满足结构跨度的同时,有效减少了站厅内立柱的数量,营造更为宽敞的开放空间。设计上摒弃烦冗的装饰,以素水泥材质突出Y形柱本身的结构之美,体现地铁站"向下生长"的力量感与生命力,如图2.21所示。

图 2.21 丽泽商务区站站厅

(2)西安地铁车站建筑。

①行政中心站。

行政中心站是西安地铁 2 号线和地铁 4 号线的一个换乘站,分别于 2011 年、2014 年开通运营,站点位于西安市未央区未央广场,因该站周边分布着以西安行政中心为主体的行政建筑群而得名,车站 A、B、C、D 4 个出入口较有特色,如图 2.22 所示。车站所处地质是砂性土壤,又受地铁线网规划等客观因素的影响,该站在 2 号线 8 m 深处下穿,施工难度较大,埋深较深,可达 26 m。车站地下一层为站厅层,采用三跨挑空式矩形结构,中央为钢结构玻璃穹顶;地下二层为 2 号线站台,采用三跨岛式站台;地下三层为 4 号线站台,采用侧式站台。

(a) 站厅空间　　　　　(b) 柱子细部　　　　　(c) 顶棚细部

(d) A 出入口(与 B、C、D 出入口相同)　　　(e) A1 出入口
　　　　　　　　　　　　　　　　　　(与除 A、B、C、D 出入口以外的出入口相同)

图 2.22 行政中心地铁车站建筑

行政中心地铁车站内部采用玻璃和钢材构成的穹顶天窗,立柱为花岗石圆柱,文化墙以《夏荷飞雁图》为主题壁画;A、B、C、D出入口建筑形式相同,建筑四角采用石材贴面的混凝土结构柱,其上为灰瓦覆盖的四坡屋顶造型,三个建筑立面均为玻璃幕墙,整体外观造型简洁大方(表2.5)。

表2.5 行政中心地铁车站特色设计要素分析

| 行政中心地铁车站 | A出入口建筑 | 站内柱子 | 站内顶棚 | 站内墙面 |
| --- | --- | --- | --- | --- |
| 空间形态 | 传统四坡屋顶 | 圆柱 | 穹顶、平顶 | |
| 主题 | — | 上部镶有方形纹样 | — | 《夏荷飞雁图》 |
| 材料 | 灰瓦、混凝土、玻璃 | 瓷砖、石材 | 玻璃、钢材 | 汉白玉 |
| 色彩 | 灰色、透明 | 灰色 | 灰色、透明 | 白色、红色 |

行政中心地铁车站建筑设计的优点与不足:该地铁车站出入口建筑充分与周边建筑环境相互协调,与周边建筑风格统一,区域特色较为明显,但是地铁车站内部标识系统存在欠缺,导向性存在一定的不足,容易造成流线混乱。

②钟楼站。

钟楼站是西安地铁2号线上的一个地铁车站,于2011年开通运营,站点位于莲湖区钟楼盘道以北,因邻近西安钟楼而得名,所处地段人流量较大,为满足通行需求,由原来规划的4个出入口增加至9个,车站站厅层为三跨式矩形结构,站台层为拱形分离岛式车站。

钟楼地铁车站内部空间设计以"秦风"为主题,白色的顶部天花背景上嵌入深黄色方框,花岗岩的方柱表面镶有唐三彩泼墨,同时为展现陕西独特秦腔戏曲特色,在站厅内设置以"大秦腔"为主题的文化墙(图2.23);其出入口建筑呈弧形,采用透明玻璃与金属构成外观简洁明快的建筑造型(表2.6)。

图2.23 钟楼地铁车站内的主题壁画

表 2.6 钟楼地铁车站特色设计要素分析

| 钟楼地铁车站 | 出入口建筑 | 站内柱子 | 站内顶棚 | 站内墙面 |
|---|---|---|---|---|
| 空间形态 | 弧形 | 方柱 | 平顶 | — |
| 主题 | — | 唐三彩泼墨 | — | "大秦腔" |
| 材料 | 金属、玻璃 | 花岗岩 | 瓷砖、板材 | 石材 |
| 色彩 | 透明、金属色 | 灰色 | 白色、黄色 | 灰色 |

钟楼地铁车站建筑设计的优点与不足:该地铁车站建筑内部的顶棚、立柱、墙面运用现代的手法展现了独特的文化元素,突显了汉唐秦风的特色,但是出入口建筑外观造型与站内通道空间、休闲座椅等局部细节对场地特色的表达有所欠缺。

(3)成都地铁车站。

①金沙博物馆站。

金沙博物馆站为成都地铁 7 号线的一个站点,于 2017 年开通运营,站点位于青羊区青羊大道与金博路交会处,金沙遗址南侧,因毗邻金沙遗址博物馆而得名,站点周边历史文化氛围深厚浓郁。车站采取地下岛式布局,共计 4 个出入口,且建筑样式相同,如图 2.24 所示。

(a)站厅空间

(b)A出入口(与B、C、D出入口相同)

图 2.24 金沙博物馆地铁车站建筑

金沙博物馆地铁车站充分结合金沙文化,将太阳神鸟图案应用到地铁出入口建筑中;站内顶面天花采用三联拱形态,仿玉石材料的方柱面呼应金沙文化中十节玉琮的造型,站厅部分墙面采用微晶石、钛金喷砂不锈钢等材料,营造金碧辉煌的站内空间环境,展现出金沙艺术文化的气息(表 2.7)。

表 2.7 金沙博物馆地铁车站特色设计要素分析

| 金沙博物馆地铁车站 | 出入口建筑 | 站内柱子 | 站内顶棚 | 站内墙面 |
|---|---|---|---|---|
| 空间形态 | 方体 | 方柱 | 三联拱 | — |

续表

| 金沙博物馆地铁车站 | 出入口建筑 | 站内柱子 | 站内顶棚 | 站内墙面 |
|---|---|---|---|---|
| 主题 | 太阳神鸟 | 十节玉琮 | — | "天地礼颂""智慧之光" |
| 材料 | 石材、玻璃 | 仿玉石 | 瓷砖、板材 | 微晶石、钛金喷砂不锈钢 |
| 色彩 | 黄色、透明 | 绿色 | 黄色 | 白色、黄色 |

金沙博物馆地铁车站建筑设计的优点与不足：该地铁车站的整个建筑设计风格展现出金沙文化的特色，将文化遗址出土文化简化成符号元素，运用现代建筑语汇应用到地铁车站建筑设计中，但是还需对站内通道空间、导向标识等进行人文特色的表达，增强其可识别性。

②宽窄巷子站。

宽窄巷子站是成都地铁 4 号线的一座车站，于 2015 年开通运营，站点位于青羊区西安中路与下同仁路交会处，即少城、宽窄巷子历史文化街区，周边多为青砖黛瓦的仿古四合院落，历史文化气息浓厚，车站目前仅有 B、D 2 个出入口投入使用，如图 2.25 所示。

(a) 文化墙

(b) B 出入口建筑

(c) D 出入口建筑

图 2.25　宽窄巷子地铁车站建筑

宽窄巷子地铁车站出入口建筑顶部采用青瓦屋檐造型，立面采用玻璃与钢材打造出传统建筑窗样式；站内设计也同样提取建筑屋檐、窗棂等传统建筑构件，运用到站内顶棚与结构柱面之上，站厅墙面设置"街名艺术墙""宽窄巷子名人故居"(表 2.8),地铁车站出入口、站内装修充分呼应宽窄巷子建筑与文化环境,传承少城文脉。

表 2.8 宽窄巷子地铁车站特色设计要素分析

| 宽窄巷子地铁车站 | B 出入口建筑 | 站内柱子 | 站内顶棚 | 站内墙面 |
| --- | --- | --- | --- | --- |
| 空间形态 | 拱形 | 方柱 | 平顶、折线 | — |
| 主题 | — | — | — | "宽窄巷子名人故居" |
| 材料 | 钢材、玻璃 | 仿古砖 | 瓷砖、板材 | 瓷砖 |
| 色彩 | 灰色、透明 | 灰色、红色 | 灰色、红色 | 灰色 |

宽窄巷子地铁车站建筑设计的优点与不足:该地铁车站建筑出入口与站内空间设计均与周边建筑及文化环境相呼应,传承少城的历史文脉,整体建筑文化特色突出,但是站内通道空间、休闲座椅等局部细节在场地人文特色表达上有所欠缺。

(4)青岛地铁太平角公园站。

太平角公园站是青岛地铁 3 号线的中间站,站点坐落于海滨风景区,香港西路鹊山路口,因紧邻青岛太平角公园而得名,该站为地下二层岛式车站,现开通 2 个出入口。

太平角公园站出入口建筑采用尖顶的顶棚、雕花的廊柱等建筑元素,以钢结构作为支撑,敷设低辐射玻璃,打造中西融合、古典与现代统一的建筑风格;站内空间通过设置以"海洋公园"为主题的壁画、悬置 4 组海洋生物雕塑等来展现海洋生物之美,反映地域文化特征(图 2.26、表 2.9)。

图 2.26 太平角公园地铁车站海洋生物雕塑

表 2.9 太平角公园地铁车站特色设计要素分析

| 太平角公园地铁车站 | 出入口建筑 | 站内柱子 | 站内顶棚 | 站内墙面 |
| --- | --- | --- | --- | --- |
| 空间形态 | 尖顶 | 方柱 | 平顶 | — |

续表

| 太平角公园地铁车站 | 出入口建筑 | 站内柱子 | 站内顶棚 | 站内墙面 |
|---|---|---|---|---|
| 主题 | — | 海洋主题 | — | "海洋公园" |
| 材料 | 钢材、玻璃 | 贴面砖 | 铝 | 贴面砖 |
| 色彩 | 绿色、透明 | 白色 | 白色 | 白色、蓝色 |

太平角公园地铁车站建筑设计的优点与不足：该地铁车站建筑紧邻青岛太平角公园、青岛地铁展示馆，结合场地高差等先天地域条件，面向公园布置可供休闲的木质坐台，使整个车站与周边环境融为一体；但是站内空间形态较为单一，仅设置主题壁画与雕塑来烘托海洋文化氛围，出入口外观造型与站内空间设计较多关注青岛整体的城市文化特色与地域环境特征，缺乏对场地文化特色的表达。

(5)杭州地铁车站。

为迎接2022年杭州亚运会，很多杭州地铁特色站点开通。创景路站位于杭州未来科技城核心区，该站以星空和科幻为设计灵感，站厅的核心区域用彩绘玻璃配合艺术灯光塑造出一个现代、简洁、科技的梦幻空间，如图2.27所示。音乐学院站以"音韵艺术"为设计主题，墙上跳动的音符充满律动感。江城路站位于上城区，是杭州市井气息浓厚的老城区，毗邻南宋御街，借鉴徽派建筑的设计手法，处处展现江南特色。美院象山站采用了"线塑"、"光塑"和"人与空间关系的再造"处理空间色彩关系，塑造了一个完整、克制却有张力的空间结构。绿汀路站站厅将西湖元素与茶文化相结合，提取龙井茶叶子为设计元素，体现了西湖龙井的地域特征及悠久的历史底蕴，如图2.28所示。

图2.27 创景路站站厅　　　图2.28 绿汀路站站厅

(6)香港地铁。

香港地铁建在全球人口最稠密的地区之一。香港拥有复杂的地质结构，较高的地下水位，这给地铁建设带来了巨大的挑战，施工难度相当大。

自1979年开通地铁以来,香港地铁运输线网逐渐完善,覆盖香港中心地带,并连接到了内地。截至2016年底,整个铁路系统全长264 km,共有观塘线、荃湾线、东铁线、将军澳线、港岛线、西铁线、东涌线等线路,百余个车站。香港地铁线路规划适应了城市整体发展的需要,并对城市的可持续发展起到了助推作用。香港地铁按照市场化的模式经营,每年的收入都相当可观。

香港地铁车站中有一些经典设计,比如荃湾线和西铁线的换乘站美孚站,荃湾线美孚站位于美孚新村万事达广场下面,西铁线美孚站位于荔枝角公园内,两个站的站厅通过一条换乘通道连接。由于需要对荔枝角公园和周边的社区进行保护,并减少对周边环境景观和功能的影响,将西铁线美孚站设置于荔枝角公园下,车站主要出入口以自然的形态嵌入覆土,与公园中的景观融合在一起,其他出入口在城市道路旁、住宅区、公园中心均有设置,形态各异,方便居民出行。车站充分利用了公园的地形和坡度,在顶部和侧边通过开设洞口引入自然光线,使整个站厅空间开阔起来,并且在墙壁上装饰柱子、水墨画,给车站带来清新优雅的氛围,让人们的行程变得轻松。

## 2.2 地铁车站建筑综合体

### 2.2.1 地铁车站建筑综合体概述

**1. 地铁车站建筑综合体释义**

《中国大百科全书》对建筑综合体的定义:"由多个使用功能不同的空间组合成的建筑……一种是单体式,即只有一幢建筑;一种是组群式,有多幢建筑。"

《美国建筑百科全书》认为建筑综合体(building complex)是"在一个位置上,具有单个或多个功能的一组建筑"。

*Multi-Use Architecture in the Urban Context* 认为建筑综合体"承载了两种或以上人类生活功能"。

地铁车站建筑综合体是城市综合体的一种类型,是以地铁枢纽站为核心,集交通换乘、商业购物、休闲娱乐、办公、住宿等功能于一体的复合体。

根据建筑综合体的相关定义,结合地铁车站的特点,将地铁车站建筑综合体定义为:以满足地铁线路间及与城市其他公共交通方式的交通换乘需求为基础,同时集商业购物、办公、居住、休闲娱乐等功能于一体的城市综合体。

**2. 形成背景**

地铁车站建筑综合体是在地铁车站基础上形成的功能复合的城市综合体。最初阶段的地铁车站只单纯地负担交通功能,人们追求交通的顺畅而排斥其他功能的存在。后来,车站经营者逐渐看到了由地铁车站中大量乘客的其他需求而带来的商机,地铁车站中开始出现了报刊亭及其他的小店,这是地铁车站建筑综合体的雏形。但是,这个时候的这些商业的规模非常小。当这些小商业为经营者带来更多利润的时候,在新的地铁车站建设过程中,设计师在设计时开始有意识地将商业部分考虑进去,并巧妙安排,使之不影响换乘。这时候,商业功能不再是微不足道的了。例如上海地铁1号线、2号线交会的人民广场站,在设计的时候沿换乘通道布置了许多商铺。在发展过程中,商业等功能在地铁车站中所占的比重逐渐增大,具有了一定的规模,但还是属于地铁车站的附属功能。这是地铁车站建筑综合体发展的第二阶段。在发展到第三阶段的时候,商业等其他功能所占比重进一步加大,同时,除了商业,地铁车站中也融入了越来越多其他功能,例如住宿、停车、休闲娱乐等。当这些功能和地铁车站的主要功能——交通换乘的水平相当,甚至超越了交通功能时,就发展到了第四阶段。这时候的地铁车站已经成为城市综合体,在为大众提供便捷交通的同时还承担了其他的城市功能,满足人们的各种需求,包括购物、办公、休闲娱乐等。例如日本京都站,其作为交通车站的功能仅占整个建筑群体的5%,而95%都是其他功能。

## 2.2.2　国内外地铁车站建筑综合体发展历程

**1. 国外地铁车站建筑综合体发展历程**

地铁车站建筑综合体在不同的国家,其发展历程不尽相同,互相之间没有绝对的前后相承关系。这里选取几个有代表性的国家分别进行阐述。

(1)日本。

日本受地理条件限制,用地紧张,影响城市发展。所以,日本对地下空间的开发很重视,很早就进行了这方面的研究与实践,积累了丰富的经验。1932年,日本地铁车站开始与商业结盟。为发掘地铁乘客的消费潜力,日本地铁公司在神田须田町的中央广场打造了地下商业街,至此,日本开始了地下商业街的开发。

然后，出于各种需要，日本开始广泛地进行地下街的建设。例如，浅草地下街(图 2.29)的地铁车站扩建是出于商业发展的要求，而池袋站东口地下街则是为在车站前保留停车场而建。种种原因中，由地铁建设带动的地下街开发的比重最大(图 2.30)，达 47.2%。由此可见，地铁车站的建设对于地下街的开发具有很大的推动作用。随着地铁交通迅速发展，地铁逐渐成为市民出行的首选交通工具。而以地铁车站为基础而建设的地下街规模也逐渐扩大，其功能不再仅仅限于商业，而是综合了诸如商务办公、住宿、文化、休闲娱乐等，演变成为功能齐全的城市综合体，例如新宿、京都、池袋等站。地铁车站周围的大型公共建筑，如商场、办公大楼等，为提高自身的可达性，也通过步道与地铁车站连通，这样和地铁车站互相连接成一个高度可达的整体，促进了各自的繁荣。同时把地下停车场结合起来考虑，停车场上部设计成公园等，为市民提供活动场所，形成地下和地面空间利用的立体化，空间利用非常高效。同时，这些公共活动场所给综合体中的商业带来了大量的人流，为商业的繁荣提供了基本保障。

图 2.29　古老的浅草地下街

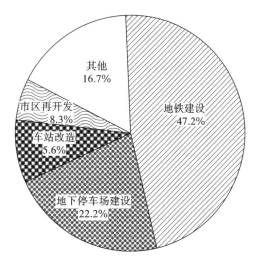

图 2.30　日本地下街建设原因

随着经济和城市建设的发展，以及社会需求的进一步增长，日本地下街的规模也在不断地扩大，而且有向深层化、立体化发展的趋势。结合地铁车站的建设，在这些区域形成了交通便捷的大型城市综合体，丰富了商业形态。而且因为把大量的城市交通转入地下，在地面打开了城市空间，美化了城市环境，市民拥有了丰富的公共活动场所。

到了 20 世纪 80 年代，东京地铁车站前的商业设施开发又有了不同的特点。

地上商业开发呈现出大型化倾向,向街区化发展。例如涩谷商业区的东急和西武两大百货商场都进行了组群开发,形成商业内容多样化、综合性的系列商业组群。因为属于同一家企业,经营者为了保持其整体性,将这种系列组群商业街的各设施利用过街楼相连,形成便捷连续的商业流线,为顾客创造更好的购物体验。地下空间的开发则呈现出明显的网络化特征,这些百货公司为了最大限度地利用地铁的人流资源,都在商场里设有直接连通地铁的通道,而且利用这些通道布置商店、餐饮店等。这样设计带来双赢的局面,一方面,百货公司获得了更多的经济利益;另一方面,为地铁乘客带来了方便,改善了他们的购物环境,不论天气晴雨,他们都可以不受影响地在商业区中自由穿行。

(2)美国。

美国纽约的地铁是世界上最庞大的地铁系统之一。美国的很多城市综合体是随着地铁而发展起来的。

第二次世界大战后,美国的经济实力得到迅猛增长,城市化进程加快,20世纪中叶城市化率就已经达到72%(表2.10),但是这时候各种"城市病"也日益突出,拥挤、脏、乱、差,人们不再认为城市中心适合生活。同时,汽车工业的进步,使得中产阶级几乎都可以拥有汽车,四通八达的高速公路网也为出行带来了便利和舒适。这样,人们把目光投向了环境幽雅开阔、空气清新、交通便利的郊外,这里的居住环境远好于市中心,于是人们纷纷迁往郊区居住。然后,为便利郊区生活,逐渐出现了商住综合体。人口往郊区迁移,导致了市中心的衰落,出现了市区空心化等问题。

表2.10　西方国家20世纪中叶城市化率

| 国家 | 美国 | 英国 | 德国 | 荷兰 | 加拿大 | 澳大利亚 |
|---|---|---|---|---|---|---|
| 城市人口比例 | 72% | 87% | 79% | 86% | 77% | 83% |

随着公共交通的完善,尤其是地铁的巨大发展,这些情况逐渐得到改善,人们重新回归市中心。地铁的修建和市中心的重新繁荣,使地铁车站建筑综合体有了出现的可能。20世纪30年代,纽约洛克菲勒中心建成,受到市民的广泛赞扬,是人们最热衷去的地方之一。

1975年,亚特兰大桃树中心建成,一定程度上改造了亚特兰大的城市结构。这些地铁建筑综合体陆续出现,并持续保持繁荣和巨大的吸引力,是地铁建筑综合体魅力的有力证明。

(3)加拿大。

加拿大蒙特利尔市因每年有 4~5 个月的寒冷冬季而闻名于世。其恶劣的气候条件促成了这座城市一个举世无双的奇迹——地下城。现在其地下城已经形成一个巨大的完整体系,由地铁组成的四通八达的地下交通网络,将地下城中数以千计的商店、酒店、影院等连接起来。

蒙特利尔地下城始建于 20 世纪 60 年代初,是随着地铁的建设而发展起来的。1962 年,加拿大国营公司修建了维尔·玛丽广场(Place Ville Marie),广场通过两条地下通道与地面街道对面的中心车站和伊丽莎白酒店相连,由此形成了蒙特利尔市的第一座地铁车站建筑综合体。真正大规模的地下城开发是在 1966 年兴建地铁之时。政府修建地铁的时候,地铁车站周边的商户纷纷资助,但是都要求自己的物业与地铁出入口有直接联系。另外,在地铁沿线,政府又修建了数个规模巨大的地下商业中心、室内广场和植物园。这样,以地铁为主干,与各车站相连的地下通道为分支,串联起各大商业中心及大型公共建筑,形成了规模庞大的地下城。

1967 年的万国博览会为蒙特利尔的发展带来了一次很好的契机。博览会的举办带来了房地产业的蓬勃发展,很多房地产项目都有地下通道与地铁车站相连,这样进一步促进了地铁的发展。但是,这个时候的商业地产项目发展却比较困难。直到 1976 年第 21 届夏季奥林匹克运动会的举办,才使得开发商们恢复信心,大力投资修建新的商场等,促进了房地产业的进一步发展。这在经过德斯艺术区和阿米斯区的地铁车站中表现得尤为明显。德斯亚丁斯综合大楼(Complexe Desjardins)建成后,利用其地下通道将周边建筑、地铁车站等连接起来,形成庞大的功能复杂的地铁车站建筑综合体。

到了 20 世纪 80 年代,蒙特利尔的建设项目出现大型化倾向。一些大体量的商场和办公楼纷纷涌现,建筑面积动辄达到 10 万平方米,这些大型公共建筑都有地下通道与地下城联系。但是这个时期的地下商业网络之间联系较弱。到 20 世纪 90 年代初期,蒙特利尔地下城中出现了 CBD(central business district,中央商务区)的概念。2000 年以后,在地下城的规划中,设置了更多的地下通道,使得地下城的交通更加通畅,而且还将各通道连接起来形成连通的网络,改善了 20 世纪 90 年代地下商业网联系不够紧密的现象。地下城的步行网络将地面大量的建筑联系起来,其中有很多商业设施。经过多年的发展,地下城中有三分之二的设施有了商业部分。地上和地下的商业紧密联系,这些商业设施和地铁结合在一起,构成了全世界独一无二的地下城,也构成了全世界最大的地铁车站建筑综合体。

## 2. 国内地铁车站建筑综合体发展历程

1969年10月,我国第一条地铁,北京地铁第一期工程基本建成,并于1971年1月开始试运营。上海地铁1号线于1990年1月19日正式开始建设,1995年4月开始试运营。该线路以锦江乐园为起点,经上海体育馆、淮海路北折至人民广场,穿越苏州河到达上海火车站,全长16.1 km,共有13个车站。贯穿上海繁华的闹市中心和重要的交通枢纽,最高时速可达80 km,日运载设计能力约为100万人次。1999年6月28日,全长18.48 km的广州地铁1号线建成通车。2004年12月28日,深圳地铁一期工程建成通车。截至2022年7月,北京地铁运营线路共有27条,运营里程783 km,车站463座(其中换乘站73座);截至2022年5月,广州地铁运营线路共有16条,共设车站302座,共有换乘站40座,运营里程621 km;截至2021年12月,深圳地铁已开通运营线路共有12条,全市地铁运营线路总长419 km,车站288座(不含有轨电车);截至2021年12月,上海地铁运营线路共有20条(含磁浮线),设车站508座(含磁浮线车站2座),运营里程831 km(含磁浮线29 km),统计数据均不含金山铁路,上海地铁运营里程位于世界第一位。

随着地铁的迅速发展,结合地铁车站的城市综合体出现了。在我国地铁发展的初期阶段,地铁车站基本只具有单一的交通换乘功能。上海对于地铁车站结合商业经营的尝试是最早的。2000年上海地铁2号线通车,1号线、2号线在人民广场交会,当时在换乘站设置了很多小商店,这是地铁交通枢纽首次出现多功能复合,也是我国地铁车站建筑综合体的雏形。而现在,上海已经有大量依托地铁车站开发的综合体,例如徐家汇站地铁商场、世纪大道生活广场等。

在国内其他城市,地铁车站建筑综合体也有一定的发展。虽然北京是中国第一个修建地铁的城市,但它在地铁建筑综合体方面的发展速度不如上海。很长时间内,地铁车站中都只附设了一些小型便民服务网点,例如报刊亭、干洗店等。直到西单站建成,这是北京第一座充分将商业、餐饮等与车站进行有机结合的地铁车站。2008年北京举办奥运会,地铁大规模扩建,借此良机,一些新建的线路就预先设计了商业设施,例如4号线、10号线上多个站点都考虑了商业开发。以黄庄站为例,当时规划地下空间利用面积共17500 $m^2$,其中商业配套4760 $m^2$,公共通道3650 $m^2$,车库5310 $m^2$,医院配套服务2180 $m^2$,人防及其他用房1600 $m^2$。黄庄地区汇集了商务、医疗、文化及教育等多种公共设施,聚集了大量人流,站域地下商业空间的设置有利于改善该地区商业服务设施不健全的状况。

## 2.2.3 地铁车站建筑综合体建设趋势

### 1. 关注策划定位

20世纪90年代以来,得益于我国经济持续高速增长,以及城市化进程的加速,地铁及城市综合体建设也快速发展。然而,在快速发展的时候,很多项目往往在没有经过科学论证的情况下匆匆上马,导致出现一些不良后果。策划定位环节的缺失是一个重要原因。其中,开发商的意志对建设项目的开展具有很大的约束力,开发商一般是从自己的利益出发,对于项目和城市之间的关系关心不够。而建筑师很多时候只能被动地按照设计任务书去进行工作,这样显然不够科学。缺乏科学的前期策划和规划,成为项目最终与城市脱离的根本原因。

### 2. 研究开发模式

我国地铁建设大多是靠政府财政支撑的,且大多在运营中处于亏损的状态,需要不断进行财政补贴,这无疑给政府带来很大的财政压力。但是,香港的地铁公司则是全世界为数不多的能够赚钱的地铁公司。究其原因,是因为地铁公司拥有地铁沿线的物业开发权,可以在地铁开通之后获得土地增值带来的巨额收益。

对于地铁车站建筑综合体来说,其实施的首要前提是打破土地使用权的界限,保证基地及其周围用地的统一规划。城市规划部门在分析研究城市社会经济后,在科学论证的基础上,进行合理的规划,组织好地铁车站建筑综合体周边的交通及其他的公共服务设施,将整个区域打造成为一个具有活力的有机整体。

当前我国大多地铁车站建筑综合体的开发模式还存在不足。如现行的城市规划方法已经有些过时,显然还不能适应地铁车站建筑综合体这类新的建筑类型。对于这种大型的功能复杂的综合体建筑,应当从更大的范围来考虑,从城市甚至更大的区域出发来对其进行评估。系统研究地铁车站建筑综合体具有很大的现实意义,对于完善城市规划及相关建筑理论有很大帮助,也会对新时期我国城市建设活动产生积极的推动作用。

### 3. 重视规划设计

在地铁线路建设前期重视规划设计,可以避免在建成后产生如下问题。

(1)交通组织不顺畅,可达性差。

根据城市发展的脉络,可以看出城市和建筑未来的发展趋势是建筑与城市共生,建筑成为城市的有机组成部分,形成协调共生的有机体。在建筑设计市场中,设计师相对处于弱势,设计理念受甲方限制较多,更多注重商业利益,导致建筑方案中给城市公共交通留的余地不够。又或者因为城市规划不细致,建筑与城市交通的联系较弱,从而造成交通换乘效率不高。

另外,有些时候由于设计方案不合理,很多地铁车站建筑综合体可达性差,内部交通不够顺畅。可达性是指到达某个地方的方便程度,涉及行程时间、费用以及舒适性等。近年来,我国机动车保有量有了巨大的增长,而城市道路的设计跟不上城市发展速度,只有拓宽车行道而将人行道变窄。这使得人们的步行空间受到挤压,步行环境恶化。在一些设计中,这些因素被设计师忽略了,直接导致综合体建筑可达性差,进而影响公共空间的使用效率。这对商业零售的影响是致命的。而在综合体内部,设计师往往对步行空间的关注不够,内部的交通联系不够顺畅,这也对综合体的运营造成不良影响。

(2)空间枯燥,功能、形式较单一。

在很多地铁车站建筑综合体中,空间的单调、枯燥在建筑的内外空间都有所体现。对于内部空间来讲,由于商业利益的驱使,功能和使用面积被放在很重要的位置,而对公共空间关注较少。这样的设计理念造成公共空间平淡、呆板无趣。而且建筑综合体内部空间和外部的城市空间缺少联系和交融。对于建筑外部空间来说,建筑内部活动和外部空间的分离导致步行环境质量下降,这是造成城市公共空间缺乏活力的一个原因。同时,外部空间环境活力减弱,就无法对公众形成吸引力,也就降低了公众使用和参与的可能性。

(3)尺度超常,界面封闭。

地铁车站建筑综合体的功能复杂多样,建筑体量往往很大,为了匹配这种体量,其建筑构件和空间尺度也非常规。而地铁车站建筑综合体这种大型的群体组合式建筑,其公共空间既属于建筑又属于城市。这种开放空间是公众使用频率极高的空间,它需要有一种"人"的尺度。但是,目前很多的地铁车站建筑综合体并没有很好地做到这点,其公共空间无法延续城市原有的和谐的场所感。在处理这种空间尺度时,要考虑到从"城市"到"人"的转换。另外,开发商为了追求利益，会尽可能多地争取使用面积，而留给公共空间的余地很小，使得建筑内部空间和外部的城市空间过渡生硬。而且，空间界面往往也是封闭、冰冷的，不具有开放性和亲和力。

### 2.2.4 相关理论借鉴

**1. 城市触媒理论**

1989年，美国学者韦恩·奥图（Wayne Attoe）和唐·洛干（Donn Logan）在《美国都市建筑——城市设计的触媒》一书中提出了"城市触媒"（urban catalysts）的概念。"触媒"一词本来属于化学领域。"媒"作为一种催化剂存在于化学反应中，它可以影响反应的结果而自身在反应前后不产生变化。"城市触媒"则是指城市化学连锁反应，其中激发与维系城市发生化学反应的"触媒体"可能是一家旅馆、一座商场或一个交通中心；也可能是博物馆、剧院或经过设计的开放空间；又或者是小型的、特别的实体，如一列廊柱或喷泉。概括来说，城市触媒的作用是带动和激发城市的建设与复兴，促使城市结构进行持续、渐进的改革。

化学反应中的媒有正向（促进）作用也有逆向（抑制）作用，在城市触媒理论中，我们只把正向的具有促进作用的项目称为城市触媒。城市触媒理论是关于城市设计的观念，其核心观点是，城市中新要素的出现带来持续的城市发展，某一项新的开发连带引起更多的开发，这种连带反应可以是多方面的，例如经济、社会、政治或者建筑。这好比是一颗石子投入平静的池塘中，激起的波纹会逐渐散开而触及周围环境。这种思想有别于传统的自上而下的城市规划方式，而是自下而上来引导城市建设。具体实现方式有多种，比如可以通过建设某些具有催化作用的项目，作为"触媒"来引起一系列的城市化学反应，而把对于城市有利的因素扩展开来。比如在某些逐渐衰败的老城区，通过建设一条步行街或是一个广场，重新建立起地区秩序，为老城区注入活力。盖里为西班牙毕尔巴鄂市设计的古根海姆博物馆是个很好的例子。据南晓在《纽约古根海姆博物馆：走过50年征程》一文中的统计，1997年该博物馆落成后，博物馆的参观人数在不到一年的时间内就达400万人次，直接门票收入占全市年财政收入的4%，而带动的相关收入则占到20%以上，毕尔巴鄂一夜间家喻户晓，成为一个新的旅游热点。

根据城市触媒理论，地铁建筑综合体产生催化反应应当具备五个基本要素：①触媒——以地铁车站为必要元素的城市综合体；②优秀价值——具有集聚效应、功能复合、具有扩散效应的步行系统;③催化机制——以综合体的开发催化周边地块开发,使优秀价值得到推广;④指导政策——对地铁车站周围地区的开发提出一系列控制性要求;⑤联合开发——地铁与房地产、政府与民间联合开发城市综合体。

用城市触媒的思想来看待地铁车站建筑综合体的开发,应当遵循以下几个原则。

①尽量设置零售商业。零售商业可以方便乘客,而且对于综合体中的其他功能(如办公、居住)来讲也是个过渡。在与其他公共建筑相连的地下通道中,沿一侧或者双侧设置小的零售商店,既可以缓解步道的单调气氛,还可以带来一定的投资回报。

②地下步行系统具备可扩展性。建设地铁车站建筑综合体的地下步行道,可带动周边地区开发地下步行系统。与周边建筑的地下层连接起来,跨街设置出入口,可以提高地铁车站的可达性,对城市的地面交通也是很好的补充和完善。

③鼓励公共建筑设置公共步道。与地下步行系统相连的公共建筑因共享了其带来的人流等资源而获益,有责任让步行系统继续完善和延伸。针对不同的情况可以采取不同的措施,如商场、展览馆等与步行相兼容的建筑,步行系统不妨直接穿越。另外,如车库等与步行相冲突的建筑,可予以分层设置,利用垂直交通体系来进行连接。

## 2. TOD 理论

TOD(transit oriented development),是指"公交导向型发展",最早出现于美国,是为解决第二次世界大战后美国城市无限扩张而提出的以公共交通为主导的综合发展的步行化城市理念。TOD 理论冲破了传统蔓延式城市发展和城市规划思想的束缚,希望以公共交通来主导城市发展和土地利用,控制城市蔓延。TOD 模式中的公共交通包括地铁、轻轨及公共汽车等。

遵循 TOD 模式的设计原则有以下几点。

(1) 以公共交通车站为中心,在半径 400~800 m 之内布置社区,居民步行就可以很方便地到达。

(2) 社区之间设置大量的城市绿地及其他开放空间。

(3) 各社区间通过公共交通进行联系。

(4) 将市民使用频率高的公共设施,如商业等,布置在车站周围,提高城市生活的便利性。

(5) 社区与车站及公共设施之间有良好的连接通道。

(6) 鼓励居民优先使用公共交通,但也不排斥使用私家车。精心设计公共交通及步行路线,与城市绿地相连。居住区、工作区、商业中心必须集中分布于沿线地带,均配以良好步行空间环境设计,鼓励市民优先使用公交系统,促使轨道交通设施得到有效利用和发展,城市空间趋于适当集中、紧凑发展。

典型的 TOD 模式一般会设置以下内容:公共交通站点、居住区、核心商业区、办公区、公共开发空间、次级区域(图 2.31)。因为所处位置不同,周边的环境也不同,TOD 模式可以分为两种类型:"城市型 TOD"和"社区型 TOD"。"城市型 TOD"通常位于交通干线上,具有更大的商业价值,更高的开发密度,会成为所在区域的中心,以 400~800 m 为半径来控制其规模。"社区型 TOD"则一般处于非交通干线上,通过交通支线与干线进行联系。TOD 理论提供了一种新的土地利用模式,与传统发展模式相比,TOD 模式在紧凑的土地上为多种人群提供多样性的服务,而且具有广泛的适用性,对区域规划、城市化地区、新建地区、改建地区都具有指导意义。

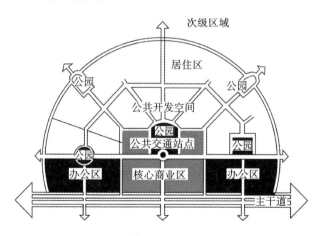

图 2.31 典型的 TOD 设置模式

### 3. 点-轴空间结构及点-轴渐进扩散理论

点-轴空间结构理论,是我国学者陆大道等在波兰萨伦巴教授等提出的"点-轴开发模式"的基础上,深入研究宏观区域发展战略而总结出的指导城市或区域发展的理论。其核心观点是,社会经济客体大都集聚于某些点,然后通过线状基础设施连成一个有机的空间结构体系。从大的区域来看,"点"可以是区域的中心城市,它们是区域内的经济中心,有较强的凝聚力。"轴"则是连接各个"点"的线状基础设施,例如交通干线、通信线路等。在城市内部,"点"可以是城市中心、CBD或者地铁车站等,"轴"可以是连接它们的公共交通线路等。

点-轴开发模式是点-轴渐进扩散理论在区域规划和区域发展实践中的具体运用,也是经济空间开发的一种重要方式。它主要指区域可达性的改变是影响区域发展的重要因素之一,各种资源将沿发展轴线配置、集聚与发展。根据这个理论,在城市的"点-轴"空间结构中,地铁车站因其交通优势可以成为"点",随着地铁线路的延伸,可以根据其渐进式扩散效应来进行城市开发,促进城市的繁荣与发展。

20世纪50年代,法国经济学家F.佩鲁提出了增长极理论,该理论被认为是不平衡发展的理论依据之一。佩鲁认为,在市场经济运行过程中,统一市场中的各区域的经济不可能普遍均衡地增长,而是有经济发展动力的地区优先发展。借鉴物理学中磁场的内部运动规律,他把这种优先发展的地区称为"增长极"(growth pole)。该理论认为,要开发和建设一个地区,当受到资金限制而不能兼顾全部时,就要先集中建设某些点,然后通过这些点的开发和建设来影响和带动周边地区经济的发展。

增长极对于周围地区的影响有两种方式。一种是"极化",即增长极利用其强大的吸引力将周边地区的人才、资源等吸引过来。例如我国北京,就对周边的河北等地产生强大的吸引力,大量的人才、资金在北京集中。另一种是"扩散",即增长极通过对周边地区进行物质输出和空间扩张来发展自己,也有增长极通过渐进式扩散的方式来促进新的增长极形成。增长极在形成初期,以"极化"为主,而在中后期,则以"扩散"为主。这里所指的扩散现象是针对一个扩散源的情况,而现实中,在某个区域内可能同时存在两个甚至多个"点"。这些"点"互相作用时,空间扩散就带有总体性质了,总体扩散并不是简单的多个"点"各自外扩的形式,而是呈现点-轴渐进扩散模式。空间扩散现象产生的根本原因在于社会经济发展不平衡,只要存在这种不均衡,空间扩散就会发生,扩散的结果是逐步实现空间结构的均质化,使资源和空间得到充分利用。

图2.32是学者陆大道提出的点-轴空间结构形成过程示意。可将这个理论运用到地铁车站的开发上,在城市发展的最初阶段,可以设想资源是均匀分布的,随着经济社会的发展,在A、B两地间建起了地铁,于是,以A、B两地地铁车站为核心,会聚集各种资源。随着城市发展及地铁车站的扩散作用,地铁沿线相继被开发,同时,在C、D、E、F、G等地开始出现新的集聚。进一步发展,A-H-B-

C沿线成为发展条件好、效益水平高、人口和经济技术集中的发展主轴，A、B处产生更大规模的集聚，C、D、E、F、G、M、N等成为新的集聚中心，这样不断地发展下去，以地铁车站建筑综合体建设为契机促进城市的发展与空间的重构，进而创造出均衡、和谐的城市环境。

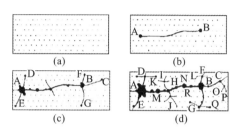

图 2.32　点-轴空间结构形成过程示意

根据这个模式来分析，地铁车站建筑综合体的开发分为四个主要阶段。

(1)"点-轴"形成前的均衡状态，这种假设的均质空间，呈现出"有序"的分布状态，但也是无组织的，效率极低。

(2)随着地铁的开通，"点-轴"开始形成，在车站周边开始出现有组织的空间，区域开发和经济都进入增长期。

(3)地铁车站建筑综合体的效果开始体现，主要的"点-轴"结构形成，社会经济发展迅速，空间结构变动幅度大。

(4)"点-轴"空间结构系统形成，城市发展全面进入有组织状态。

通过对"点-轴"渐进扩散理论的解读，可以看出，地铁车站建筑综合体的建设能够促进各区域的均衡发展。一是地铁可以提高区域的可达性，增强地区的机动性，可达性和机动性的增强进而又促进地区发展；二是地铁车站建筑综合体作为增长极对周边地区有扩散作用，为区域的发展提供资源。

## 2.2.5　地铁车站建筑综合体的功能分析

所有的建筑，从远古时期的洞穴到今天的摩天大楼，其功能设计都是围绕人来做的，都是为满足人的各种需求。"上古之世，人民少而禽兽众，人民不胜禽兽虫蛇。有圣人作，构木为巢以避群害。"(引自《韩非子·五蠹》)。可以看出，原始时期的巢居是为躲避虫蛇蚁兽。随着经济社会的发展进步，科学技术手段不断发展，人类有了更强的改造自然的能力，也有了更多的需求，于是创造出更丰富的建筑类型，如宫殿、坛庙、瓦肆、集市等。时至今日，科技文明一日千里，物质文化极大丰富，人们的追求也更多了。在建筑上则出现异彩纷呈的景象，各种类型的建筑,文化的、体育的、休闲的、娱乐的等,让人们的生活更加丰富多彩、更加便利。

地铁车站建筑综合体则是各种功能的集大成者,包括交通、居住、商业、酒店、餐饮、办公等,力求最大限度地为人们的生活带来便利。

**1. 地铁车站建筑综合体人群需求分析**

根据马斯洛需求层次理论,人的需求有五种,从低到高依次为:生理需求、安全需求、归属与爱的需求、尊重需求和自我实现需求。地铁车站建筑综合体中的人群形形色色,基本囊括了社会上的各行各业。对照马斯洛的需求层次理论,这些人的需求可以涵盖所有的五个方面。

(1)过境人群。

这类人群的特点就是来去匆匆,只是在车站乘车,或是换乘,然后去另一个地方。这其中包括上班的白领一族、上学的学生等。这类人流的目的性很强,主要是利用地铁的交通优势快速地到达另一个地方,一般没有太多时间在地铁综合体中进行多样的消费。但是,他们也会在候车的过程中发生一些比较随机的消费行为,比如买瓶矿泉水,或者早上去上班时顺便把衣服放在干洗店洗,下班回来再取走。针对这类人群,可以考虑在地下通道或者换乘大厅设置一些便利店等,以方便他们的生活,节约他们的时间。

(2)短暂停留人群。

这类人群以外地来出差,或是旅游观光的人为主,会有一周左右的停留时间。这类人群在地铁车站建筑综合体中的行为以旅游消费和交通出行为主,包括住宿、餐饮、娱乐及购买旅游纪念品等。针对他们的需求,可以在地铁车站建筑综合体中设置必要的酒店、餐饮店、土特产店等。

(3)长期生活人群。

长期生活人群以本地居民为主,他们就在这里生活或工作,长期稳定。他们有着衣食住行方方面面的需求。这类人群的行为会呈现出丰富多样的特性。

例如,在车站建筑综合体附近工作的人群,尤其是居住在生活不方便地区的人群,一般中午不会回家吃饭,而选择就近就餐。还会利用中午的时间和同事在附近逛逛,不少日用品是在单位附近依靠中午、下班路过的机会补充购买的。而那些生活在这里的家庭,则会产生为满足日常所需的购物行为、亲朋好友的聚餐活动、休闲时的娱乐活动、茶余饭后的交往活动,以及运动健身等,总之涉及生活的方方面面。

## 2. 以交通换乘为主导的功能组成

(1)交通及换乘功能。

地铁车站建筑综合体是在地铁换乘站的基础上发展起来的,换乘功能是其核心功能。换乘包括各地铁线路之间的换乘,往往还会与其他的城市交通工具对接,一种是与城市内的地面交通,如公交、出租车等对接;另一种是与远距离的交通工具,例如火车、飞机等对接。换乘功能的设计,例如流线的简捷顺畅性、指示牌的导向性等,直接影响到换乘效率。尤其是当城市快速交通线路成为城市客运交通的骨干体系后,能否与其他交通方式有效衔接,形成统一体系,直接关系到城市居民出行的整体水平高低。

同时,对于综合体中的其他功能来讲,地铁交通巨大的运量所带来的高密度人流,成为支撑整个综合体的基础。正是因为大量密集的人群有着各种各样的需求,才使得综合体中各项功能有存在的必要,这也是地铁车站建筑综合体出现的原因之一。

换乘站的设计应遵循下列原则。

①在车站规划时就应周密考虑换乘方式及换乘形式,换乘形式的确定必须依据规划路网的走向及敷设方式。

②换乘设施(楼扶梯及通道)的通行能力应满足预测的远期客流量的需要。宜留有扩建、改建的余地。

③应优先采用付费区内换乘形式。缩减换乘距离,做到流线清晰、简捷;尽量减少换乘高差,避免高度损失;换乘客流宜与进出站客流分开,避免交叉干扰。

④换乘通道长度不宜超过 100 m;超过 100 m 的换乘通道,宜设自动步道。

换乘站可以分为多种类型,按换乘位置分类,有站台换乘、站厅换乘和通道换乘等几种方式,各自优缺点及适用条件见表 2.11。

表 2.11 站台换乘、站厅换乘和通道换乘的优缺点及适用条件

| 分类 | 优点 | 缺点 | 适用条件 |
| --- | --- | --- | --- |
| 站台换乘 | 换乘路线简捷,高差损失小,换乘设施工程量小 | 换乘楼梯口人流集中,存在一定的安全隐患;换乘楼梯宽度在设计中易受制约,换乘量有限 | 两线车站站台相交或站台平行 |

续表

| 分类 | 优点 | 缺点 | 适用条件 |
| --- | --- | --- | --- |
| 站厅换乘 | 换乘客流相对分散,事故隐患较小 | 换乘高度损失大;与进出站客流有一定的交叉干扰 | 一般作为站台换乘和通道换乘的辅助方式 |
| 通道换乘 | 设置灵活,适用面广 | 换乘路线长;换乘通道增加工程造价 | 两线车站站位距离较远、高差较大 |

换乘站还可以根据车站布置形式分类,当两线车站站台不相交时,车站换乘一般采用通道换乘;线路相交时,车站有十字形、T形、L形等布置方式;线路平行时,车站有平行或重叠等布置方式。

由于较多地铁车站建筑综合体处于市中心,换乘用地紧张,所以往往会利用街区来疏导乘客。这种结合街区来疏散人群的方法,关键在于地铁有效地结合周围城市交通、步行系统及汽车站点布置。为避免公共汽车的站点过于伸展,可以引入适当的立体交通体系。

(2)商业。

根据城市触媒理论,在综合体中应该设置零售商业。地铁交通所带来的大量人流为商业开发创造了良好的条件。几乎在所有城市综合体中,商业都是必备的一项功能。而且,商业部分在整个综合体中所占的比重也是很大的,使用频率远高于其他的功能,它的成败直接影响到综合体项目的成败。地铁车站外的商业如发展特色经营或专业化经营,可大大节约租金,又可以选在优良的商业区位,一方面为行人提供丰富多彩的商业活动空间,另一方面也缓解了地面人行交通空间的紧张状况。

在地铁车站建筑综合体中,商业部分包括零售业和金融业。零售业包括大型综合商场、商业街等,一般规模较大,可以形成城市或者片区商业中心,在综合体商业构成中占据主要地位。金融业属于高端的商业形态,在地铁车站建筑综合体中也是不可或缺的组成部分,但是规模一般不大,无法像城市CBD那样成为城市的金融中心,所以一般作为附属商业存在。

在地铁车站建筑综合体中,商业功能的存在为其他功能提供了很好的配套,提高了它们的使用率,同时还聚集了更多的人气,为盘活整个综合体做出了很大的贡献。

商业功能可以直接影响地铁车站建筑综合体的区域辐射力,吸引大量的人流。商业功能一般处于综合体的外部,是主要的公共空间,相对其他功能,具有更强的开放性和流动性。商业部分对整个综合体的形象有着很重要的影响,通过打造良好的商业形象,营造舒适的购物环境和公共空间,对整个综合体的形象提升有很大帮助。

(3)酒店。

酒店有多种形式,例如经济酒店、高级酒店和豪华酒店等。目前,国内外大部分地铁车站建筑综合体中的酒店都属于高级酒店或豪华酒店,规模一般较大,有300间以上客房,同时兼有会议、娱乐等功能。

酒店在地铁车站建筑综合体中是不可或缺的功能组成,因为它的存在,可以为那些短暂停留的商务或者旅游人群提供居所,并让他们在综合体中的停留时间大幅延长。这为综合体保持活力提供了基本支持,同时为餐饮、办公等其他功能提供了潜在消费人群。酒店的这些作用使得它成为综合体中具有催化作用的"媒介"。另外,高档酒店在建筑设计上往往具有独特之处,不但外观形象能够形成独特的场所意象,而且可以起到提升整个综合体形象和档次的作用。

(4)商务办公。

地铁车站建筑综合体中的大量人流中,包括一部分的商务人士,为满足这部分人的办公需求,有必要在综合体中设置办公功能。商务办公功能的使用对象包括大型企业总部、分部,还有一些成长型企业等。

办公功能为地铁车站建筑综合体聚集大量的金融机构、国内外知名企业,以及文化创意产业、第三产业等,可以为社会创造大量的工作岗位,带来巨大的经济和社会效益,促进城市发展。例如,北京东方广场聚集了众多行业的龙头公司及名列财富500强的企业,涉及金融、证券、投资、银行、高科技、会记、保险、律师、媒体、医药、广告等领域。

办公功能因其高强的开发,对于土地的集约利用效果也是显而易见的,容积率往往会达到8,甚至更高。例如上海国际金融中心,总用地面积仅6万平方米,而总建筑面积却有60多万平方米。该项目在上海浦东紧张的用地条件下,通过高强度开发,提高了土地利用率。

办公建筑一般体量较大,多为高层或者超高层建筑,可能会成为城市或区域的标志性建筑,是建筑设计重点考虑的对象,往往具有优美的外观和独特的气质,对于展现综合体的形象具有很好的作用。例如,北京CBD万达广场二期的写字楼,其建筑造型具有强烈的个性,与相同造型的酒店建筑一起形成具有重复韵律的建筑群组,不仅给人很强的视觉震撼,而且在该区域具有一定的标志性。

办公功能因为会带来较为频繁的对外交往活动,而具有对其他功能较多的需求,例如商务接待需要的住宿、餐饮等。另外,众多的企业本身有着庞大的工作人员数量,对于商业、餐饮、娱乐等功能来说,是一个很大的消费群体。

(5)居住。

对于城市常住人群来说,他们都需要一个居所。而且,在当前拥堵的城市交通状况下,城市人群都希望自己住的地方能够交通方便。靠近地铁对于人们具有很大的吸引力,所以在地铁车站建筑综合体中,可以考虑设置部分住宅。一方面,可以为办公人群提供就近上班的居所;另一方面,居住功能的介入,为综合体提供了长期稳定的人流,而且具有 24 小时不间断的特性。为地铁车站建筑综合体中其他功能提供了支持,而且保证了白天和夜间活动的平衡,避免综合体在夜间成为"空城"。

(6)文化及娱乐。

文化及娱乐功能包括教育、观演、展览等。现如今,这类功能越来越多地被引入综合体。对于综合体来说,文化功能的引入带来了文化艺术气息,而且提供了个性、丰富的环境,具有非常大的吸引力,无形中提升了整体的形象,这种声望和品位是无法用其他的物质财富堆砌出来的。但是,文化功能也有它自身的缺陷,往往产生不了能够维持自身正常运转的收益,而需要靠政府或者其他社会公益机构来赞助。应当在综合体中想办法挖掘其商业价值,让其产生足够的经济效益。

## 3. 地下空间功能的开发利用

以在建的南宁轨道交通 5 号线广财区间(广西大学至广西财经学院)地下空间利用工程项目为例,项目位于明秀西路与大学东路交叉路口东侧,沿明秀西路东西向敷设,项目西起 5 号线广西大学站,东至广西财经学院校门,全长 806 m,总建筑面积约 3.6 万平方米,工程总投资约 7 亿元。明秀西路远期规划道路宽 50 m,现状道路宽 32 m。规划农院路垂直于明秀西路设置。方案鸟瞰效果图(剖切图)如图 2.33 所示。

根据规划目标及发展情况,项目处于高校林立、居住区密集及交通枢纽区中心,人口基础及客流条件均较好。①项目周边汇集了众多高校及社区。学校有广西大学、广西财经学院、南宁职业技术学院、南宁市第一轻工业局技工学校、南宁商贸学校、广西工业职业技术学院、广西师范学院等。社区和住宅区有万力社区、嘉州华都、正恒商业广场、康达花园、恒达花园、华达花园、化建小区及紫竹苑

图 2.33　方案鸟瞰效果图（剖切图）

等。②项目所在的南宁西乡塘片区居住人口日渐密集，刚需消费旺盛，而该片区缺少发展成熟的新型商业体。③项目处于 1 号线、5 号线交会处，可充分享受地铁站带来的各区域客流。④目前除南宁百货大楼（新世界店）、时代天骄购物广场外，该片区无新型闭合式购物中心类项目，传统商业模式居多。该片区居民及学生客群多利用假期到青秀等片区进行消费及休闲娱乐。

综合来看，项目周边闭合式大型购物中心稀缺，又有轨道交通 1 号线、5 号线加持，地铁带来的庞大而稳定的客流及便利的交通体系，使该区域利用地下空间开发商业具备了极大的优势条件。另外，区域周边存在大体量的旧城改造项目，消费群体将进一步扩大，项目远期利好。

结合项目区位、周边环境，以及轨道交通 1 号线、5 号线带来的庞大而稳定的客流与便利的交通体系，本项目的功能定位为依托轨道交通线网服务周边片区，并可进一步辐射整个西乡塘片区的地下综合型商业空间。该项目建成后能有效解决明秀西路人车分流难题，同时为南宁市民提供全新的体验式消费场景，以商业与艺术、人文、自然相结合打造西乡塘片区综合性商业空间，填补本区商业空白。

实施地下空间开发利用是南宁轨道交通集团全面贯彻落实中共南宁市委、市政府"强首府战略"的重大举措，是南宁市深入贯彻军民融合发展战略、逐步形成互通互联的城市地下空间（城市防护）综合体系的具体行动。广财区间项目正式开启了南宁地下空间开发新时代，可为南宁市拓展城区资源、改善城市空间结构、提升城市生活品质和消费能级、实现轨道交通可持续发展和城市高质量发展提供重要支撑。南宁轨道交通集团以广财区间项目为新起点，全力打造地铁地下空间的新标杆,聚力塑造地铁商业的新样本,合力开创共建共享的新模式,努力将地下空间开发打造成为南宁城市新名片,助力加快建设强首府,奋力实现"十四五"战略目标。

### 4. 功能组织

(1)功能组织原则。

地铁车站建筑综合体内部包含多种功能,各功能互相之间存在密切的关联,也互相影响。在建筑设计中应当予以精心组织,使各功能之间协调共生,互相支持,最大限度地满足人们的需求,同时也充分挖掘商业价值,发挥综合体的经济效益。

在地铁车站建筑综合体中,功能组织应遵循以下原则。

①集约化。

集约化原是经济领域的术语,本意是指在充分利用一切资源的基础上,更集中合理地运用现代管理理念与技术,充分发挥人力资源的积极效应,以提高工作效益和效率。将它引申到建筑领域中,集约化不仅仅是简单将几种功能混合布置在一起,而是从城市层面出发,对经济、社会、环境、人口及场地进行分析,总结出优劣势,同时结合公众需求,针对性地进行功能安排。并且对各项功能进行优化组合,使它们发生化学变化,产生一加一大于二的效果,发挥出更大的效益。

对于地铁车站建筑综合体来讲,应当结合地铁车站的交通换乘空间,利用其人流量大且出行便捷的优势,分析人流构成及各类人群的需求,相应布置商场、酒店、办公区、休闲娱乐区等,满足人们的消费需求,集约利用城市及建筑空间,在降低成本的同时创造更大的效益。

②互补性。

互补应该包括两个方面,第一是各功能之间的互补,构成完整的商业链;第二是要具有全天性,24小时全时段互补,保持白天和晚上的平衡。

功能的互补,各功能间互相支持,互相促进,既活跃了商业气氛,又能激发更大的商业潜力,而且满足人们多样化的、一站式的消费需求。人们的活动在不同时段有着不同的集聚性,呈现出一定的规律。在对人群的活动规律进行分析之后,提炼出相对应的功能需求,进行优化组合,全天候满足人们不同时段的各种活动需求。

③网络化。

运用各种立体的、平面的手段来组织各项功能,交织穿插,互相紧密联系。

使单位面积的空间利用最大化,提高土地利用率,创造更高的经济效益。

(2)功能布局方法。

①水平分散式布局。

在地铁车站建筑综合体中,各功能单独占据不同的建筑,自成一体,将不同功能按照各自的属性和特点进行分区,相互之间保持一定的距离,相对独立,但又有一定的联系,这就是水平分散式布局(图2.34)。这种分散式的布局,在地铁车站建筑综合体中是一种常见的功能组织方式。它的好处在于通过将居住、办公等各项功能在空间上分隔开,避免相互之间的干扰,保证了某些功能需要的私密性。而且,对于规模巨大的地铁建筑综合体来说,分期建设的可能性很大,相互分离的功能组织形式对于分期建设非常有利。

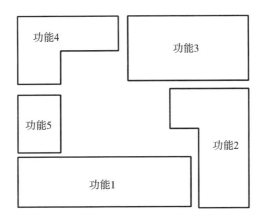

图 2.34 水平分散式布局示意

②垂直叠加式布局。

在地铁车站建筑综合体中,将不同功能在垂直方向上进行叠加,各功能分布于不同楼层,通过竖向交通进行联系,这样的方式称为垂直叠加式布局(图2.35)。垂直叠加式布局是立体化地组织功能,对于空间资源和土地的集约利用有很大意义。但是,垂直叠加式布局也有不好的地方,例如多种功能集中在同一建筑中,虽然分布于不同的楼层,但是往往都使用首层的公共出入口,这样容易造成人流混杂,造成互相间的干扰。为避免这样的问题,可以把不同功能的出入口设置在首层的不同位置,或者设置分层立体式出入口等。

为更好地组织地铁车站建筑综合体的功能,除了单独使用这两种方式,还可以把这两种方式结合起来使用(图2.36)。总之,只要能充分利用土地以及空间资源,能更好满足人们所需,可以创造性地运用各种方法来组织功能。

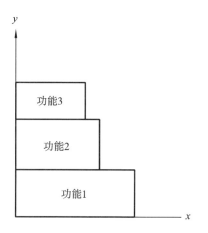 图 2.35 垂直叠加式布局示意

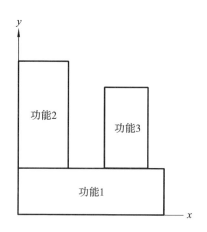 图 2.36 垂直分散式布局示意

# 第 3 章 地铁车站建筑设计

## 3.1 地铁车站建筑设计概述

### 3.1.1 地铁车站建筑的设计要求

地铁车站总体布局应符合城市规划、城市交通规划、环境保护、文物保护和城市景观的要求,按照安全、适用、技术先进、经济合理的原则,妥善处理好与地面建筑、地面道路、地下管线、地下构筑物及施工时交通组织等之间的关系,尽量减少房屋拆迁、管线迁移和施工时对地面建筑物、地面交通及市民的影响。

站位平面设计应与周围的城市道路、建筑的规划积极配合,合理布置通道、出入口、风亭、冷却塔的位置,最大限度地吸引乘客,有条件时应尽可能考虑与地下过街通道、人行天桥、周边建筑合建。

换乘车站应根据线网规划、线路敷设方式及建设时序,结合客流特征选择便捷合理的换乘方式,并处理好与其他公共交通的衔接。车站规模应按预测的远期高峰小时客流量、车站所处位置的重要性,以及该地区远期发展规划等因素综合考虑确定。车站必须满足客流和设备运行要求,公共区客流组织流线应清晰、流畅,减少客流交叉,方便乘客进出站及换乘,保证乘客乘降安全、疏导迅速。车站应做到功能分区明确、布置紧凑、便于管理,并具有良好的通风、照明、卫生、防灾等设施,为乘客提供安全、舒适的乘车环境。

地铁车站设计应满足防灾事故疏散的要求,出入口总疏散能力应大于远期高峰小时紧急疏散客流量的 1.4 倍。车站公共区应按客流需要设置足够宽度的、直通地面的人行通道,出入口的布置应积极配合城市道路、周围建筑、公交的规划等因素综合考虑,通道和出入口不应有影响乘客紧急疏散的障碍物。车站设计要尽量兼顾设置过街人行通道的要求。车站设计应满足防洪、防涝及抗震要求。地下车站应兼顾人民防空功能的需要。

地铁设计应充分考虑与交通枢纽及公交站点的衔接,实现地铁公交一体化。

车站设计宜考虑地下、地上空间的综合开发与利用；出入口通道应尽量与拟开发地块合建或预留通道连接条件。

地铁车站设计应考虑公共卫生间及其他便民设施的设置。车站设计应考虑设置母婴室。母婴室宜靠近有水房间（如公共卫生间）设置。一般车站的母婴室面积不小于 12 m$^2$，重点车站（换乘站、枢纽站）不小于 15 m$^2$。母婴室应配置哺乳区（含座椅）、操作台、垃圾桶、具备换气功能的设施、母婴室标识系统等。车站设计应考虑无障碍设计，并应与市政无障碍设施接驳。

车站站厅层公共区应预留安检设施的设置空间。

## 3.1.2　地铁车站建筑的设计原则

地铁车站的建设，应符合城市总体规划，与车站所处区域协调，精心设计，合理高效利用宝贵的城市土地资源，与城市经济发展产生互动效应。对于设置于地块中的地铁车站，可考虑地铁上盖物业开发，实现土地利用率的最大化，同时可回收资金用于地铁后期建设和线路运营。

车站站址应选在客流量大、方便乘客进出站的地方，将旅游景区、商业中心、城市综合体、住宅或办公密集区、交通枢纽等与车站对接连通，使其最大限度吸引周边各地块的客流。站点的布置应与城市道路网络及公共交通运输网络紧密结合，依托地面成熟的公交路线网络。条件具备的情况下周边可以设立自行车和社会车辆停车场，加强与其他交通方式的衔接，使人们的换乘更加便捷，尽可能地吸引周边客流，使地铁这个功能强大的交通工具充分发挥重要作用。

车站站点的设置应与城市建设、土地开发相结合，合理高效利用有限的城市空间。车站布置应根据具体所处环境特点，因地制宜地确定车站形式、建筑风格、出入口与风亭布置、结构类型和施工方法等，尽可能使施工方便，拆迁量小，降低造价。尤其是换乘站在设置站位时，不单单要考虑到近期车站的功能建设，还需考虑到远期线网规划、客流需求及建设规模，科学合理地制定近期车站实施方案，让车站具备最大化的适应性，为人们提供优质的换乘环境。

车站平面设计应最大限度地使功能分区流畅合理、布局紧凑，并能够便于后期设备布置和车站运营维护。车站内应具备优良的基础条件，包括车站通风、照明、给排水、防灾等。车站出入口、风亭、无障碍电梯、冷却塔及 VRV（variable refrigerant volume，变制冷剂流量）空调系统室外机位置应符合规划部门的规划要求，并尽可能与车站周边建筑结合，做远期考虑，尽量与现有或规划中的建筑合建，与周围城市景观相协调，尽量体现城市的地域特色。

车站设计应以为人们提供更好的服务为宗旨,满足客流要求、乘降安全、疏导迅速、分区合理、环境舒适、布置紧凑、管理方便的基本功能要求,并根据周边地形、环境,综合考虑施工工艺、建筑艺术、设备水平及建成后的运营管理,同时做好各相关专业的协调工作,理顺各种关系。

车站的设计应符合《地铁设计规范》(GB 50157—2013)和2023年3月1日起实施的《城市轨道交通工程项目规范》(GB 55033—2022)等国家有关规范、规定的要求。车站防灾设计应严格依据《地铁设计规范》(GB 50157—2013)、《建筑设计防火规范》(GB 50016—2014)、《地铁设计防火标准》(GB 51298—2018)和2023年3月1日起实施的《〈消防设施通用规范〉GB 55036—2022实施指南》等规范和有关规定进行。车站的无障碍设施要按照《无障碍设计规范》(GB 50763—2021)、《建筑与市政工程无障碍通用规范》(GB 55019—2021)等规范和有关规定进行布置。

## 3.1.3 地铁车站总平面布局要求

地下车站总平面布局应综合考虑车站周边既有建筑和规划条件、城市道路、车站规模形式,合理选择车站站位和出入口、风亭、冷却塔、制动电阻柜等附属设施的位置。附属设施不宜过于分散,并应符合规划、消防、人防和环保等要求。

地下车站形式应根据线路特征、运营要求、地上和地下周边环境及车站区间采用的施工工法等条件确定。地下车站竖向布局应根据线路敷设方式、地下管线、地下构筑物和区间穿越条件等因素,采用地下一层、地下二层、地下多层、路堑式等形式。地上车站总体布局应根据区间线路条件、道路红线宽度、地面交通状况、周边环境及城市景观等因素确定。站位可设置在路侧或路中,车站可采用地面一层、高架二层、高架多层等形式。车站在满足车站客流和功能要求的前提下,合理控制规模和造价,地下车站充分利用车站主体结构空间,尽量压缩主体外附属结构。

充分考虑与地方铁路、地铁、公交的换乘,预留换乘接口,并选择合理的换乘方式,使换乘客流组织合理、快捷,尽量避免交叉。线路穿越十字路口、交通要道,需要跨路口设置的车站,应结合规划条件在不同象限设置出入口。因条件困难车站偏路口设置时,宜在主客流方向设置跨十字路口的出入口或预留跨路口设置的条件。无条件一次建成的预留出入口及分期建设的换乘车站地面出入口和风亭,应统一规划、合理布局,做好后期建设工程的预留和规划控制。

要根据功能要求构思总体方案。以换乘为主要功能的车站,主要考虑乘客的换乘条件,以尽可能减少换乘距离为主要控制因素进行设计,并留有足够的换乘能力;接驳大型客流集散点的车站,要考虑突发性客流特点,留有足够的乘客集散空间,并创造快捷的进出站条件;有列车折返运行需要的车站,以列车在车站的运营能力为主要控制因素,并考虑车站配线设置及由此带来的车站站位及平面布局的变化;有与建筑物结合开发要求的车站,应考虑结构的统一性,并分清各种客流的流向,要使进出站客流有独立的通道,并尽量减少与其他客流的交叉干扰;有其他特殊功能需要的车站,要考虑到远期需进一步延伸起终点站、与其他交通系统的联系等。

对于建成区,地面与高架线路应远离敏感建筑;对于规划区及远郊区,应根据沿线环境功能区划分,确定轨道中心线与敏感建筑物的距离。轨道中心线距各类功能区敏感建筑的距离限值建议参考表3.1执行。

表3.1 地面与高架线路轨道中心线与敏感建筑的控制距离

| 区域类别 | 区域名称 | 控制距离/m |
|---|---|---|
| 1类 | 居住、文教区 | 45~50 |
| 2类 | 居住、商业、工业混合区 | 30~35 |
| 4类 | 交通干线两侧 | 约30 |

出入口、风亭数量的确定,可以参照《地铁设计规范》(GB 50157—2013)的规定:"车站出入口的数量,应根据吸引与疏散客流的要求设置;每个公共区直通地面的出入口数量不得少于两个,每个出入口宽度应按远期或客流控制期分向设计客流量乘以1.1~1.25不均匀系数计算确定。"风亭的数量与采取的通风和空调方式有关,一般由环控专业确定。

出入口、风亭布置一般需要满足以下要求:单独设置的车站出入口的位置一般选在城市道路两侧、交叉口及有大量人流的广场附近,出入口宜分散均匀布置,以便最大限度地吸引乘客;单独修建的地面出入口和地面通风亭,其位置应符合当地城市规划部门的规划要求,一般设在建筑红线以内,不应妨碍行人通行;综合开发的条件,使车站与其他建筑物结合;要考虑城市人流流向来设置出入口,不宜设在城市人流的主要集中处,以免发生堵塞;应设在较明显的位置,便于识别;车站出入口和地面通风亭不应设在易燃、易爆、有污染源并挥发有害物质的建筑物附近,与上述建筑物之间的防火安全距离应符合有关规范的规定;应尽可能创造条件使车站出入口、风亭与周围建筑物结合,尽可能减少用地和拆迁;车站出入口应尽可能与城市过街地道、天桥、下沉广场结合,以方便乘客、节约投资。

地下车站、中间风井的出入口、风亭、电梯、安全出口等地面附属建筑,以及地面车站与相邻地面建筑之间的防火间距应符合规定。当相邻地面建筑的外墙为防火墙,或者车站地面附属建筑与相邻地面建筑之间设置防火墙时,其防火间距不应小于3.5 m,对于高层建筑,不应小于4 m。车站出入口、风亭、冷却塔等地面建筑布置应综合考虑规划、环保、消防等要求,满足表3.2~表3.6的规定。

表3.2 风亭、冷却塔与规划退缩道路红线距离

| 间距类别 | 规划道路宽 W/m | 距离要求/m | | 备注 |
| --- | --- | --- | --- | --- |
| | | 旧城区 | 其他地区 | |
| 退缩道路红线 | W≥60 | 10 | 15 | 参考值,需规划部门确认 |
| | 40≤W<60 | 8 | 10 | |
| | 15<W<40 | 5 | 8 | |
| | W≤15 | 3 | 5 | |

表3.3 出入口、风亭、冷却塔与建筑物距离

| 建筑类别 | 单层、多层民用建筑 | | | 高层民用建筑 | 高层民用建筑裙房 | 丙、丁、戊类厂房、库房 | | | 甲、乙类厂房、库房 |
| --- | --- | --- | --- | --- | --- | --- | --- | --- | --- |
| 建筑耐火等级 | 一、二级 | 三级 | 四级 | 一、二级 | 一、二级 | 一、二级 | 三级 | 四级 | 一、二级 |
| 间距/m | 6 | 7 | 9 | 9 | 6、9 | 10 | 12 | 14 | 25 |

表3.4 出入口、顶出风风亭、冷却塔之间控制距离 (单位:m)

| 类别 | 进风亭 | 排风亭 | 活塞风亭 | 出入口 | 冷却塔 | 安全出口 |
| --- | --- | --- | --- | --- | --- | --- |
| 进风亭 | — | 10 | 10 | 10 | 10 | 10 |
| 排风亭 | 10 | — | 5 | 10 | — | 5 |
| 活塞风亭 | 10 | 5 | 5 | 10 | 5 | 5 |
| 出入口 | 5 | 10 | 10 | — | 10 | ≥5 |
| 冷却塔 | 10 | — | 5 | 10 | — | 5 |
| 安全出口 | — | 5 | 5 | ≥5 | 5 | — |

表 3.5　风亭、冷却塔与敏感建筑控制距离

| 区域类别 | 区域名称 | 控制距离/m |
|---|---|---|
| 1 类 | 居住、医院、文教区、行政办公 | 25～50 |
| 2 类 | 居住、商业、工业混合区 | 15～30 |

表 3.6　风亭、冷却塔与敏感建筑的噪声防护距离

| 声环境功能区类别 | 各功能区敏感点 | 水平间距/m | 噪声极限/dB(A) 昼间 | 噪声极限/dB(A) 夜间 |
|---|---|---|---|---|
| 1 类 | 居住、医院、文教、科研区的敏感点 | ≥30 | 55 | 45 |
| 2 类 | 居住、商业、工业混合区的敏感点 | ≥20 | 60 | 50 |
| 3 类 | 工业区的敏感点 | ≥10 | 65 | 55 |
| 4 类 | 轨道交通两侧区域的敏感点 | ≥15 | 70 | 55 |

注：当防护距离不能满足要求时，应在常规消声、降噪设计的基础上强化噪声防护措施。

根据表中要求进行控制时，注意以下事项。

①控制距离单位为 m，应按装修完成面的外边线控制。

②表中敏感建筑指的是医院、学校、住宅等需保持安静的建筑，根据《声环境质量标准》(GB 3096—2008)，按区域的使用功能特点和环境质量要求，声环境功能区分为五种类型。

③风亭、冷却塔与非敏感建筑的控制距离按表 3.3 中的防火距离控制，与敏感建筑的控制距离按表 3.5 控制，出入口与敏感建筑的控制距离按表 3.3 中的防火距离控制。

④在规划允许的前提下出入口可贴红线设置，但高架站外挂设备房如与出入口合建，应按表 3.2 中的规定退缩。

⑤低于 1.2 m 的矮风亭、下沉式冷却塔可以贴红线(含装修面)设置，应留出绿化遮挡的位置。

⑥当风亭设置于绿化带(四周 3 m 宽)内时，风亭下边缘距地面不小于 1 m，否则不应小于 2 m。

⑦高排风亭及活塞风亭的开口部位朝向应避开敏感建筑。

⑧对于规划区或远郊区，风亭及冷却塔应尽量远离居住建筑及学校、医院等敏感建筑设置，风亭及冷却塔距各类功能区敏感建筑的距离不应小于表 3.5 的

要求,且应满足环境评价要求。对于建成区,风亭、冷却塔与敏感建筑的距离尽量满足表 3.5 的要求;当确实无法满足时,风亭、冷却塔与敏感建筑的距离应满足环境评价要求。

⑨表 3.4 中的控制距离指的是地下车站进风、排风及活塞风采用顶出风风亭时的距离,若采用侧出风风亭,应满足相关规定。

⑩排风亭风口在满足距离要求的前提下还应错开方向布置,或者在竖向上保证间距不小于 5 m。

⑪上述距离要求如与新颁布的规范、规定有出入,应按两者中的大者执行。

⑫地面建筑与汽车加油站的安全距离,执行《汽车加油加气加氢站技术标准》(GB 50156—2021)。

⑬地面建筑与高压电塔、架空电力线的安全距离执行《城市电力规划规范》(GB/T 50293—2014)、《110 kV~750 kV 架空输电线路设计规范》(GB 50545—2010)。

安全出口应分散设置,当同方向设置时,两个安全出口通道口部位之间的净距不应小于 10 m。

## 3.2 地铁车站主体建筑设计

### 3.2.1 地铁车站站厅设计

站厅一般设置在地下一层,主要功能是集散乘客、引导乘客分流和提供售检票服务。站厅分为付费区和非付费区,并通过栏杆隔离。站厅是把乘客从出入口引向站台的过渡大厅,其高程一般介于地面和站台面之间。乘客在站厅的主要活动是购票和检票,一般不在其中候车和休息。有些车站在站厅内布置一些商业和服务设施,以及某些设备和管理用房等。

**1. 站厅设计要求**

站厅布置形式应根据站台形式、售检票方式,以及楼扶梯、无障碍电梯和其他乘客服务设施的布局确定。公共区应划分为非付费区和付费区,并用闸机和栏杆隔开。车站公共区是为乘客服务的标准功能模块,设计应尽量标准化,为乘客服务的各项设施,位置应相对固定,便于识别、运营、统一管理。

公共区的布置要满足以下要求：①满足客流需要，保证客流顺畅，尽量避免客流交叉；每端非付费区宜保持两跨。②方便车站管理，即工作人员对乘客的管理。③合理布置机电设备，如AFC(auto fare collection，自动售检票)设备、乘客咨询设备、银行自助设备、商业自助设备、票务室等。④一般至少需要设置两个出入口，且出入口与站厅的接口位置不同将影响公共区的布置。⑤竖向交通布置合理，如楼扶梯、无障碍电梯。⑥合理布置其他配套设施，如公共卫生间、商铺等。

站厅层应在功能分区、流线设计合理的基础上，按照相关规范要求设计，并满足防火分区、安全疏散距离等消防要求。

当站厅公共区采用付费区在中间、非付费区在两端的布置形式时，至少在一侧留通道连接两个非付费区。非付费区连通道（周边无商业设施）宽度按不小于3 m考虑，若连通道设置闸机，通道宽度不小于4 m。站厅非付费区面积应大于付费区面积，一般车站站厅层公共区两侧非付费区宽度按不小于两跨且不小于16 m考虑，对于公共区兼顾过街功能和客流量大的车站，此宽度按不小于两跨半且不小于20 m考虑。会有突发客流的车站，应适当加大非付费区宽度。

出入口、楼扶梯、售票机、检票机、客服中心之间的距离应满足车站主要服务设施设计的相关要求。客服中心应设在付费区与非付费区的分隔带上，一般车站设2座客服中心，分设于两侧付费区与非付费区交界处。特殊车站根据客流情况及车站布置情况可增加客服中心数量。车站进出站闸机、售票机数量应满足AFC专业计算要求，进出站闸机应分组分散设置，售票机应布置于站厅两端。站厅层非付费区内应设置商业自助设备。

车站出入口兼顾过街功能时，应避免过街人流对站厅的影响。车站如设置24小时过街通道，通道与车站公共区必须分隔，需满足运营结束后使用过街通道的市民不能进入车站管理区域的要求。

## 2. 地铁站厅标识导引设计

(1)地铁车站导向标识系统的作用。

地铁车站内导向标识系统的主要功能是引导乘客安全、顺利及迅速地完成在车站的整个旅程，避免乘客滞留在车站内引起拥堵。在紧急疏散时，导向标识必须能清晰地引导乘客顺利离开危险区域及车站。标识引导系统分类、消防安全疏散标志最小尺寸和不同类型导向标志优化设计实现方法的适应性分析分别见表3.7~表3.9。地铁乘客基本交通过程示意如图3.1所示。

**表 3.7 标识引导系统分类**

| 标识引导种类 | 设计内容 |
|---|---|
| 交通标识 | 换乘方式、站名、出入口位置等标识 |
| 乘车规定标识 | 购票、通道、无障碍设施、说明使用等标识 |
| 安全警示标识 | 消防设施、电力电信设施、安全线、禁止标识、警告标识等 |
| 应急标识 | 消防、应急照明、紧急疏散通道等标识 |
| 运营管理标识 | 办公房间标识、操作标识、设备标识等 |

**表 3.8 消防安全疏散标志最小尺寸** （单位：m）

| 观察距离 $L$ | 矩形标志的短边 | 圆环标志的内径 | 三角形标志的内边 |
|---|---|---|---|
| $L \leqslant 2.5$ | 0.063 | 0.070 | 0.088 |
| $2.5 < L \leqslant 4.0$ | 0.110 | 0.110 | 0.140 |
| $4.0 < L \leqslant 6.3$ | 0.160 | 0.175 | 0.220 |
| $6.3 < L \leqslant 10.0$ | 0.250 | 0.280 | 0.350 |
| $10.0 < L \leqslant 16.0$ | 0.400 | 0.450 | 0.560 |
| $16.0 < L \leqslant 25.0$ | 0.630 | 0.700 | 0.880 |
| $L > 25.0$ | 1.000 | 1.110 | 0.400 |

**表 3.9 不同类型导向标志优化设计实现方法的适应性分析**

| 标志类型 | 地面镶嵌式 | 无电源信息板 | 普通电源灯 | 蓄能发光膜箱 | 蓄能发光装置 |
|---|---|---|---|---|---|
| 提示类 |  | √ | √√√ |  | √√ |
| 导向类 |  |  | √√√ | √ | √√ |
| 限制类 | √ | √√√ | √√ |  |  |
| 警告类 |  | √√√ | √ | √√ |  |
| 禁止类 |  | √√ | √√√ | √ |  |

注："√"代表导向标志对相应实现方法的适应性，"√"越多，表示适应性越好。

(2) 地铁车站导向设施的分类。

地铁车站导向设施根据所处的位置，分为站内导向设施和站外导向设施。站内导向设施可以归纳为两种类型：一是空间导向设施，即采用建筑手法，对地铁车站本身的空间布局进行精心设计，使车站空间易于识别和记忆；二是方向诱导标识设施，即通过对各种导向标识的设置与设计，帮助人们在地下空间定位定向。站外导向设施主要包括在主要道路设置的地铁指示牌和为换乘客流服务的

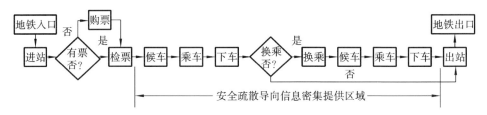

图 3.1　地铁乘客基本交通过程示意

公交换乘指示牌。

(3)地铁车站导向设施的设计原则。

①最大限度地方便乘客。地铁车站的导向设施需要服务于不同年龄段、不同文化层次、不同地域的乘客。导向设施的职责就是把最全面、最清晰、最易懂的信息提供给各类对车站环境不熟悉的人,使其快速、准确地找到目的地。

②体现导向设施的优先地位。在有导向牌的地方,广告标牌要让位于导向牌;在需要尽快疏散乘客的地方,不宜设置广告标牌。

③系统化和国际化。同一类型的导向标志设计风格应该统一,形成较为稳定的体系。同时考虑到城市的对外交流,应增加英文作为信息传递的媒介。

(4)地铁车站导向设施的设置原则。

①位置适当。导向设施应该设置在能够被人们预测和容易看到的位置,以及人们需要做出方向决定的地方。如出入口、交叉口、楼梯等人流必经之处,通道对面的墙壁,以及容易迷路的地方等。

②连续性与一致性原则。导向设施应连续地进行设置,使之形成序列,引导人们到达目的地,同时,标识系统设置的位置宜统一,使人易于寻找。

③特殊性原则。由于地下空间相对封闭的特点,处于地下空间中的人需要相对于地上空间更多的信息才能满足需求。例如,地上空间只需设置一个简单的出入口标志,在地下则需要标明所对应的地上的确切位置。

④安全性原则。一般的出口标识可设置在出口的上方。但是,如果考虑到出现意外的情况,如发生火灾时,烟雾向天花板聚集,出口上方的标识可能被挡住,则需要在主要疏散线路的出口附近较低的位置处再设置出口标识圈。

(5)应急疏散标识系统优化。

倘若地铁发生事故灾害,往往会因其自身的特性而增加应急救援的难度,灾区人员有效利用应急疏散标识系统及时疏散是顺利完成应急救援的重要措施。

①标识明确和统一。

地铁车站内的疏散标识要保障其合理、明显、明确和统一。这样不仅有利于平时不同乘客的识别和理解,而且一旦发生突发事件或灾害,可使受灾人员迅速根据自身的受灾状况,做出正确反应,降低混乱程度,提高自救能力,有利于应急疏散的顺利进行。

②标识设置正确与完善。

诱导灯标识的设置:倘若发生火灾,由于浓烈烟气的影响,地铁车站内能见度低,人们很难看清应急疏散标识,严重影响疏散速度。诱导灯标识就能很好地解决该问题,在视觉和听觉上同时给予逃生人员指示。该标识装置在光线充足时为一般疏散标识,当光线较差时,装置两侧就会发光,而且还可以发出警告声。

应急避难出口的设置及标识的优化设置:在避难口设诱导灯和应急照明设备,并与平时乘客通行的通道相连。当灾害发生时,为了保障安全,地铁车站内部可能会处于完全封闭的状态,这时反向避难出口启动,作为应急避难和逃生的出口。

疏散避难通道标识图的完善与优化:地铁是一个单调、定向和封闭的空间,处于其中的人员很难确定自己的方位。疏散避难通道标识图可以有效地帮助乘客明确当前地铁车站的位置和地面上的综合信息,并且能让乘客获得稳定的心理状态,在发生紧急事故时及时逃生。

③色彩对标识的影响。

色彩在标识设计中的作用非常大。色彩以其醒目、明快的象征性与视觉传达特征为信息传达做了有效的阐明和补充,并且色彩具有一定情感上的象征。色彩的显著性是标识的一个重要特征。色彩强烈醒目、图形简练清晰是标识通常具有的特征。标识图形的色彩还具有易于识别性。另外,标识图形的色彩配置应着重考虑各种色彩的色相、明度、纯度之间的关系。车站公共区内设置的广告,其色彩不得干扰疏散标识的可识别性。例如,有些地铁车站站台层设计了乘客上下车等候标识引导牌,在屏蔽门处用箭头方向分别标明了乘客上下车的路线,并且下车方向的箭头为亮黄色、显著、醒目;上车方向的箭头为暗黄色,相对暗淡。这就突出了下车乘客路线的重要性,提醒等候上车的乘客当列车到站开门时,先为下车乘客避让出必要的道路。

④应急辅助设施标识。

地铁发生火灾等意外事故时,危险度高,且影响范围大。地铁应急疏散标识系统应根据地铁灾害的多灾种特性,对应急辅助设施的提示标识进行完善。例如在放置应急口罩的储藏柜上设置安全提示标识和详细的使用说明。

乘客快速、及时、安全地疏散是地铁应急救援的关键。在发生火灾时,乘客若能有效利用应急疏散标识进行自我疏散,则能有效减轻灾害损失。标识语言应该统一、规范;明确入口及楼梯台阶上下线的标识;标识设置的形式可采用多功能标识,使标识的引导作用更显著;完善与优化疏散避难通道标识图,如增加车站立体图,使乘客熟悉地铁车站的立体结构,若疏散标识灯损坏,乘客也可以根据此图撤离现场。

(6)地铁车站导向系统的改进措施。

①提高诱导标识系统的信息质量。

诱导标识应包含明确的方向指示信息且易于辨认和理解,使乘客在行进中能够了解标识上的信息,从而避免造成人流的阻塞。如设置固定在天花板上方的方向标识,使人们不需要搜索整个空间,而只需注视部分固定的区域即可找到方向标识。

②导向牌的设计及设置更加人性化。

导向牌上的信息要突出重点、易于识别。对于主要信息要予以强调,如区域、干道、活动节点、建筑物的整体边界等信息。去掉无关的文字、线条和图形,防止图形过于复杂而不易识别。导向牌的设置位置要保证乘客便于寻找。可以增设车站周边环境地图标识牌,帮助乘客确定地面的位置和情况。例如北京地铁8号线森林公园南门站站台层的车站周边环境、位置标识导向牌,十分清晰、形象地告知乘客车站所处的地理位置、地面周边环境情况及出入口的方位,使得乘客能够迅速、准确地确定位置和路线,避免由于地下空间的限制而无法获取必要的地面信息。

## 3. 地铁站厅消防疏散设计

地铁是城市的重要公共交通工具,人群非常密集。一旦发生紧急事件,如何迅速而安全地疏散地铁车站内大量的人员,是十分重要的问题。地铁车站的独立性和封闭性等特点导致其应对紧急事件和抗灾害的能力较弱。

地铁火灾中的人员安全疏散,就是在不同火灾特性下,在允许的疏散时间内,使遭受或即将遭受火灾威胁的人员,在地铁内火灾所产生的热量、烟(毒)气等尚未危及其安全之前,借助由站台、站厅、走道、楼梯、安全出口等构成的疏散通道安全、迅速地撤离地铁车站。我国《地铁设计规范》(GB 50157—2013)第28.2.11条规定:"车站站台公共区的楼梯、自动扶梯、出入口通道,应满足当发生火灾时在 6 min 内将远期或客流控制期超高峰小时一列进站列车所载的乘客及站台上的候车人员全部撤离站台到达安全区的要求。"我国《地铁设计防火标准》(GB 51298—2018)第 5.1.1 条规定:"站台至站厅或其他安全区域的疏散楼梯、自动扶梯和疏散通道的通过能力,应保证在远期或客流控制期中超高峰小时最大客流量时,一列进站列车所载乘客及站台上的候车乘客能在 4 min 内全部撤离站台,并应能在 6 min 内全部疏散至站厅公共区或其他安全区域。"

地铁车站内乘客疏散时间是指乘客从地铁系统内到系统外的单向运动时间。乘客在地铁车站内所需疏散时间按不同空间环境特点分为以下 4 个部分:乘客下车时间;通过站台、通道与楼梯时间;使用自动扶梯时间;通过车站出口时间。其中,车门与站门均为影响疏散时间的关键因素;站台、通道与楼梯部分的乘客疏散时间与乘客群的密度具有密切关系;使用自动扶梯的时间主要取决于乘客到达率、扶梯服务率和扶梯的运行速度。实际上,人群的总体疏散行为呈现出复杂的非线性特征。不同的车站空间布局,不同的疏散状况(能见度、拥挤程度等),甚至人的不同心理状态(平静、惊慌等)都会使疏散的状况和时间产生很大的不同。

地铁车站内的火灾分为站台火灾和站厅火灾,无论何者都应该立即采取紧急措施,第一时间安全疏散乘客。同时应关闭车站空调水系统,将地铁车站的普通通风空调模式改为火灾情况下的通风模式,疏散程序见表 3.10 和表 3.11。

表 3.10 站台火灾紧急疏散程序

| 职责 | 人员 | | | | | | |
|---|---|---|---|---|---|---|---|
| | 值班站长 | 行车服务员 | 客运服务员 | 站台服务员 | 站厅服务员 | 售票员 | 其他人员 |
| 1.发现火灾,向值班站长报告,并试图灭火 | | √ | √ | √ | | | √ |
| 2.报告控制中心,要求停止本站列车服务,并请求支援 | √ | | | | | | |
| 3.宣布执行火灾紧急疏散计划 | √ | | | | | | |
| 4.指示环控操作人员执行灭火排烟模式 | | √ | | | | | |
| 5.关掉广告灯箱电源 | | √ | √ | | | | |

续表

| 职责 | 人员 | | | | | | |
|---|---|---|---|---|---|---|---|
| | 值班站长 | 行车服务员 | 客运服务员 | 站台服务员 | 站厅服务员 | 售票员 | 其他人员 |
| 6.担任事故处理主任,指挥疏散和灭火 | ✓ | | | | | | |
| 7.向控制中心报告火灾情况 | | ✓ | | | | | |
| 8.关停扶梯,设置闸机为自由释放状态 | | | ✓ | | | | |
| 9.指引乘客疏散出站 | | ✓ | ✓ | ✓ | ✓ | | ✓ |
| 10.拦截乘客进站 | | | | | ✓ | ✓ | |
| 11.指引消防员到火灾现场 | ✓ | | | ✓ | | | |

表3.11 站厅火灾紧急疏散程序

| 职责 | 人员 | | | | | | |
|---|---|---|---|---|---|---|---|
| | 值班站长 | 行车服务员 | 客运服务员 | 站台服务员 | 站厅服务员 | 售票员 | 其他人员 |
| 1.发现火灾,向值班站长报告,并试图灭火 | | ✓ | ✓ | | | | ✓ |
| 2.报告控制中心,要求停止本站列车服务,并请求支援 | ✓ | | | | | | |
| 3.宣布执行火灾紧急疏散计划 | ✓ | | | | | | |
| 4.指示环控操作人员执行灭火排烟模式 | | ✓ | | | | | |
| 5.关掉广告灯箱电源 | | ✓ | ✓ | | | | |
| 6.担任事故处理主任,指挥疏散和灭火 | ✓ | | | | | | |
| 7.向控制中心报告火灾情况 | | ✓ | | | | | |
| 8.关停扶梯,设置闸机为自由释放状态 | | ✓ | ✓ | | ✓ | | ✓ |
| 9.指引乘客疏散出站 | | | ✓ | | ✓ | | ✓ |

续表

| 职责 | 人员 | | | | | | |
|---|---|---|---|---|---|---|---|
| | 值班站长 | 行车服务员 | 客运服务员 | 站台服务员 | 站厅服务员 | 售票员 | 其他人员 |
| 10.拦截乘客进站 | | | √ | | √ | √ | √ |
| 11.指引消防员到火灾现场 | √ | | | | √ | | |

车站站厅层的消防疏散设计应该重视如下几个部分。

(1)站台宽度和楼扶梯布置设计。

站台宽度是决定有效疏散宽度的关键因素,且与站台柱子和楼梯的布置及大小有关。车站采用矩形布置可以有效增加楼梯的宽度,楼梯宽度应该符合人体尺度,即是550~600 mm的倍数较为理想。扶梯要保证在站台发生事故时可以用于人员的紧急疏散。

站台层的"人员密度"($m^2$/人)指标,是用车站集散区拥挤程度来控制车站站台层的宽度。一般车站平均人员密度控制在$0.3~0.65\ m^2$/人。目前大多数城市采用了$0.5\ m^2$/人的指标,是比较经济、可行的。

(2)站台与站厅楼扶梯设计。

目前,我国地铁车站一般都设有2组以上的乘降和疏散楼扶梯用来联系站台和站厅。该楼扶梯的宽度和数量是由车站远期上下车高峰小时客流量和车站的超高峰系数计算得来的。但是,还应该确保楼扶梯宽度和数量满足车站发生事故时的紧急疏散需求。站台"大端"设置连通地面的楼梯。该楼梯不仅不会增加过多的面积,而且有利于站台层与站厅层的联系和管理,最重要的是,当发生灾害事故时,有利于消防人员进入车站。

(3)车站站厅层的安全保障措施。

在地铁车站发生火灾等事故后,由于人一般具有归巢性、趋光性和向阔性的本能,乘客会迅速向车站的站厅层集中并逃向出入口通道,此时站厅层影响人员紧急疏散的关键部位是进出站闸机口,其位于付费区与非付费区之间。因此,付费区的面积、闸机布置及数量、紧急疏散口位置和总宽度等是设计中应该主要考虑的因素。另外,在地铁车站发生火灾等事故时人的行为还具有恐烟性,因此车站站厅层出入口通道的防排烟设计具有必要性和重要性。

## 4.地铁站厅安全设计

在地铁站厅的设计上,应在出入口等方面有效提高地铁安全性。

(1)出入口设计。

加强地铁出入口的安全性是应对意外事件的重要途径。在地铁出入口的设计中,应设置具有良好视野并开敞通透的空间,周围不宜种植浓密的植物群。

(2)安全通道设计。

当地铁发生意外事件时,地铁相对封闭的空间给人群的逃生带来困难,甚至引发其他次生灾害。可采取相应的有效措施来应对此种问题:首先,地铁候车区域设置紧急避难区,一旦情况紧急,则可开启紧急避难区,为人群提供安全场所;其次,地铁候车区应划分成若干防护区,类似公共建筑的防火分区,可以采用水幕及风幕将受灾区围合,防止火灾的蔓延及污染物的扩散,而内部人员也可以有效逃生。

(3)完善消防安全设备。

主要针对火灾自动报警设备、除烟设备和应急照明灯进一步加以改进完善。

(4)改善材料与结构。

为了避免地铁发生意外事件时引发次生灾害,在设计时应慎重选择材料。材料的选择应遵循以下原则:尽量避免使用易燃的材料;尽量避免使用化学制品类材料;应谨慎使用在遭受冲击后会产生锋利尖角或碎屑的材料;装饰应尽量简洁。

(5)完善通风设施。

地下铁道区间隧道内的空间相对封闭、人流密集、通道少、疏散条件差,一旦发生火灾等事故,产生的热量、烟气较难排除,容易造成人员窒息。良好的送风和排烟系统,能在火灾时对烟气与热量进行有效的控制,并为乘客和救援人员提供新鲜空气和较好的能见度。

(6)完善疏散设施及逃生系统。

在站台、站厅的平面布置上,应合理考虑检票系统过多而疏散出口过少的问题。站厅层通常设置有防止未购票乘客从非付费区进入付费区的自动启闭检票系统,平时只能凭票出入,应能在紧急状态下释放其识别系统,使人员可自由进出。

(7)完善警报系统。

警报系统对于地铁安全的保障作用不言而喻。车站应设置监控中心,与总调度中心相连,以便随时掌控交通状况,及时应对紧急事件。

## 3.2.2 地铁车站站台设计

站台一般设置在地下二层,供列车停靠和乘客上下,由线路、站台和乘降设备组成。站台一般分为岛式站台、侧式站台和岛、侧混合式站台3种。站台是地铁车站的主要部分,对线路的运载能力和车站的造价都有直接影响,因此站台的长度、宽度和高度应尺寸合理,既与本站的客流量、位置和功能相协调,又为一定时期内的发展留有足够的余地。在长、宽、高三个因素中,主要的控制因素是站台的长度。

### 1. 站台结构

站台长度取决于线路上的地铁车辆型式和列车编组,同一条线路上所有站台长度相等。地铁车辆型式是指地铁所用车辆的型号。不同车型,车体长度、宽度不同。例如,深圳轨道交通所用的车型为 A、B 两种类型,A 型车长度和运量均大于 B 型车。深圳除轨道交通 3 号线、6 号线采用的是 B 型地铁列车外,其余地铁线路均采用 A 型地铁列车。列车编组主要有六节车厢和八节车厢两种,深圳轨道交通 11 号线采用八节车厢编组,见表 3.12。

表 3.12 深圳地铁车辆型式与列车编组

| 车辆型式 | 车厢长度/m | 编组 | 站台长度/m | 屏蔽门个数 | 线路 |
| --- | --- | --- | --- | --- | --- |
| A 型 | 22.8 | 6(6A) | 140 | 6×5=30 | 1、2、4、5、7、9 |
|  |  | 8(8A) | 186 | 8×5=40 | 11 |
| B 型 | 19 | 6(6B) | 120 | 6×4=24 | 3、6 |

站台宽度是站台设计的重要内容,深圳地铁使用的岛式站台宽度为 10~14 m,地上站点站台宽度普遍较小。站台横向柱网分为无柱、单柱、双柱三种形式,基本依据站台宽度进行设置,见表 3.13。

表 3.13 站台宽度与横向柱网形式

| 站台宽度/m | 横向柱网形式 |
| --- | --- |
| 10 | 无柱(单跨) |
| 10~12 | 单柱(双跨) |
| 13~14 | 双柱(三跨) |

## 2. 站台设施设置

(1)站台进出站设施类型。

站台进出站设施包括楼梯、扶梯、电梯。站台上一般会均匀设置2~4组楼扶梯。站台进出站设施类型有楼梯、双向扶梯、上行扶梯+楼梯、复杂形式,见表3.14。双向扶梯的便捷度优于上行扶梯+楼梯,但缺少楼梯设施,客流灵活性不如上行扶梯+楼梯设施,适用于客流较少、高峰时段没有明显潮汐流特点的站台。上行扶梯+楼梯为常用的设施类型,楼梯设置具有灵活性,可以在进站客流量大的时段作为进站通道,出站客流量大的时段作为出站通道。采用复杂形式设施的站台往往客流量较大,站台宽度大,为了增加站台面积,一般只设置2组出站设施。

表 3.14 站台进出站设施类型

| 设施类型 | 进站 | 出站 |
| --- | --- | --- |
| 楼梯 | 较不便捷,一般作为辅助进出站设施。通过单独设置的楼梯进出站的乘客量与其他设施相比较少 | — |
| 双向扶梯 | 便捷度高 | 固定通道出站,流线统一 |
| 上行扶梯+楼梯 | 只能通过楼梯进站。出站客流量较大时,乘客在楼梯上受到干扰 | 出站客流量大时,乘客可通过楼梯出站。站台有明显潮汐流时,楼梯可以发挥双向通行作用 |
| 复杂形式 | 指双扶梯+楼梯、宽楼梯+扶梯等。用于客流量较大的大站台,可以通过调整设施设置减少站台流线交织 | — |

(2)站台设施布局(图3.2)。

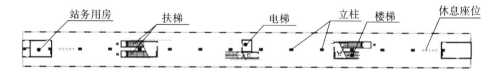

图 3.2 站台建筑图

站台设施布局决定了乘客基本行走流线。通常站台两端设置有上行扶梯,而楼梯设置在站台中间段。《地铁设计规范》(GB 50157—2013)规定:"车站出入口、站台至站厅应设上、下行自动扶梯,在设置双向自动扶梯困难且提升高度不大于 10 m 时,可仅设上行自动扶梯。"

出站设施设置组数较少时,设施占用面积小,站台空间更大,但乘客步行出站的平均距离会增加。出站设施组数较多时,站台乘客出站更便捷,在站台步行时间更短,同时分担了单个出站设施的客流压力,但增设一个出站设施会占用 45~55 m² 的站台空间,增加了站台行人密度,设施将站台分隔成多个区域,由于视野限制,站台空间分布更不均匀。

(3)其他设施。

除进出站设施外,站台还设置有站务用房。站台两端站务用房可以伸入站台计算长度之内,但不能超过一节车厢的长度。

### 3. 站台设计方法

城市轨道交通站台设计主要考虑交通功能、经济性、车站规模等。交通功能要求涉及通行能力(使用效率)、乘客舒适性、安全性几个方面。在工程条件允许的情况下,应尽量选择能较好满足交通功能的站台形式。目前我国城市轨道交通站台设计主要参考《地铁设计规范》(GB 50157—2013)。

(1)设计客流量的确定。

车站的设计客流量应按该站超高峰设计客流量确定。超高峰设计客流量应为该站预测远期高峰小时客流量或客流控制期高峰小时客流量乘以 1.1~1.4 的超高峰系数。设计客流量见表 3.15。

表 3.15 设计客流量

| 预测客流/(人/h) | 上行方向 | | | 下行方向 | | | 超高峰系数 |
|---|---|---|---|---|---|---|---|
| | 上车 | 断面客流 | 下车 | 上车 | 断面客流 | 下车 | |
| 早高峰 | | | | | | | |
| 晚高峰 | | | | | | | |

(2)站台宽度计算。

《地铁设计规范》(GB 50157—2013)中,车站站台宽度计算方法如下:

岛式站台宽度:

$$B_d = 2b + n \times z + t \tag{3.1}$$

侧式站台宽度：

$$B_c = b + z + t \quad (3.2)$$

$$b = \frac{Q_{上,下} \times \rho}{L} + M \quad (3.3)$$

式中，$b$ 为侧站台宽度，m；$n$ 为横向柱数；$z$ 为纵梁宽度（含装饰层厚度），m；$t$ 为每组楼梯与自动扶梯宽度之和（含与纵梁间所留空隙），m；$Q$ 为远期或客流控制期每列车超高峰小时单侧上下车设计客流量，人；$\rho$ 为站台上的人流密度，取 $0.33 \sim 0.75 \text{ m}^2$/人；$L$ 为站台计算长度，m；$M$ 为站台边缘至站台门立柱内侧距离，无站台门时，取零。

(3) 站台设施设置。

《地铁设计规范》(GB 50157—2013)中要求，站台中进出站设施应沿站台纵向均匀设置，楼梯宽度符合人流股数和建筑模数，单向楼梯宽度不应小于 1.8 m，双向楼梯宽度不应小于 2.4 m，与扶梯并设的楼梯宽度不应小于 1.2 m。还规定两台相对布置的自动扶梯工作点间距不得小于 16 m；自动扶梯工作点与前面影响通行的障碍物间距不得小于 8 m；自动扶梯与楼梯相对布置时，自动扶梯工作点与楼梯第一级踏步的间距不得小于 12 m。

(4) 设施通行能力及防火能力验算。

在完成对站台宽度的计算和设施设置之后，依照相关规范要求，需要对站台出站设施的通行能力和防火能力进行验算，要求在紧急疏散时，"一列进站列车所载乘客及站台上的候车乘客能在 4 min 内全部撤离站台，并应能在 6 min 内全部疏散至站厅公共区或其他安全区域"。

《地铁设计规范》(GB 50157—2013)中给出了楼扶梯的通行能力，见表 3.16。实际站台设计中，多数楼梯为双向混行，在通行能力计算中，楼梯通行能力按双向混行进行取值。站台设计流程如图 3.3 所示。

表 3.16　《地铁设计规范》(GB 50157—2013)楼扶梯通行能力表

| 部位名称 | | 最大通行能力/(人次/h) |
| --- | --- | --- |
| 1 m 宽楼梯 | 下行 | 4200 |
| | 上行 | 3700 |
| | 双向混行 | 3200 |
| 1 m 宽自动扶梯 | 输送速度 0.5 m/s | 6720 |
| | 输送速度 0.65 m/s | 不大于 8190 |

**4. 站台设计要求**

站台是车站内乘客等候列车和乘降的平台,其计算长度由列车编组长度确定。站台位于地下的车站设置全封闭站台门,站台位于地上的车站设置半高安全门,在站台门两端外侧应留出不小于 1.5 m×1.5 m 的乘务工作空间,在靠近站台门端门一侧设净宽不小于 1.5 m 的乘务员乘降门。站厅与站台间应设上行自动扶梯,高差超过 6 m 时,上下行均设自动扶梯。市中心的车站或郊区的大客流车站原则上每两节车厢对应设置一组楼扶梯。

站台层有效站台内的结构柱应避开站台门的开门位置。结构柱不宜设在站台边缘,确有需要时,应满足限界和站台门的设置要求。在站台计算长度外的车站立柱、墙等与站台边缘的距离,必须满足限界要求。

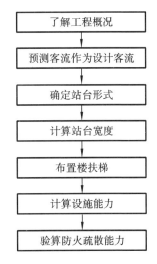

**图 3.3 站台设计流程**

原则上有效站台应位于线路直线段,特殊情况下采用曲线站台时,应满足限界要求,其所处的曲线段或缓和曲线段的曲线半径最小为 1000 m(困难时为 800 m)。采用分离岛式站台时,应在有效站台范围设置至少两个净宽不小于 3 m 的横向联络通道,站台任一点至通道口的距离不应大于 50 m。站台楼扶梯下部空间应尽量通透,在不大于 2.4 m 的高度范围之内设置明显并牢固的防护设施。

位于市区或郊区大型规划小区附近的车站,应尽可能增加站台有效面积,如增加站台宽度,站台设备用房尽量不伸入有效站台范围;若确实需要伸入站台计算长度内,应不超过一节车厢长度;入侵部分的侧站台宽度不得小于 2.5 m。

地下车站站台端门外应设置净宽不小于 1.2 m 的人行通道和净宽不小于 1.1 m 下轨楼梯。下轨楼梯内侧应预留 0.5 m 以上的电缆通过空间,并应在管线敷设后再施工。区间疏散平台应与站台顺接。楼扶梯口处应考虑安装挡烟垂壁或安装隔板的装修条件。

穿越河流或湖泊等水域的地下线路,宜结合靠近水域的地下车站设置防淹门,防淹门不宜设在线路曲线段及道岔区段。

人行楼梯和自动扶梯的布置除应满足上、下乘客的需要外,还应按站台层的事故疏散时间要求进行验算。消防专用梯及垂直电梯不计入事故疏散设施。站台层事故疏散时间按式(3.4)验算。

$$T = 1 + \frac{Q_1 + Q_2}{0.9[A_1(N-1) + A_2 B]} \leqslant 4 \text{ min} \quad (3.4)$$

式中,$Q_1$ 为远期或客流控制期中超高峰小时最大客流量时一列进站列车的载客人数,人;$Q_2$ 为远期或客流控制期中超高峰小时站台上的最大候车乘客人数,人;$A_1$ 为一台自动扶梯的通过能力,人应俱全/(min·台);$A_2$ 为单位宽度疏散楼梯的通过能力,人/(min·m);$N$ 为用作疏散的自动扶梯的数量,台;$B$ 为疏散楼梯的总宽度,m(每组楼梯的宽度应按 0.55 m 的整倍数计算)。

### 3.2.3 地铁车站用房设计

**1. 车站用房分类**

车站用房主要包括设备用房、管理用房和辅助用房三部分。

(1)设备用房是安置各类设备、进行日常维修及设备保养的场所,主要分为环控机房、事故机房、通信设备室、信号设备室、通信测试室、环控电控室、消防泵房等。

(2)管理用房是车站工作人员的办公用房,包括车站控制室、站长室、业务室、广播室、会议室、值班室及警务办公室等。

(3)辅助用房也称生活用房,是为保证车站工作人员正常工作、生活所设置的日常生活用房,包括更衣室、休息室、茶水间、卫生间等。辅助用房在设计时一般只考虑供工作人员使用,不对外开放。

**2. 车站用房设计要求**

(1)车站设备管理区的布置、用房的分区及房间关系应采用标准设计,既要紧凑合理,方便运营管理,又要满足车站功能要求,利于管线综合敷设。

(2)在有条件的车站设备管理集中区域需设主、次两条通道,并按需要设置横通道,横通道之间的距离宜控制在 30 m 内。通道内的设备(如消火栓)应嵌入墙体,以保证通道的有效疏散宽度。

(3)站厅层主要设备端应设有连接站台的人行楼梯。

(4)有人值班的设备管理用房应集中设置在车站同一端,同一功能、使用同一空调系统的房间尽量集中布置。

(5)标准站有人值班的设备管理用房区,宜以走道为界将设备用房分为3个区,其中两走道之间为2区,连接车控室的主走道外侧为1区,次走道外侧为3区,并符合以下规定:管理用房集中布置,尽量靠近站厅,车控室、车站警务室应紧靠站厅非付费区设置;车控室与站长室宜相邻设置,门的设置应方便两者的联系;设置静电地板的房间原则上集中布置在1区,以便设备用房之间及与站台之间的管线衔接与布线;站台门控制室宜在站台层靠近站台门端门的外侧布置,宜位于综合监控设备室和信号设备室一端;卫生间、清洁工具间、淋浴间等有水房间集中布置,站厅管理人员卫生间与公共卫生间应上下重叠布置;卫生间及污水井应避免设置在轨顶风道正上方;环控电控室应与环控机房相邻布置,其他电气用房应尽量靠近环控电控室;需24小时使用空调的强、弱电用房,如通信、信号、民用通信、综合监控、UPS(uninterruptible power system,不间断电源)整合室、蓄电池室、车控室等房间,统一设于1区;其他需24小时使用空调的用房,如AFC设备室、票务管理室等集中设于2区;通风用房不得设于1区,并尽量靠近环控机房布置;非24小时管理用房不得设于1区;电缆井设于2区,其中强电井应尽量靠近电气用房,弱电井应尽量靠近公共区;地上车站的消防泵房宜设在首层,当设于楼上时,应靠近安全出口,地下车站的消防泵房应设于站厅层设备管理区内的消防专用通道旁。

(6)非标准站有人值班的设备管理用房区的房间布置思路应尽量与标准站布置思路一致,并按先后顺序执行第(5)点的相关规定。

(7)地下车站的变电所设置应符合下列规定:应设在车站冷冻机房等设备用房负荷中心的一端,用房不宜跨越变形缝;变电所内的楼板应在同一个水平面上;当楼板面和线路纵坡一致时,应采取措施使相关设备处在同一个水平面上;变电所宜单层布置,整流变压器、直流开关柜应设在靠近区间一端的站台层;当变电所在站台层、站厅层分层布置时,变电所内部或靠近车站端应设置上下联络楼梯;变电所的位置应方便电缆进出和敷设,房间布置以减少电缆迂回为原则;车站变电所不宜贴主体结构外挂设置,特殊情况下,可根据用地条件设在车站主体结构以外,但电缆敷设不得采用过轨通道方式;变电所门窗要求防灰尘和小动物进入,并设置挡鼠板等。

(8)地面及高架站的变电用房尽量布置在首层。在暗挖法施工的地下车站,部分空间较大的设备用房,如环控机房、变电所等,可根据车站用地条件,尽量布置在明挖施工的部位或布置在地面。

(9)变电所及蓄电池室、UPS整合室、站台门控制室、照明配电室、环控电控室、通信设备室、信号设备室等重要设备用房宜避免布置在有结构变形缝的房间内,避免水害给设备带来影响。

(10)消防泵房、冷水机组、卫生间、淋浴间、保洁工具间等有水房间不应布置在变、配电室和通信、信号等设备用房正上方。房间空调系统风孔布置应避让电气设备。变电所、配电室等电气用房的上方楼板开洞处周围应做防水挡台,挡台高出地面不应小于 200 mm。

(11)任何给水管、消防水管、排水管、冷冻水管、冷却水管严禁穿越强电设备房间,不得穿过弱电设备房间。当必须穿越时,应采取结构夹层、管井等措施确保电气设备的安全。

(12)车站控制室宜设在便于观察售票口(机)、检票口(机)、人行楼梯和自动扶梯等部位的位置,其地面高于站厅公共区地面 450 mm。当车站控制室设于设备层,不能对上述部位进行观察时,必须设有监控视频设备。

(13)气瓶室面积根据受保护房间的最大体积计算;原则上车站两端均设置,每端不应分设。

(14)工务用房尽量设在站台靠近道岔和配线一侧。

(15)地下车站设置废水泵房,并宜布置在变电所另一端,尽量利用盾构井布置泵池。

(16)设备吊装孔宜布置在车站端部,吊装孔位置不应影响大型设备起吊,应有平整的吊装平台,当采用接触网供电时,吊装孔应避开轨行区。

(17)电缆夹层、消防水池、各类集水池应设检修孔,并设检修爬梯。

(18)票务管理室须与 AFC 设备同层,设置在靠近车控室一端。如 AFC 设备按两个或以上站厅布局,站厅到票务管理室要有液压梯无障碍相通,否则要考虑在两边设备区均设票务管理室。

(19)消防泵房宜设置于设备与管理用房有人区内的主通道或消防专用通道旁;且不应设置在地下三层及以下;消防泵房室内地面与室外出入口地坪高差不应大于 10 m。

(20)车站的设备用房,应根据相关工艺要求合理布置。设备用房由各相关专业或系统根据各车站具体情况确定用房指标、规模及布置要求。

### 3.2.4　地铁车站流线设计

地铁车站是人流相对集中的交通建筑,在设计中必须顺畅有序地组织人流进站和出站,并方便与相邻车站换乘,满足客流高峰时的各种面积规定及楼梯、通道等的宽度要求,上下楼梯的位置能均匀地接纳客流。在地铁车站中,人的行为主要有两种,即通过和滞留。其中"通过"是人的主要行为,"滞留"是短暂行为。应尽量创造快捷、无阻挡、避免滞留与通过相互影响的"通过"路线。

进站客流路线:地面出入口→自动售票机→进站检票机→站厅层付费区→楼扶梯→站台→上车。

出站客流路线:下车→站台→楼扶梯→站厅层付费区→出站检票机→地面出入口。

地铁车站通过能力是指在车站整体设备正常的情况下,车站所能通过的最大客流量。车站通过能力的影响因素主要为车站自动扶梯、楼梯、通道、自动售检票设备的通过能力。一般,车站通过能力的薄弱环节是车站出入口、进出闸机、站厅及站台自动扶梯口。做好车站的设备通过能力分析,控制好车站设备通过能力的薄弱环节,就能做好车站的流线组织方案,组织好车站的客流。

(1)通道通过能力。通道通过能力在设计时根据远期客流量确定。

(2)乘降设备通过能力。乘降设备一般为楼梯、自动扶梯。

(3)自动售票及检票设备通过能力。自动售检票设备分为自动售票设备、自动检票设备。

以广州地铁13号线二期工程为例,车站各种通行服务设施的设计通过能力见表3.17。

表3.17 车站各部位设计通过能力

| 部位名称 | | 正常运营通过能力/(人/h) | 紧急疏散通过能力/(人/h) |
|---|---|---|---|
| 1 m宽楼梯 | 下行 | 2580 | 3700 |
| | 上行 | 2580 | |
| | 双向混行 | 2580 | |
| 1 m宽通道 | 单向 | 4800 | 5000 |
| | 双向混行 | 3900 | |
| 1 m宽自动扶梯 | 输送速度0.65 m/s,上行 | 6600 | 8190 |
| | 输送速度0.65 m/s,下行 | 7200 | |
| 闸机 | 进闸机 | 1500 | — |
| | 出闸机、双向闸机 | 1200 | |

续表

| 部位名称 | 正常运营通过能力/(人/h) | 紧急疏散通过能力/(人/h) |
| --- | --- | --- |
| 人工售票口 | 1200 | — |
| 自动售票机 | 240 | — |
| 人工检票口 | 2600 | |

由于地铁有时会出现大客流且难于预测,并且还会出现比预测客流大得多的客流,这时必须采取客流控制措施,以避免人流拥挤、混乱失控。人流控制应遵循由内至外、由下至上的原则,在车站出入口、闸机处进行人流的两级控制。

### 1. 水平流线设计

(1)站厅层流线组织。

地铁车站站厅层是乘客集散的场所,是体现"人性化"设计理念的重要部位。站厅层流线的组织,付费区与非付费区的划分,设施、设备的布置,是建筑师设计时关注的焦点。地铁站厅层平面布置要紧凑合理,使换乘客流与进出站客流分开,避免流线相互交叉干扰。车站楼扶梯宽度及数量要根据客流计算确定,与进出站能力相匹配,使乘客集散顺畅,并满足疏散要求。出入口通道的宽度及数量应根据分向客流乘以不均匀系数确定,出入口通道的数量越多,不均匀系数越高;反之则越小。地铁站厅建筑布置内容包括功能分区、付费区、非付费区和其他服务设施等。

①功能分区。

站厅层中部为站厅,两端为设备及管理用房区。站厅中部为付费区,两端为非付费区,两个区域之间设分隔栅栏。两个非付费区之间设1个联系通道,非付费区的端头各设1个或2个出入口通道。一般非付费区的面积大于付费区的面积,因为乘客进站检票后直接到达站台,因此付费区的面积可小一些。非付费区的布局通常是将几个通道口连通,以利于乘客出站后自由选择通道口到达地面。在非付费区内设有各种公共服务设施及部分商业设施。

②付费区。

进出站检票机的位置要按进出站乘客的流线加上栅栏分隔设置,合理组织付费区和非付费区,避免进出站人流交叉。进出站检票机均设在付费区的两个端头,检票机垂直于人流方向设置,且进出站检票机分别对应设置,由此可将进出站乘客流线分开;票亭设在进出站检票机之间。通常出站的人流是比较集中的,因此出站检票口与楼梯或自动扶梯要保持一定的距离,避免乘客检票时拥堵。检票机的数量应根据高峰小时客流量和检票机通过人流的速度来计算。

自动扶梯和楼梯分布按有效站台长度确定,保障进站乘客到达站台后能均匀散开,出站乘客能迅速离开站台。自动扶梯与进出站检票机对应布置,上行自动扶梯设在出站检票机一侧,下行自动扶梯设在进站检票机一侧,避免进出站流线交叉。楼梯及自动扶梯的设计先要计算楼梯的总宽度,然后根据站台候车的有效长度确定其数量,上下兼顾,均衡布置。楼梯总宽度的计算主要考虑高峰小时客流量和楼扶梯每分钟的通过量,以紧急疏散时的规范要求来计算。客流量按一列车的客流加上在站台候车的上下行客流及工作人员计算。

③非付费区。

乘客出入口主要位于站厅层的非付费区,分布于站厅的左右两侧。在两个出入口通道之间的通行宽度范围内不允许设柱子,以保证人流通行和紧急疏散通道畅通。出入口通道如靠近设备及管理用房区设置,通道口与该区域的墙体需保持约1.5 m的距离,以扩大通道口部的集散面。一般设4个出入口通向地面十字交叉路口的4个方位,有利于方便和均匀地集散人流。为了满足紧急疏散要求,通道的通行总宽度必须大于站台至站厅楼梯的总宽度。设无障碍通道,一般可乘坐轮椅自动升降机由地面到达站厅,再转乘垂直升降梯由站厅到站台。

④其他服务设施。

公共服务设施和部分商业设施等设在不影响进出站流线和紧急疏散且方便乘客使用的位置。地铁站厅的人流通行能力与乘客步行系统至关重要。采取合理的改善措施,可减少步行设施存在的瓶颈,提高通行能力和减少换乘步距。

a.在高密度的人行通道中,同向行走的乘客之间相互干扰。行人会利用一切空当超越前者,从而对对向人流产生干扰。在这种情况下,可以在通道中间放置一些柱状物,起隔离墙的作用。行人若要走到另一侧,需要绕道行走,这样会减少行人占用人流空隙的情况。

b.将通道设施的突变处改为漏斗形,可以提高行人通过瓶颈处的流畅性,其最佳的形式是球状外凸形渐变(图3.4)。

c.当两股人流垂直相交时,会出现不同方向上行人间的冲突。若在相交处放置圆形障碍物形成绕行流线,可以减少步行效率的损失。

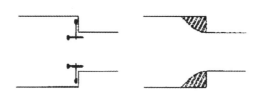

图 3.4　通道设施突变处改善设计示意

流线组织是否顺畅是检验地铁车站站厅建筑布局是否合理的标准。特别是当出站客流量较大时,出站流线畅通的重要性就更显突出。同时要考虑疏散通道的设置,保障乘客在紧急情况下迅速疏散到安全区域。

例如广州地铁 2 号线的岗顶站、4 号线的官洲站都是常规站型车站,采用了不同的站厅布置方式,客流组织均较合理,在付费区内乘客流线无交叉现象,非付费区内进出站流线分明,进站乘客通过闸机后可迅速到达楼梯口下达站台层,路线十分简短、方便;而出站乘客由楼梯口上行时,适当延长其到达出站闸机的路线,这样就大大缓解了出站乘客人流量大、集中的情况,使得乘客能够比较轻松、快捷地出站。两个非付费区之间的联系通道也为出站乘客选择出站通道提供了便利。

又如广州地铁 3 号线、5 号线上的特殊站型车站林和西站及珠江新城站站厅的进出站流线方向明确,客流组织较好。林和西站站厅层通过联系通道将位于两端的两部分站厅连接起来形成整体。两边的站厅依据各自的上下行楼梯设置进出站闸机,从而区分出付费区和非付费区。同时也形成了乘客进站和出站互不干扰的两个通道。珠江新城站则为 3 号线和 5 号线的换乘车站。在这里,站厅层建筑的布置方式为:将 3 号线和 5 号线共用的非付费区设成中央大厅,把两条线路的四个付费区设在四个不同的方向,且同线路上的付费区相对布置。这样不仅合理组织了各条线路上的进出站客流,而且便于乘客方便、快捷地寻找正确的路线,避免乘客交叉和混乱。

(2)站台层流线组织。

地铁车站站台是乘客出入和等候列车的平台。站台有效长度范围内为乘客使用区域。该区域可划分成上下车与候车区及疏散通道两部分,其设置与站台形式有关。岛式站台疏散通道设在中间,两侧作为乘客上下车与候车区域;侧式站台内侧作为疏散通道,外侧是乘客上下车与候车区域。

(3)换乘站流线组织。

地铁车站换乘的设计原则是直达便捷、减少高差、缩短换乘距离、方便乘客,区分进出站的客流路线和换乘的客流路线。当换乘客流特大时,可将换乘距离适当拉长,使换乘客流在行进中逐步缓解拥挤状况。地铁车站换乘方式主要有以下 3 种。

① 站台—站台的换乘方式。乘客可以直接从站台进入换乘站台,换乘简捷方便。

② 站厅—站厅的换乘方式。乘客换乘时必须从一条线的站台到达共用站厅,然后再通过站厅至换乘线站台的楼扶梯进行换乘,换乘较简单,换乘线路较短。

③ 通道换乘方式。乘客换乘时必须从一条线出站,然后通过换乘通道到达换乘站的站厅,换乘复杂,换乘线路较远。

很显然,站台—站台直接换乘对于乘客而言是最佳的。它不仅最便捷,而且还可避免由于客流过多造成的迂回、交叉对车站站厅产生附加压力。

例如客村站是广州地铁 8 号线、3 号线的换乘车站,其换乘形式为十字形交叉换乘。在站台与站台直接换乘的形式中,采用岛—岛和多站台(如一岛两侧站台形式)换乘方式。具体为:地下一层是 8 号线、3 号线客村站站厅,地下二层是 8 号线客村站站台层,地下三层是 8 号线、3 号线客村站换乘转换层,地下四层为 3 号线客村站站台层。其客流组织方式如下。

① 进出站客流。

为方便乘客进出站,无论是 8 号线的进出站乘客,还是 3 号线的进出站乘客,均可共用同一个付费区和售检票区。当 8 号线或 3 号线的进出站乘客在非付费区办理完售检票进入付费区后,可选择直接去 8 号线或 3 号线站台层,并可通过自动扶梯直接到达 8 号线、3 号线站台层。

② 换乘客流。

8 号线、3 号线车站客流换乘采用两车站有效站台中心线呈正十字形交叉的岛—岛式(8 号线、3 号线站台均为岛式站台)站台对站台直接换乘的模式。即 3 号线换乘 8 号线的乘客在 3 号线下车后,通过岛式站台上的换乘出入口(共有两个)到达换乘夹层(地下三层),再通过该层进入 8 号线站台层,快捷地完成换乘。8 号线换乘 3 号线的乘客在 8 号线下车后,通过侧站台上的换乘出入口(共有两个)进入换乘夹层,再通过该层直接进入 3 号线站台层,快捷地完成换乘。上下行换乘客流均通过自动扶梯完成换乘。换乘客流与进出站客流间由于设了换乘夹层,客流流线相对独立和明确,相互干扰非常小,乘客在整个换乘路径中能够灵活、快捷、安全、合理地乘降。

(4)流线组织面临的问题。

伴随着城市人口的急剧膨胀,城市布局中逐渐出现城市中心商业圈,即城市中心地段为办公、商业区域,而城市边缘为居住区域。这就导致了在上下班出行的高峰时段,大量的、集中的客流涌向城市公共交通系统。地铁成为担负通行任务的重要角色。

由于短时间内地铁车站迎来庞大而密集的乘客,原本的站厅空间与流线设计远远不能满足要求。因而,可以看到在地铁站厅中的付费区内为了区分、引导进出站客流,设置了大量的栅栏进行流线的分隔和疏导。例如广州地铁如今虽然已经开通了16条线路,但仍然不能完全满足高峰时段的运载需求,在一些重点换乘车站的站厅付费区可以看到大量漫长的栅栏所构成的乘客流线通道。这些栅栏通道大多采用延长和迂回出站乘客流线的方法,使乘客在经过这些通道的过程中,从刚下车时的拥挤无序变为有序的队列;从急于出站的匆忙变为行进速度相对缓和。这在缓解乘客出站的压力方面起到了重要的作用。但是这种在地铁建筑空间形成后,不是通过建筑形式组织人流的路线而是通过栅栏这种设施来组织人流路线的方式似乎有些背离建筑设计的初衷。

在地铁车站、航站楼和铁路客运站等交通建筑的设计中,建筑师往往运用区分不同乘客流线区域的方式设置必要的设施(如进出站检票系统),来组织人流的路线,而很少依靠大量的栅栏来解决流线问题。另外,在现代化的交通建筑空间中充斥着如此数量的栅栏未免不妥。当然,这个问题现在仅仅出现在大型的重点换乘车站中,但随着城市规模和人口的急剧膨胀,可以预见在不远的将来,必然会有更多的地铁车站会面临同类问题。

同时也要考虑地铁车站的特点。地铁车站因受到线路(两条上下行轨道之间的中心距离根据整条线路确定,不易改变局部站点轨道之间的中心距离)、技术、经济(地铁车站深埋于地下,造价高昂,故建筑规模不宜过大)、设计模式等的诸多限制,呈现出狭窄、低矮等特征,从而造成地铁车站不能够随不同站点的需求而灵活改变建筑布置的方式。

这些都给地铁车站建筑设计提出了巨大挑战。建筑师面对严峻的条件不得不改变以往的设计理论和方法,从地铁车站建筑形式和空间的本质出发,探寻更加科学、合理的站厅流线设计,而非通过简单、生硬的设施来解决流线的组织问题。

## 2. 竖向流线设计

地铁车站竖向流线设计内容主要包括地面出入口、楼梯及自动扶梯等。

(1) 地面出入口。

地铁车站地面出入口方位应与主要客流的方向一致,并且宜与过街地道和天桥、地下街、邻近公共建筑物连通或结合。出入口通道力求直接、简短,通道的弯折角度宜大于 90°且不宜超过两处。通道长度不宜超过 100 m,超过时应采取措施,以满足消防疏散要求。地面出入口主要包括以下四种形式。

① 下沉广场出入口。

下沉广场出入口适用于平坦开敞的基地,常结合城市广场或建筑入口广场设置。因为水平进入建筑的步行方式是十分贴合人们日常生活经验的,所以将它作为由地面进入地下的转换节点,会给两种不同特性空间的步行流线提供较大的过渡余地,这对于解决大量人流集散的问题很有帮助。下沉广场能够给地下空间带来自然采光,并给人们提供向外的视野,减弱地下环境带给人们的封闭的心理感受,同时也具有一定的流线导向性。

② 直接敞开式出入口。

这是地铁车站出入口普遍采用的形式,是由露天开敞楼梯或自动扶梯简单而直接地进出地下空间。采用这种形式时,楼梯和自动扶梯既作为垂直交通工具,又作为地面与地下、开敞与封闭空间的连续性过渡,但这种过渡相对较短而且直接。另外,楼梯与自动扶梯的通行宽度毕竟有限,在人流量较大、交通转换较为密集的时段,人流的交叉拥堵极易发生,步行的连续动线因此被打断。

③ 地上入口门厅式出入口。

在较为平坦开阔的地方,可以采用地上入口门厅作为地铁车站的出入口。它的形象相对清晰明朗,人们从远处就可以看到它。还可以采用照明、艺术装饰、增加外墙通透性等室内处理手段,使其具有更加鲜明的个性,让人们易于辨认其方位,从而引导顺畅的步行流线。地上入口门厅还可以提供围合空间,这样就不受天气影响,使乘客从地面到地下的过渡更加方便、舒适。并且在其中还设置了专门为残疾人服务的升降梯。还有一点需要强调的是,入口门厅的周围要预留充足的步行活动场地,避免流畅的步行流线空间被一些"无效"的绿化和设施占用。

④ 通过地上建筑的出入口。

当地铁车站与地面建筑的地下部分连通或与地面建筑相邻时,就可以通过建筑的地面部分形成地铁车站的出入口。城市的公共步行交通活动容纳在建筑的个体空间里,加强了步行空间从内到外、从上到下的连续性。步行过渡空间也相应扩展、拉长,因而容易创造连续、舒适的步行流线。

通过地上建筑进入地铁车站的入口方式也有多种,最主要的是以下两种形式。

a.利用建筑入口门厅作为进入地铁车站的入口门厅。这种方式对建筑的内部交通组织、空间布局要求较低,进入建筑内部的人流与进入地铁车站的人流在门厅处就得到了分离,但需要设计好两个入口的位置关系。建筑入口与地铁车站入口之间要有较大的过渡空间,并且要有利于疏导不同方向的人流,以减少人流的交叉冲突。

b.利用建筑中庭或者内部公共空间直接完成垂直交通转换。这种方式要求根据建筑的内部交通组织和空间布局,合理安排不同的步行流线,力争减少不同目的、方向人流的交叉和通往地铁车站的步行流线上的阻碍,空间转换处的标志要醒目,并要具有一定的引导性。

(2)楼梯及自动扶梯。

车站内的楼梯及自动扶梯应保证在远期高峰小时客流时发生火灾的情况下,4 min 内将一列列车额定载客数量的乘客和站台上候车的乘客及工作人员全部撤离站台。自动扶梯宽度和数量及楼梯宽度和数量根据《地铁设计防火标准》(GB 51298—2018)的规定和相关条例进行具体设计。

地铁车站站台上的楼梯和自动扶梯应沿车站纵向均匀设置,同时应满足站台计算长度内任一点距最近楼梯口或通道口的距离不大于 50 m。

乘客使用的楼梯踏步高 135~150 mm、宽 300~320 mm。楼梯每梯段不应超过 18 步,不得少于 2 步。休息平台长度为 1.2~1.8 m。楼梯最小宽度,单向通行时为 1.8 m,双向通行时为 2.4 m。当楼梯净宽大于 3 m 时,中间应设栏杆扶手。踏步至顶板的净高不应低于 2.4 mm。楼梯井栏杆(板)的高度不宜小于 1.1 m。楼梯与检票口在同一方向布置时,扶梯距检票口的净距不宜小于 6 m。楼梯与自动扶梯并列布置时,其相互之间的位置没有规定,一般将楼梯下踏步最后一级与自动扶梯工作点取平。紧急疏散时,消防专用楼梯及垂直电梯不计入事故疏散用设施。

## 3.3 地铁车站地面附属建筑设计

### 3.3.1 地面附属建筑的概念及设计原则

**1. 地面附属建筑的概念及重要性**

地铁车站的地面附属建筑一般包括车站的出入口、风亭、冷却塔、垂直电梯等。这些建筑物一般都被设置在地面,属于地铁车站建筑的配套设施,对地铁车站建筑的正常运行起着十分重要的作用。

地铁车站的出入口是联系车站内外交通的主要联络通道。地面出入口是乘客从地上空间进入地铁站厅的主要通道,由门厅、水平通道、楼梯(包括自动扶梯)等组成。地面出入口的布置,首先应使乘客在地面容易找到,继而能比较直接、快捷地进入站厅和站台;尽量减少转折次数,扩大通视距离,保证通过能力。地面出入口的数量和宽度除保证客流通畅外,还应满足防火疏散的要求,因此从站台到达中间站厅的楼梯不能少于两个,每个车站直接通向地面的出入口数量也不应少于两个,以保证在规定时间内,能将车站内的全部乘客疏散出去。

风亭是通过新风亭(风机向地铁车站输送新鲜空气)、排风亭(向外界排放车站内的气体)、活塞风亭(使区间运行的列车进行空气交换)保持车站内外空气的流通,满足地下空间列车、设备、人员及防灾的需要。

冷却塔是中央空调系统前端的水循环系统,用于保证地铁车站的空调系统正常运行,也可以说是空调主机系统的冷却水系统。

垂直电梯则是乘轮椅者或担架等可进入和使用的电梯。越来越多的城市在修建地铁时已经把地铁无障碍设计作为专门的研究课题,对此进行深入的研究。

对于一个城市的地铁线路建设来说,主要任务是解决中心城市公共交通问题,并将文化与教育、旅游与购物、居住与交通相连接,与其他形式的交通共同构成城市立体交通网络。而地铁建筑所需的附属建筑因基本设置在地面,尤其是在城市中心人流量较大的区域设置站点时,则很容易对城市景观及规划带来一定的影响。因此,把地铁建筑的附属建筑作为展示城市形象、体现城市特色地域文化的窗口,让这些附属建筑满足主体功能的同时,通过设计紧密地结合城市的发展主题与周边的环境、体现城市的地域文化特色,对于城市轨道交通的建设与发展具有重要的意义。

**2. 设计规范及原则**

(1)车站出入口、通道。

车站出入口一般平行或垂直于城市道路,位于道路红线以外或城市广场周边,并与地面交通相结合。出入口宜分散均匀布置,出入口之间的距离应尽可能大。

车站出入口的数量应根据吸引与疏散客流的要求设置,每个出入口通道的宽度应按远期分向设计客流量乘以 1.1~1.25 的不均匀系数计算确定。兼作城市地下过街通道的,应根据过街客流量加宽。通道最小结构宽度应符合表 3.18 的规定。

表 3.18 通道最小结构宽度

| 上下行扶梯+楼梯 | | | 上行扶梯+楼梯 | | |
|---|---|---|---|---|---|
| 出入口通道最小宽度 | 出入口楼扶梯段最小宽度 | 出入口楼梯最小宽度 | 出入口通道最小宽度 | 出入口楼扶梯段最小宽度 | 出入口楼梯最小宽度 |
| 5.2 m | 6.5 m | 2.0 m | 3.8 m | 5.0 m | 2.6 m |

注:以上宽度为结构宽度。

出入口布置应与主客流方向一致,应尽可能靠近人行道边的醒目位置。宜与过街天桥、地下步行道、相邻公共建筑结合或连通,统一规划,同步或分期实施。

地下车站出入口通道力求短、直,需弯折的通道不宜超过三处,弯折角度宜大于 90°;为避免出现穿堂风或负压现象,建议通道采用拐一个直角弯道后出地面的方式。通道长度超过 60 m 时,其净高要考虑设置排烟风管的空间。通道长度超过 100 m 时,应在合适位置设安全出口。

出入口退缩道路红线的距离应根据规划、地域的要求来确定。独立修建的地面出入口一般应设在规划道路红线以外,在特殊情况下,临时出入口可踏红线或设于人行道上,但必须征得规划部门的同意。出入口台阶前应留有足够的集散空间,台阶或坡道末端至道路各类车行道的距离不应小于 3 m。设在城市主干道交叉口的出入口,其开口不宜朝向道路交叉口。条件困难必须设置时,应留有足够的距离,并不得侵入道路红线范围。地下车站出入口通道应与人防设计配合,人防门宜尽量靠站外设置。

城市中心区车站各个出入口的扶梯设计方案必须同时满足以下两个条件：提升高度6~8 m应设置一台上行扶梯，8 m以上应设置上下行扶梯各一台；车站所处主要道路两侧主客流方向至少各有一个出入口设置上下行扶梯，若车站位于两条主要道路交叉十字路口下方，则四个象限至少在对角线方向的出入口设置上下行扶梯。

在满足基本条件的情况下，如车站出入口有条件设置上下行扶梯均应设置上下行扶梯，郊区线车站需考虑预留实施条件。临时出入口若提升高度超过9 m，建议至少设置一台上行扶梯。出入口（含临时出入口及紧急疏散口）原则上全部按有盖口设计。出入口扶梯上下行布置宜符合靠右行走的公共交通习惯。出入口通道纵坡不应大于5%。当通道纵坡大于4%时，地坪装饰面应采取防滑措施。按不同坡度，坡道的最大水平长度应符合《无障碍设计规范》（GB 50763—2012）的要求，位于人防门开启范围内的地坪为平坡。

具备条件的地铁出入口应优先考虑连接已建（或待建）建筑物地下室、过街通道、商场、人行天桥，兼顾行人过街的功能。合建出入口需满足以下规定：兼作城市过街通道的地下出入口通道在与物业结合处应设有防盗卷帘门，配合物业开放时间开启和关闭，以满足运营部门独立安全使用及管理的要求；合建通道宽度应根据地铁分向设计客流量和物业进出人流量确定；合建出入口通道如无法满足在地铁运营期间保持开通的要求，则其通过能力不计入车站的出入口通过能力；对于运营必须使用的合建出入口，出入口应纳入车站管理范畴，且不应作为合建物业的消防疏散出口；合建出入口通道应满足紧急情况下人员的疏散要求，对具备条件的口部地面应设置集散空间（广场）。

出入口通道不宜设在站厅非付费区连通道的进站闸机处，无法避免时，应采取扩大节点空间等方法，满足功能要求。地下车站出入口通道不宜采用先下后上的方式。

(2) 风亭、冷却塔。

地下车站设置的活塞风亭、进风亭、排风亭和冷却塔应符合通风、空调系统模式和工艺要求。在满足功能的前提下，风亭可采取集中组合式或独立分散式布置，风亭的造型、色彩及位置应满足城市规划、环保、消防和景观等要求。

车站风亭在满足规划退缩的条件下原则上采用有盖高风亭，位于集中绿地、广场或有特殊景观要求的地下车站风亭可采用敞口形式。风亭不得占用市政人行道，应当结合相邻拟建建筑物设计和建设。高风亭不应设在道路红线内的转角或道路机动车非机动车隔离带中，以免影响交通视线。道路中间绿化隔离带宽度超过8 m时,宜采用敞口低风亭并征得规划、交通部门同意。进风亭应设在空气洁净的地方,风亭应尽量设在全年主导风向的上风侧,进风亭及活塞风亭应避开卫生间、医院等布置,距卫生间、医院的距离不应小于20 m,周围100 m范围内禁止排放有毒有害气体、恶臭气体,以及超过污染物排放标准的烟尘、粉尘、污水和固体废弃物。排风亭、新风亭及出入口的布置应考虑城市的主导风向,进风亭的风口和出入口地面亭宜设在排风亭的上风侧。

敞口低风亭的设置应符合下列规定:在规划批复允许的条件下风亭四周设宽度不小于3 m的绿篱,风口最低高度不得低于1 m,且应满足防淹要求;井底应设排水设施,开口处应设置安全和挡物设施,矮风井周边应布置绿化;在风井底部有机电设备时,风口不宜直接向上;风井内应设检查梯及照明等设施;排风井、活塞风井与进风井或者敞开出入口、其他建筑物之间的水平净距不应小于10 m,与安全出口的水平净距不应小于5 m;新风井与出入口、门窗洞口之间的水平净距不应小于6 m;排风井之间、活塞风井之间及排风井与活塞风井之间的水平净距不得小于5 m;敞口风井位于车站主体结构上方时,风口应有雨水收集装置,风井部位楼面应采取有效的防水、排水措施。

地下车站的机械进风、机械排风和活塞风采用高风亭时,风口的位置应符合下列规定:排风口、活塞风口与进风口、出入口方向不宜位于同一方向;当高风亭与出入口分别独立设置时,与有盖出入口的最小水平距离不应小于5 m;排风及活塞风风口与敞口出入口口部的最小水平距离不应小于10 m;进风风口与敞口出入口口部的距离不限;当高风亭与出入口合建时,进风口、排风口、活塞风口两两之间的最小水平距离或垂直距离不应小于5 m;排风口、活塞风口与出入口口部的最小水平距离不应小于5 m;进风风口与出入口口部的距离不限;风亭口部底边缘距地面的高度应满足防淹要求,当高风亭位于路边时,其高度应不小于2 m;当风亭设于绿地内时,其高度应不小于1 m;距风亭风口5 m范围内不应有障碍物阻挡风口。

风亭与地块建筑结合时,风亭宜设置在建筑物的顶层或转角处,风亭的井道与建筑应用耐火极限不低于2 h的实体墙分隔。建筑物外墙在车站风口四周5 m以内不得开设门窗洞口,必须开设时,外墙应设固定的乙级防火窗。风道断面、风口净面积应符合环控系统的要求。风道表面一般不做建筑装修,但要保证平直、光滑,减小通风阻力。风井设计应与人防配合,充分考虑进出风道位置、过风面积要求。风亭应设通往地面的检修爬梯。

冷却塔的设置应符合下列规定:冷却塔应设置在通风良好的地方;冷却塔宜

与高风亭、周边建筑结合设置;当受限制或有特殊景观要求时,可采用下沉式冷却塔,但必须满足通风、防排水和防止人员摔落等要求。所有冷却塔四周均设置围蔽设施,围蔽设施应满足景观要求,同时应保证通风散热的效果。当冷却塔周边距居住建筑较近时,顶部也应考虑围蔽,要求外围百叶距冷却塔进风口不小于1 m,同时要求百叶的透风率在70%以上。冷却塔与高风亭、周边建筑结合设置时,应有安全检修、维护空间,冷却塔维修口不应朝向屋顶悬空处,塔体距屋面边缘的距离不宜小于3 m,并在屋面临空处设高度不小于1.5 m的女儿墙或护栏。为满足卫生要求,当采用敞口低风亭时,冷却塔距新风口及出入口不宜小于10 m。风井排风口不应正对相邻建筑,与建筑的控制距离应满足相关规定。活塞风道的水平长度不宜大于40 m。

风亭、冷却塔的位置应避开环境敏感区域。对于建成区,在交通干线两侧区域设置的风亭、冷却塔,其噪声应满足现行国家标准《声环境质量标准》(GB 3096—2008)规定的五类声环境功能区的环境噪声限值要求;位于二类区和一类区内的风亭、冷却塔,其噪声应满足相应区域的噪声限值要求。

对于规划区或远郊地区,根据风亭、冷却塔的所属区域,确定其与敏感建筑物的距离。风亭、冷却塔与各类功能区敏感建筑的控制距离及其噪声限值可参考表3.19执行。

表3.19 风亭、冷却塔距各类区域敏感点的控制距离及噪声限值

| 区域类别 | 区域名称 | 控制距离/m | 等效声级 $L_{eq}/dB(A)$ | |
| --- | --- | --- | --- | --- |
| 1类 | 居住、文教区 | 45~50 | 55 | 45 |
| 2类 | 居住、商业、工业混合区 | 30~35 | 60 | 50 |
| 4类 | 交通干线两侧 | 约30 | 70 | 55 |

当风亭、冷却塔的噪声不能满足现行国家标准《声环境质量标准》(GB 3096—2008)中相应区域的噪声限值要求时,应根据地铁工程环境影响报告书的要求,采取减振降噪措施。

(3)出地面建筑物。

根据《地铁设计防火标准》(GB 51298—2018),出地面建筑物的防火要求如下。

①地下车站的机械进、排风和活塞风采用高风亭时,风口应符合下列规定:a.排风口、活塞风口应在进风口之上;b.进风口、排风口、活塞风口两两之间的最小净距不应小于5 m,且不宜开在同一方向。

②地下车站的机械进、排风和活塞风采用敞口低风井时,风井之间及风井与出入口之间的水平净距应符合下列规定:a.进风井与排风井、活塞风井之间,不应小于 10 m;b.活塞风井之间或活塞风井与排风井之间,不应小于 5 m;c.排风井、活塞风井与车站出入口之间,不应小于 10 m;d.排风井、活塞风井与消防专用出入口之间,不应小于 5 m;e.根据《建筑设计防火规范》(GB 50016—2014)及《城市轨道交通工程项目规范》(GB 55033—2022)规定,车站出入口地面建筑、地面风亭的耐火等级不低于二级。如图 3.5 所示。

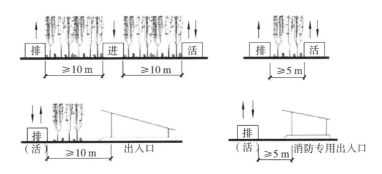

图 3.5 地下车站风井、出入口、消防专用出入口之间的距离规定

③其他注意事项。

注意风亭风口及车站出入口与风向的关系,排风口、活塞风口不应正对常年主导风向设置,且不应设置于新风口上风向。车站出入口不宜正对常年主导风向,以免站内结露滴水,条件困难时需认真研究后确定。

出入口、风亭原则上不应进入道路红线,无条件的需征得规划部门的同意;出入口、风亭与其他建筑物合建,需提前落实施工图,无法落实的应有单独建设的备选方案。

长通道排烟口、紧急疏散口、公共卫生间排气口原则上不得独设,应与出入口、风亭等合设。

出入口应确定有无上盖,原则上需设置有盖出入口,环境敏感区或路口对行车视线确实有重大阻碍的地方采用无盖出入口。集水坑都按无盖设计。

风亭、冷却塔等距周边建筑物的距离应满足环评要求,与邻近敏感建筑物的距离应大于 15 m。

(4)无障碍设计。

地铁车站设计还应注意满足弱势人群的出行需求,为广大残疾人、老年人、孕妇和儿童提供安全、方便的出行环境。建筑师应在车站中有利于弱势人群使用的位置设置盲道、无障碍电梯、无障碍坡道、楼梯升降机等设施。

①升降平台和直通地面的无障碍电梯。

在地铁车站中,楼梯升降机一般设置在出入口或站厅至站台处,专为坐轮椅的人群服务。楼梯升降机从服务功能上可分为平台式和座椅式两种类型。座椅式楼梯升降机主要为行动不便者提供上下楼梯的服务。平台式楼梯升降机主要为使用轮椅者提供上下楼梯的服务。例如有些地铁车站的升降平台只要按下按键就会有专人来协助。在每个车站的站厅或通道内至少设置一部直通地面的无障碍垂直电梯,可大大方便行动不便的乘客乘车。

②盲道、宽闸机口和无障碍卫生间。

地铁车站内设置了四通八达的盲道,从进站、买票、等候到上车等出行全过程,盲人均可以通过盲道完成。此外,站厅内每组闸机中都有一处宽达 1.2 m 的闸机口,这也是为坐着轮椅进出车站的人群设置的。站台层的公共卫生间还专门设置了无障碍卫生间,抓杆、坐便器等设施一应俱全。

③楼梯踏步和栏杆扶手。

楼梯踏步的踏面和踢面分别采用不同颜色的地砖作为装修面层,方便弱势群体使用。楼梯的栏杆扶手,采用双层形式,设置两种不同高度和直径的扶手,充分体现对儿童和身高有缺陷的成人的关爱。每部楼梯两侧分别设置 30 cm 长的水平段扶手,并加设盲文提示符。

### 3. 地面附属建筑设计要点

(1)与出入口、风井、无障碍电梯结合设置的地面建筑必须不影响地铁车站的使用功能,并满足国家及地方的相关地铁设计规范与标准。

(2)与出入口、风井、无障碍电梯结合设置的地面建筑应规划紧凑,满足城市规划、环保和景观的要求。车站周边有条件时,采用低风亭,减小对规划及城市景观的影响。出入口、风井、无障碍电梯首选与周边的综合开发建筑结合设置。

(3)与出入口、风井、无障碍电梯结合设置的地面建筑应具有美观的造型,体现城市的文化底蕴。

## 3.3.2 地铁出入口建筑设计

### 1. 国内外地铁出入口发展历史及形式演变

(1)国外地铁出入口建筑的发展历史及形式演变。

地铁出入口是建在地面,供乘客进出地铁的附属建筑。在不同时期及不同国家,地铁出入口的处理各不相同。从最初的通道口到作为城市功能性及艺术性相结合的雕塑或者小品,随着时间的推移,它被赋予的性格及意义也逐渐增多。它既可以作为城市独具特色的标识物,又可以很好地与商业或者其他建筑物一同承载城市的历史及发展。

①伦敦地铁出入口。伦敦于1856年开始修建世界上第一条地下铁道,1863年1月10日正式投入运营。它长约7.6 km,隧道横断面高5.18 m、宽8.68 m,为单拱形砖砌结构。当时是以蒸汽机车牵引列车,由于建造技术存在很大的限制,因此出入口的通道断面狭小,楼梯陡峭。延伸至地面的出入口建筑形式与当时的城市建筑形式相仿,结构采用较为传统的砖石结构,材料的运用显得厚重、稳健;或根据具体条件选用无盖的出入口,在出入口端部以简单的钢材作为装饰,带有古典装饰意蕴,很好地融于城市之中。随着科技的不断发展与工程技术水平的提高,后期建造的地铁有了长足的进步,出入口的建筑形式及材料也出现了多样化的趋势。伦敦城市不同时期建造的地铁出入口(图3.6),造型与材料的运用紧随时代的发展,让这座城市焕发出多样的风采。

②巴黎地铁出入口。随着19世纪90年代法国新艺术运动的开展,新艺术风格在家具、建筑室内、公共设施装饰(特别是巴黎地铁的出入口)、海报和其他平面设计等方面都产生了重要的影响。它反对工业化风格和雕琢的维多利亚风格,主张从自然、东方艺术中吸收创作的营养,特别是植物的纹样和动物的纹样,是其创作的主要形式构思来源。它反对机械化的批量生产,反对直线,主张用曲线为形式中心,主张艺术与技术的结合,反对任何传统的风格。1900年,巴黎地铁首条路线1号线随1900年巴黎世博会开幕启用。在巴黎早期地铁车站的设计中,地铁车站建筑内部站台较窄,并无太多吸引人之处。但法国建筑家赫克托·吉马德设计的地铁出入口建筑(图3.7),采用青铜金属铸造,使用曲线、自然形态,铁件在他的手中柔化得像一个充满生命力的物体,给地铁带来全新视觉形象的同时,也昭示了新艺术运动作为设计运动正式开始。这一运动是20世纪除了现代主义风格以外影响范围最广泛的一场设计运动,其影响地域之广是空前的,几乎所有的欧洲国家和美国都卷入了这场运动,历时十余年,无论是从深度还是广度来说,其影响都是巨大的。它对于装饰风格的影响,如今还能感觉到。巴黎地铁的建造者把他们对城市文化的理解结合当时的社会发展,通过地铁这一交通工具展现给全世界。

③波士顿地铁出入口。波士顿地铁是在美国马萨诸塞州波士顿市及周边地区运营的地铁系统,该系统于1897年开通了美国历史上第一条地铁,迄今已有

图 3.6 伦敦不同时期建造的地铁出入口

100 多年的历史。波士顿地铁的建造时间早,至今还可以看见一些几十年前已经存在且一直沿用至今的设施,内部空间结构也表现出古老的韵味,幽暗的灯光映衬着破旧的墙壁与地面。车站的出入口结合城市的规划,呈现出多样性,多以满足实用性需求为主,随着时代的不断发展,其建造也逐渐呈现多样化的趋势,如图 3.8 所示。

④莫斯科地铁出入口。莫斯科第一条地铁始建于 1932 年,于 1935 年通车。其不少车站在建设的时候融入了卓越的设计风格,加上大理石立柱的设计,使得莫斯科地铁富丽堂皇的程度在世界上可以说是屈指可数。莫斯科地铁充满文化

图 3.7 法国建筑家赫克托·吉马德设计的地铁出入口

氛围和艺术性,地铁装潢非常豪华,充分表明当时决策者超越时代的眼光。走进莫斯科的地铁,犹如置身于地下艺术宫殿。为了和内部空间相映衬,地铁外部的出入口也被建设成为高大的建筑式样(图3.9),甚至还有穹顶作为装饰,使得这样的精美建筑物在当代变得更为出彩。

⑤毕尔巴鄂地铁出入口。西班牙毕尔巴鄂地铁系统于1990年开始建设,并提出要建设一个现代的、独具吸引力的地铁系统的目标。英国建筑师诺曼·福斯特受邀参与设计。毕尔巴鄂地铁于1995年建成。毕尔巴鄂地铁车站的内部空间强调了混凝土的本身结构,给人一种亲切的感觉,强化了人与空间的交往,并且也让整体建筑空间归于本质。车站出入口形式是车站出入口的结构在地面

图 3.8　波士顿地铁独立出入口

上的延伸,材质由混凝土变为透明的玻璃。同时,这些出入口完美地融入毕尔巴鄂的城市景观,并为其增添了强烈的现代色彩,被誉为"世界上最具现代感的地铁"。

⑥东京地铁出入口。东京早在1927年12月就开通了银座线浅草站至上野站的地铁线路,是亚洲最早开通地铁的城市。东京地铁系统拥有13条线路,超过220座车站,线路总长312.6 km,日均客流量为1100万人次。起初修建地铁是为了减轻城市客流的压力,而出入口也仅仅是满足其功能性需求。随着社会的发展与对人性化的日益关注,日本的建筑师便通过设计展现他们对建筑关乎人性的认识,日本地铁在车站建筑本身的设计及站内的配套设施上都取得了长足的进步。由日本建筑师渡边诚设计完成的大江户线饭田桥站(图3.10),无论是车站建筑还是出入口,及内部的装饰都给人们留下了深刻的印象。在饭田桥

图 3.9　莫斯科地铁出入口

站出入口的设计中,渡边诚从自然环境中抽取植物的优雅形态、动物骨骼等造型,融入设计之中,在获得很强视觉冲击效果的同时,也使得周边城市片区的面貌焕然一新。

图 3.10　东京地铁饭田桥站出入口

(2)国内地铁建筑出入口的发展。

①北京地铁出入口。北京地铁的规划始于1953年,工程始建于1965年,最初试运行于1969年。1971年1月15日公主坟站至北京站段开始试运行,1971年8月5日延长为玉泉路站至北京站,1971年11月7日延长为古城路站至北京站,1973年4月23日延长为苹果园站至北京站。1981年9月15日,北京地铁正式对外运营。最初修建的地铁建筑,因规划与定位,地铁建筑的发展自身带有很大的局限性,地铁的出入口也仅是满足功能性需求,且形式带有一致性。随着改革开放,城市化进程加快,北京修建地铁的速度也逐渐加快。从诸多前期修建的线路来看,北京地铁的出入口以标准出入口为主,整体的造型还是以方盒子为主,形式上则根据附近环境的不同产生一定的变化,但都是以玻璃幕墙与铝板相结合(图3.11),具有一定的可识别性。随着对地下空间及城市交通与城市发展等课题的不断探讨,对地铁建筑的出入口也提出了新的设计及规划理念,出现了诸多让人们眼前一亮的出入口设计。比如10号线国贸站(图3.12)、5号线天坛东门站、4号线和6号线换乘站平安里站出入口,其设计阐释了地铁车站与城市街道及建筑之间的新型关系,给人们带来全新体验的同时,也不断促进并刺激建设者重新审视自己的工作任务与责任。

**图3.11 北京地铁采用玻璃幕墙与铝板结合的标准出入口形式**

②上海地铁出入口。上海地铁的第一条线路于1993年5月28日开始运营。上海地铁出入口形式多样,也体现出时代进步的影子(图3.13)。1993年建成的1号线,其独立设置的出入口均为敞开式无盖出入口,而至2000年建成的2号线,独立的出入口则均采用有盖式;2005—2007年建成的4条线路,独立出入口大部分采用敞开式的无盖出入口,但因无盖出入口建成后运营与维护存在诸多问题,如恶劣天气带来不便等,在2009年便对许多无盖出入口采用加盖修整的措施。其中许多出入口都与城市商业结合紧密,多采用现代感的建筑形式,

**图 3.12　10 号线国贸站地铁出入口**

建筑材料也多为不锈钢、镀膜玻璃、铝板等。

**图 3.13　上海地铁部分出入口**

③广州地铁出入口。广州地铁 1 号线于 1993 年 12 月 28 日正式动工，首段于 1997 年 6 月 28 日正式开通。广州地铁出入口（图 3.14）全网大多采用与线路统一的色彩进行形式创作，具有较强的识别性，简洁实用，材料多采用轻钢玻璃结构体，既轻巧、简洁，又能美化城市环境。但形式较为雷同，缺乏区域的归属性，与城市街道和建筑的关系较为薄弱。

图 3.14 广州地铁部分出入口

④香港地铁出入口。香港地铁自 1979 年起为乘客提供市区列车服务。众所周知,香港地铁是个既快捷又安全可靠的集体运输网络,且其成功的商业运营模式为全世界所熟知并广泛借鉴。香港地铁与商业开发紧密相连,因此地铁的出入口不像北京地铁有着很突出的建筑形象,大多结合建筑而设在首层,外加清晰、全面、人性化的导视系统,可以让乘客很容易发现,如图 3.15 所示。

由地铁出入口的发展历史可以看出,随着时代的不断发展,无论是在形式、功能,还是在建造材料和设计思想上,各地的地铁出入口都在不断地发生变化。随着城市空间开发立体化发展进程不断加快,出入口与城市开发的关系也变得更为紧密。出入口也逐渐从单一的地面布置,转变为多元化的设置方式,比如与建筑物合建及布置下沉广场。国内地铁建设者应针对各城市的发展规划及地铁出入口建筑设计做深入探讨,从而设计出代表当代城市生活、满足审美需求的风景线。

图 3.15　香港地铁部分出入口

## 2. 地铁车站出入口设计的程序及注意事项

城市的总体空间布局形态是通过各层公共空间分布及组成形态所表现出来的。其中,以地铁车站为核心的公共空间体系布局往往是在城市性质与规模基本已定位,以及地面总体空间稳定之后,才随着地铁交通系统建设逐渐发展起来的。出入口的设计和建设需和城市规划部门之间相互配合、共同完成。下面从城市规划、建筑及车站整体建筑空间环境设计等方面说明在城市地铁建设过程中,出入口设计需注意的主要事项。

(1)城市规划方面。

地铁线路的前期规划属于城市整体规划的范畴,合理的线网规划将对城市的发展起到不可估量的推动作用。在前期规划时,地铁线路的站点选择需多方面论证,不仅考虑与现有城市道路及各规划层级的关系,还应针对近期及远期的发展战略、周边地形环境、站体等级等制定相应的方案。在让地铁与城市结合更加紧密的同时,也让城市轨道交通发挥更大的优势。在规划时要考虑如出入口与周边城市道路的关系、出入口与周边地域开发的关系等。

①出入口在布局上与周边或地下建筑相结合。城市建造地铁这一交通体系起初的目的是缓解城市发展过程中由于人口过多带来的过大的公共交通压力。因此,一般城市轨道交通的主要线路都会在城市人流密集及流动大的关键位置设置车站节点,如车站、商贸中心、体育馆、文化艺术中心等。车站出入口建筑与上述公用建筑结合设置,在满足使用需求的同时,一方面减轻人流集散带来的城市交通压力,另一方面利用地铁带动周边区域的开发。同时,出入口与建筑的结合,优化并节省了城市空间。

②实现交通系统的综合性与统一性。作为城市公共交通系统的组成部分,如何高效利用轨道交通这一交通载体,在与其他交通系统协同运作的同时,优化城市结构模型,是亟待研究并解决的关键问题。地铁出入口的设置应首先考虑到与地面交通的良好衔接,这样才能尽量减少人们的出行距离与时间。另外针对特殊区域节点或道路地段,如设有地下人行过街通道的部位,应综合考虑出入口与其结合设置。地铁出入口兼作过街通道,既可以减轻路面交通的压力,还可以很好地提高车站建筑的使用率。另外,精心设计的方案可以打造富有城市魅力的公共空间,使得城市的生活变得更加丰富多彩。

③规划时可考虑采用与过渡空间相结合的下沉广场或其他公共开放空间。下沉广场的出入口通常设置在城市的繁华地段,与商业或其他公共建筑连通。可以说下沉广场是一种空间扩大化的入口形式,是室内与室外、地面与地下的转换空间。通常此类出入口不仅具有清晰的空间组织形式,而且有良好的视觉渗透性,往往兼具城市景观的职能,可供人们娱乐、集会、休憩、观赏等,使出入口的功能得到延伸,与城市结合得更为紧密。另外,作为城市意象元素节点的广场、绿地、公园等因具有极强的个性,所以在空间特性上具有很强的可识别性,因此想要增加此类出入口的可识别意象,需加强这类出入口与整体城市可意象性的相互融合,然后通过大环境中的可意象要素去增强这类出入口的可识别性。

(2)建筑方面。

在建筑方面应注意设计的人性化,在满足功能性需求的同时,把更多人性化的设计带给人们。从前面所讲的国内外出入口的发展历程可以发现,早期修建的地铁出入口由于存在较多的限制,以至于遗留诸多问题,如出入口窄小、数量不足、换乘困难、不能很好满足特殊人群的使用需求等。这些对于今天的设计都有很重要的参考价值。第一,出入口的通道不宜太长,在满足相关消防及地铁设计规范的前提下,应从内部的装修与建筑形态去思考人性化设计的可能性。如通过色彩或结构设计,增添出入口通道的趣味性,或是通过增设无障碍设施满足

残疾人及其他有困难乘客的需求。第二,应增强车站出入口引导标志的醒目性,方便行人快速找到地铁出入口。许多地铁出入口由于标志不清,加之出入口建筑识别性不强,很容易让乘客找不到进入地铁内部的入口空间。

(3)车站整体建筑空间环境设计方面。

出入口空间是城市空间向站内空间转换的空间,作为一个过渡性的空间,这里的场所氛围营造非常重要。它要联系好城市周边环境,同时也要与站内的空间秩序相连接。在对出入口造型进行设计的时候应从线路的总体建筑艺术布局、内外空间相互渗透的形式及与城市开放空间节点融合等方面去考虑。

## 3. 地铁出入口建筑的表现方式和设计手法

纵观世界地铁建筑的发展史,从出入口建筑形式的演变便可以窥探出一个城市发展的历程。人性化的功能与艺术形式的表达也是人们不断追求的设计目标。下面主要介绍出入口建筑设计手法。

(1)在地化、人性化的表现。

任何建筑都处在特定的环境脉络之中,成功的设计并非建筑物与环境诸要素的简单叠置和拼贴,而表现为各要素之间的相互认同、吸收和整合,存在着互动的双向作用。建筑需根植于地域本土的文化背景之中,着眼于对建筑本体问题(建筑与基地的关系、空间与使用、光线、材料与细部等)进行冷静思考,从而开发出一种自然而真实的建筑语言,创造独特的建筑形象和场所特质。地铁出入口也是一样,要与周边建筑和谐,与周边建筑形式相呼应,尊重地方性、民族性文化,采用传统自然材料及传统工艺,结合当地的经济及气候环境,积极挖掘传统建筑形式的价值及意义,从而设计出在地化、人性化的建筑物。

(2)有机形态设计。

对建筑的思考通常应该是多样性的,而建筑设计语汇也并非只是流于刻板的几何形式,从巴黎地铁最初的出入口可以窥探出设计创作语言的力量。在创作时,地铁建筑的出入口体量并不是非常庞大,因此设计师应该多方面综合思考设计的可能性,在基本几何体基础上加以部分有机形态,通过精心组织直线、折线、曲线去丰富建筑的表情,从而营造出生动、丰富的地铁建筑出入口。

(3)外部空间的组织方式。

处理好建筑与环境、建筑外部空间与内部空间的关系具有非常重要的现实作用。葡萄牙著名建筑大师阿尔瓦罗·西扎曾对阿尔瓦·阿尔托的某些建筑中的内院组织方式极感兴趣。这些内院在一端使视线收缩,以此方式捕捉湖面及周围环境的景观。同样在地铁出入口建筑设计中也应该注意应用此种建筑空间的组织方式,通过对建筑风格及其他形式的思考,赋予其新的活力,随着环境及功能的变化采取灵活的变形,从而让行人、建筑共同交织于城市生活之中。

### 3.3.3 其他地面附属建筑设计

**1. 风亭的分类及建筑设计**

(1) 风亭的分类。

按建筑形式划分,地铁车站风亭可分为与建筑物合建、高风亭、低风亭等几种形式。

①与建筑物合建。与建筑物进行合建一方面可以节约城市用地,另一方面可以很好地整合周边的环境,减少噪声等污染。一般来说,与建筑物合建,可分两种形式。第一,与既有建筑物合建,此种方法是通过对现场进行适当的环境改造,把风亭作为建筑物的一部分进行整体环境的整合。此种情况下应注意风亭与原有建筑物风格及功能等的协调。第二,与周边建筑物统一设计和同步建设,如与出入口建筑物一同设计、建造等。

②高风亭。高风亭通过风亭侧墙出风,上设顶盖,多为钢筋混凝土框架结构。设计风格上可以作为城市小品考虑,包含一个或多个风口,多将两个或两个以上的风口集中合建,并作为单一建筑考虑,建筑高度为 3～12 m。

高风亭如包含排风、活塞风口,其附近又设有出入口时,出入口方向应与风亭错开,或水平距离在 5 m 以上,以防止排出的气体经出入口重新进入车站。此类风亭在进行形式处理时,需与周边景观相互协调,不应破坏城市景观的整体性,在道路控制红线外具备用地条件的地方设置。在通视要求较高的环境中如城市广场、道路中间绿化隔离带等区域不宜设置此类风亭。

③低风亭。此类风亭不设顶盖,形式简单,风口设在顶部,以格栅覆盖,风亭周围要求布置足够面积的隔离绿化带,风井内应设集水、排水设施,覆盖格栅应满足通风要求,且具有足够的强度,防止人员坠落,高度控制在 1 m。此种风亭对城市景观影响较小,适用于通视要求较高的广场、绿化公园、道路中间绿化隔离带等区域。在设计上可以根据环境及规划的具体要求创造出造型丰富多彩、富有韵味的城市小品。

(2) 风亭的设计原则。

风亭与冷却塔作为城市建筑的一部分,其建筑设计应遵循以下原则。

①满足功能要求的原则。这是风亭设计与施工的首要任务,能否为地铁车站和区间提供符合要求的空气交换条件,是设计人员优先考虑的基本因素。

②与城市景观协调的原则。城市景观能够塑造城市形象,提高环境品质,是城市文化的重要载体之一。地铁风亭作为城市景观的构成部分,其设计不可能游离于城市景观之外,更不应与城市景观相矛盾。

③优先与其他建筑合建的原则。为了减少风亭对城市景观的影响,在具备条件的前提下,地铁风亭应优先考虑与周边建筑或是冷却塔等合建。通过合建减少必要的附属建筑对城市景观带来的影响,同时通过具体的设计思考,探讨或研究融合城市背景的脉络结构,从而让此类建筑在满足功能要求的同时,给城市景观增添新的风采。

④尽量弱化体量的原则。对于没有条件与周边建筑合建的风亭,在满足使用功能的基础上应尽量弱化体量,以减少对城市景观的影响。

### 2. 无障碍电梯

无障碍电梯设计在满足功能要求的同时,应尽量从形式及导向等方面去优化,从而把人性化设计落到实处。图3.16为苏州轨道交通1号线中央公园站的无障碍电梯设计,外形通过运用玻璃与钢构件等现代材料,在赋予乐趣的同时,也与周边的环境很好地融合在一起。

图 3.16 苏州轨道交通 1 号线中央公园站的无障碍电梯

### 3. 地面附属建筑设计总结——以苏州轨道交通 1 号线为例

(1)地面附属建筑常用材料。

地面附属建筑的设计会因地域或其他因素,以及所用材料不同而各不相同。

①出入口。苏州轨道交通1号线出入口根据线路跨越不同的城市区域而分为两种风格进行设计定位。其中古城区内为古典风格,在出入口外侧加入带有典型地域特色的花窗样式。古城区外的造型设计以现代风格为主,采用钢化玻璃、不锈钢等现代材料进行诠释。

②风亭与冷却塔。低风亭设计主要以弱化体量,充分与周边环境融合为原则,对于个别较为突出的个体则根据现场情况通过艺术手法处理,将其做成建筑小品等。城市外围的风亭则多以绿篱围合进行设计。高风亭的设计以弱化体量为主,多采用玻璃及灰色铝板,部分站点结合广告等特殊形式,与周边环境相融合。材料大多采用铝板、格栅、铝百叶等。冷却塔的设计以融入周边环境为主要原则,采用简单的装饰,如玻璃材料及格栅结合剪影等。

③无障碍电梯。无障碍电梯分为单体式和结合四小件(冷却塔、风亭、无障碍电梯和出入口)整合式两种,造型多根据周边环境进行设计,多采用玻璃、不锈钢构架及铝板等材料。

(2)设计及选材中应注意的主要问题。

针对地面附属建筑的设计,通过对已运营的苏州轨道交通1号线进行现场调研,发现低风亭的设计在材料的运用及维护上存在诸多问题,如低风亭顶部所采用的单层不锈钢丝网容易损坏、易出现高空抛物坠落、安全措施不足等。

针对这些问题,结合其他城市的设计经验,对后期线路的设计进行了优化:在满足通风率大于80%的前提下,加高绿篱设计的高度,防止行人通过;双层加固,防止较重物体坠落;重新调整不锈钢网目的尺寸,防止高空抛物坠落。

**4. 地铁车站的地面附属建筑设计案例**

(1)案例一:苏州轨道交通4号线地面附属建筑设计。

①苏州轨道交通4号线地面附属建筑总体设计定位。苏州轨道交通4号线地面附属建筑的设计,在造型上延续1号线的部分元素,不仅能满足基本的功能需求,也易于识别。根据4号线的特色和站点周边环境,结合4号线内部空间环境的设计元素,在延续风格的基础上,创造出更加富有艺术韵味的城市小品。

a.满足功能。地面附属建筑的设计首先应满足功能的总体性需求。

a.易于识别。把无障碍电梯、出入口、风亭、冷却塔的设计相统一,便于识别。

c.便于生产和安装。选用尺寸模数相对统一的材料,如玻璃、石材、烤瓷铝板等,生产模数化,便于安装与后期维护。

②地面附属建筑方案。

a.出入口。造型延续1号线出入口的主体造型,顶面采用双层曲线造型的白色和灰色铝板叠在一起,犹如层层浪花,纯净轻盈,呼应苏州城市自然山水的活力。顶面设计了镂空的挂板。墙面采用玻璃和铝板的组合,虚实结合,组成了花窗的造型。整个出入口的设计较为简洁,从苏州本土环境进行考量,尊重地方性,与周边建筑和谐呼应。

b.无障碍电梯。无障碍电梯主体墙面采用白色背漆玻璃,显得挺拔而又具有线条感,外面采用花窗造型的铝板作为搭配。电梯正面为浅色石材搭配不锈钢,整个设计以白色为主,充满活力而又不乏本土元素韵味。

c.风亭、冷却塔。风亭和冷却塔以铝板和浅灰色石材为主要材料,主体墙面采用富有韵味的书法或诗词,把当地的人文元素融入其中,既体现了建筑小品的韵味,也增强了线路的可识别性。

(2)案例二:苏州轨道交通2号线月亮湾站地面附属建筑设计。

①月亮湾站设计阐述。设计条件:月亮湾站位于星湖街与创苑路交叉的十字路口,沿创苑路东西向布置。在车站东北侧沿星湖街东侧有一条小河与创苑路北侧的小河交汇;东南侧主要建筑物为苏州生物纳米科技园;东北侧为苏州国际科技园;西南侧为月亮湾集中供冷中心;西北侧规划为苏州日报集团。月亮湾站为地下两层岛式站台。站台与站厅中央为两层共享。共布置7个出入口,2组低风亭,1座冷却塔。

②月亮湾站出入口设计方案。月亮湾是一片湖,一处景,一座繁华街区,曾经是白鹭聚集的地方,如今,良好的区域开发,使这里仍然是白鹭的家园。月亮湾周边科教创新区、纳米科技园赋予了这片区域浓郁的书香气息和科技氛围。

a.出入口。出入口设计理念便是对这种氛围的延伸,除了赋予它科技的地域特色之外,在整体造型上也与1号线出入口相呼应,保证了整体线网出入口的识别性。

b.风亭和冷却塔。风亭和冷却塔位于月亮湾集中供冷中心正北面绿化带中,故采用"绿叶"符号图案连续包裹装饰建筑物,与环境融为一体,最大限度地减弱视觉污染。

(3)总结。

地铁车站建筑集当代科技与建筑艺术于一体,反映了城市建筑艺术成就。从城市外部效应来看,也影响着城市的空间。在进行车站建筑设计时,空间营造应超越功能的束缚,着眼于和外部景观的交流与对话。地铁车站地面附属建筑的布置形式具有多样性和灵活性的特征。应根据不同城市、不同线路、不同站点各自不同的特点,结合车站周边环境条件,经多方案的比较,提出经济、合理、可行的建筑布置形式,并站在更高的高度来研究、规划,使地铁车站的附属建筑以更为开放的姿态积极融于城市公共空间之中。

## 3.4 地铁车站建筑综合体空间设计

### 3.4.1 外部空间设计

建筑的外部空间是建筑和城市交融的媒介,同时也是建筑空间向城市空间的一个过渡。良好的外部空间设计,不仅是对城市空间的完善和优化,还可以为公众创造一个有吸引力的场所,增加综合体的人气,对这商业活动的开展是很有利的。地铁车站建筑综合体的外部空间设计具有重要的意义。

**1. 外部空间构成要素**

(1)广场。

①广场的作用。在如今的地铁车站建筑综合体中,广场越来越多地被用来组织建筑群体。广场是地铁车站建筑综合体外部空间最重要的组成部分之一,同时也属于城市空间的节点。广场对于综合体和城市都有很大的好处。对于综合体本身来说,广场可以起到以下几个方面的作用。

a. 休闲交往。地铁车站建筑综合体中的广场,虽然产权属于开发商,但是还是作为城市的公共空间而存在,像城市其他的市民广场一样,可以供公众休息、交往或者进行其他室外活动。在日益拥挤的城市,这样环境良好的供市民休闲交往的广场是难能可贵的。

b. 人流集散。地铁车站建筑综合体具有巨大的规模和多样的功能系统,容纳了大量的人流,以及各种机动车辆等。巨大的交通流量给综合体及城市交通都带来较大压力,尤其是在上下班高峰期。而广场对于综合体中的人、车流疏散有很大帮助,而且也有利于缓解城市交通的压力。

c. 视觉缓冲。地铁车站建筑综合体拥有大尺度的建筑体量,多以高层甚至超高层形式出现,造成空间狭小压抑之感。通过设置广场可以拉大建筑间距,缓解超常建筑尺度带来的压抑感,改善公共空间。

在城市层面上,地铁车站建筑综合体的广场是城市空间的一部分,起到延续城市空间、沟通建筑与城市的作用,而且在一定程度上强化了场所精神,镌刻了城市记忆。

②广场的形式。广场是地铁车站建筑综合体中最常用的组织建筑群的手段之一,也是外部空间的核心节点,承担着转换交通和聚集人流的功能。广场和地铁车站建筑综合体建筑群的关系有几种:围合交融型、半围合开放型、空间引导型、站前广场型(图3.17)。

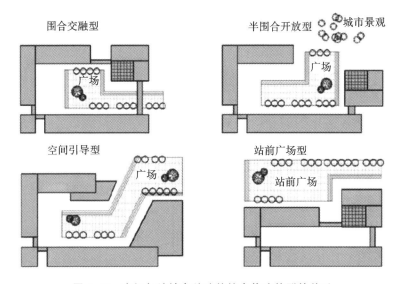

图3.17 广场与地铁车站建筑综合体建筑群的关系

(2)街道。

街道在城市生活中具有很重要的地位,是人们生活的重要载体,传统街道空间尺度宜人,是人们开展公共活动和交往的重要场所,深受人们喜爱。街道空间由两侧的建筑来限定。与地铁车站建筑综合体相关的街道形式有两种,一种是综合体与城市其他建筑之间形成的街道;另一种是综合体内部各建筑之间形成的街道,例如商业街等。前者属于城市公共空间,后者则属于综合体的外部空间。

在地铁车站建筑综合体中,很多商业活动都在街道空间中进行,街道空间的质量对人们的感受影响很大,同时对外部空间环境的影响也是很显著的。芦原义信在其《外部空间环境设计》一书中论述到,街道空间的高($H$)宽($D$)比是影响其空间感受的重要因素。当$D:H<1$时,人有一种既内聚、安定而又不会压抑的感受;当$D:H=1$时,仍会有内聚的感受;当$D:H\geqslant1$时,则会有较为明

显的离散、排斥感。

在实际案例中,设计师在尊重这些理论的基础上,也要根据实际情况,对建筑及周边环境结合人们的切身感受来进行分析,对空间尺度等反复推敲,真正做到以人为本,创造出舒适宜人的空间环境。

(3) 界面。

在当今的城市中,经常可以看到大规模的综合体建筑。它们体量巨大,形式极具压迫感,而且在城市界面上,往往是整面的玻璃幕墙或其他材质的墙体,显得比较冷漠,无法让人产生亲近感。也许这样的设计在建筑空间的利用上效率较高,能为开发商带来较大的经济效益。但是,从城市空间环境角度来看,这样的界面是没有人情味的,无法对公众产生吸引力,这在建筑设计中应当引起注意。

美国规划学者凯文·林奇在《城市意象》中将人们对城市的印象归纳为5种元素:道路、边界、区域、节点、地标。其中,边界是把两个地方分隔开的屏障,其应当是具有人情味的,并且可以和公共空间组合成城市意象。边界,可以称为边沿,是把两个地方分隔开的屏障,反过来说,也是连接两个地方的接合部。在城市中,能形成边界的元素很多,自然环境中的山川河岳,人工的高楼大厦、公园等都可以形成边界。边界既可以从远处观看也可以让人们接近。鲜明的边界可以有效提高图像的形象,而柔和的边界更易于吸引人们的接近。

在地铁车站建筑综合体设计中,应该有效地利用空间,同时不能忽视界面的处理。良好的界面处理,应当是有人情味的,可以和公共空间和谐相处,共同创造出人们乐意停留的休闲场所。这样的界面能够产生积极的效果,对公众充满吸引力。而且,丰富的界面可以形成更好的建筑形象,产生视觉焦点,增强其在人们脑海中的印象,同时也能创造出人群活动的集聚点,更易聚集人气,形成良好的商业氛围,从而提升效益。

## 2. 外部空间组织原则

(1) 整体性。

地铁车站建筑综合体的外部空间将建筑和城市联系起来,形成一个有机整体。外部空间是建筑密不可分的组成部分,同时也是城市公共空间的重要组成部分,是城市中的重要步行空间。步行空间作为城市中最富有活力的开敞空间之一,已成为现代城市设计中的构成要素。在外部空间的设计上,不能孤立地进行,而应该将建筑、城市和外部空间这三者联系起来,作为一个整体来考虑。

整体性不仅是形式美学上的一个重要原则,对于外部空间关系的处理来说,也是一个很有用的指导原则。如果建筑都能成为"城市的建筑",而不仅仅是注重自己的经济效益和独善其身的"建筑的建筑",那么其外部空间也能够融入城市空间,与城市空间形成有机的整体。外部空间还能部分地反映城市空间的一些特性,例如城市空间结构,包括公共空间尺度、景观视廊等。

(2)人性化。

建筑的设计者是人,最终也是为人所用,服务于人,所以,人的需求是主导建筑设计的最重要的因素。如果脱离对人的需求的满足,设计就会偏离正轨,所以,人性化这一准则是评判设计的永恒原则。如同李砚祖的观点,什么是好的设计?处于技术水平、市场需要、美学趣味等条件不断变化的今天,很难有永恒的判断标准。但有一点是不变的,那就是设计中对人的全心关注,把人的价值放在首位。

虽然地铁车站建筑综合体和城市空间的联系渐趋立体化和多样化,增强了它的可达性,但是与城市空间之间联系的无障碍设施的缺乏仍是制约人们使用的一个因素。现代大都市中,汽车数量的飞速增长导致街道空间中人行部分逐渐萎缩,曾经亲切宜人的步行空间被割裂。钢筋混凝土森林让人们觉得冷漠,狭窄巨大的尺度让人觉得压抑。缺乏质感、没有装饰的建筑表面冷漠而呆板,为追求效率而平面化、直接化的城市面貌呆板又无趣。所有这些都对城市的宜居性造成了破坏,城市的场所精神也逐渐消失。现在这些现象已经引起了重视,现代城市设计开始关注人的需求,对于城市和建筑,通过精心设计立面,仔细推敲材质、细部、装饰等,以给人们重新带来亲切感。街道空间设计也不再以汽车交通为唯一的考虑因素,而是重新重视步行空间。所有这些都明确显示出,人的需求永远是建筑设计首要考虑的因素。人性化是外部空间设计中永恒的准则。

## 3. 外部空间设计要点

(1)遵循城市设计的方法,顺应城市街道的美学规律。

地铁车站建筑综合体的外部空间作为城市公共空间的一部分,理应与城市空间协调一致。其街道空间应该收放有序,尺度、材质、节点空间的设置都应该遵循人的审美心理。广场空间在尺度上要和谐,应该与城市、建筑和人这三者的尺度相协调。

(2)提供必要的服务设施和停车场地。

地铁车站建筑综合体往往规模庞大,功能众多,建筑群形式复杂,空间也丰富多样。在这样的环境中,出于人性化的考虑,多样化的服务设施必不可少,例如标识系统、公厕、休息设施、查询系统等。丰富而又清晰的标识系统不可或缺,一方面给人们指引方向,使人们迅速找到目标场所;另一方面也是综合体服务质量的重要表现,清晰明了的指示牌让人们的体验更舒适、顺畅,无形中提升了综合体在消费者心中的满意度,而综合体的成功经营是需要足够的消费者来支撑的。对于以步行为主的空间,适当的休息设施也是必需的,既缓解人们的疲劳感,又会延长他们在综合体中的停留时间,而这可以转化成为经济效益。现今,众多的家庭已经拥有小汽车,综合体巨大的人流和物流带来了巨大的车流,这是综合体必须面对的问题。提供足够的停车位是综合体成功的关键。停车场地的设置有如下方法。

①利用时间差来实现全时综合利用,根据不同人群的活动特点,综合规划,在不同的时段交叉使用停车场,提高利用率。

②集中式停车,尽量将不同功能的停车场集中设置,保持公共活动空间的完整统一。

③生态停车场,与绿化相结合的生态停车场既能满足停车需求,又不对景观造成大的破坏。

④立体停车,这种停车方式可以有效节约用地,但要注意其位置和体量等,不宜置于重要的形象空间处。

(3)合理组织区内交通。

①步行交通。地铁车站建筑综合体内部的各功能子系统之间的交通联系以步行交通为主。步行体系的合理性直接影响综合体的可达性,不顺畅的流线极易使人们失去参与的兴趣,所以步行交通关系着整个综合体的运营。在进行外部空间设计时,要考虑到人流的运动规律,据以安排空间要素,促进人流流线便捷和顺畅。

②车行交通。地铁车站建筑综合体内的车行交通并不是最主要的交通方式,但却是这个大体量建筑群与外界进行联系的主要方式。车行交通流线一般与步行体系分开设置,围绕综合体外围设置并连通各主要建筑。这样既避免对内部的干扰又与内部有必要的联系。

步行体系、车行体系和停车场三者还要保持便捷的联系,以方便互相之间的转换。这就要求在进行空间组织时,充分考虑这三者之间的关系,预留出必要的空间来予以安排。

## 3.4.2 内部空间设计

**1. 具有代表性的内部空间设计**

(1)门厅。

门厅一般与入口联系在一起,共同组成建筑的入口序列。门厅空间是人踏入建筑内部所经过的第一个空间,它起到迎入人流并进行分配、集散,同时连接室内外空间,衔接内部各方面交通(楼梯、通廊等)且指引方向的作用。它是交通空间转换和集散的枢纽地带。

门厅的布置方式有以下几种。第一,置于平面的重要位置上,使其明显而突出,如位于主要的轴线之上、主立面的中心部位,或位于非中心部位但形式上做特殊处理使其突出等。这种门厅不仅仅有功能作用,同时还有明显的构图作用。第二,形式上做对称或非对称处理。对称的门厅形式多采用轴线的方式来表现空间的导向作用,将楼梯、电梯和自动扶梯等交通空间根据门厅的轴线做对称设计,这种门厅给人严肃庄重的感觉。非对称的门厅空间较为活泼,根据流线来布置交通空间,可使用自由曲线形式,营造景观等,创造一个丰富多彩的门厅空间。第三,门厅外界面分为内凹、外凸和平式三种。空间上可以根据建筑的性格设计为封闭、半封闭和开敞等形式,剖面上可以设计成单层、多层及结合中庭设计等,以获得不同的空间效果和意境。

(2)换乘大厅。

地铁车站建筑综合体的交通换乘功能非常重要。地铁枢纽站涉及多条地铁线路的换乘,而且还可能会与其他交通工具之间进行对接。乘客购票、等候、换乘等活动都在换乘大厅中进行,换乘大厅是展现车站形象和服务质量的窗口。地铁车站的人流大多在换乘大厅中聚集,人流构成较为复杂而且处于动态变化中。如果换乘大厅的设计不合理,各项设施的配置不完善,指示不清楚,就会对换乘效率和换乘舒适性造成不利的影响。

(3)中庭。

中庭是建筑内部带有透明采光顶的内庭,是建筑内部综合多种功能的公共空间,是建筑内部的趣味中心。从罗马时代的中心庭院到如今遍布全球的各种纷繁复杂的中庭,它的空间形态演变经历了一个漫长的过程。现代中庭源于1967年美国建筑师约翰·波特曼在亚特兰大设计的摄政旅馆,其22层高的巨大中庭营造出让人震撼的效果,充满人性的共享空间成为人们使用率极高的公共活动场所,中庭也由此具有新的内涵。在这以后,中庭受到全世界建筑师的欢迎,在各种建筑中运用并取得了很好的效果。

现代建筑的中庭,是一种室内化了的室外空间,其与室外空间的交融,景观的渗透,使得建筑内部空间生动活泼起来。中庭是建筑内部的公共活动场所,它可以为人们提供休息、娱乐、交往的空间,而且可以很方便地设置垂直交通而成为建筑的交通枢纽空间。中庭的引入,使得建筑的各部分垂直功能可以很方便地进行联系。这对于采用竖向功能布局的大型综合体建筑来说,是非常有利的。

综合体的中庭空间,是内部的核心空间之一,其平面形态可以分为两类:集中和线形。在规模较大的综合体建筑中,常常将这两种方式结合起来使用。集中式中庭一般为方形、圆形和不规则形,长宽比较接近,空间具有向心的特征,这类中庭常用于酒店及办公功能的空间组织,气势恢宏,景观丰富。线形中庭的长宽比超过3∶1,具有较强的空间导向作用。这类中庭具有串联各个功能空间的作用,常用于商业、娱乐和餐饮功能空间的组织。线形中庭空间较集中式中庭更能以较少的面积组织较多的功能,尺度常常亲切宜人。

**2. 内部空间设计原则**

建筑的内部空间是使用者接触最多、使用强度最大的。它的空间形式、尺度、色彩、材质等都是能被直接感受到的,它对使用者的影响也是最大的。空间形式是否美观实用、尺度是否适宜、材料是否安全环保、室内色彩是否合理等,都会对使用者造成一定的影响,让他们感觉或舒适或不悦。

(1)门厅的设计原则。

地铁车站建筑综合体中的门厅应根据不同的功能性质进行设计。门厅一般结合建筑的出入口进行设计,要根据综合体的总平面布置和出入口的位置来判断门厅的重要性,并结合特定的功能和建筑规模来确定门厅的大小和形式。

一般来讲,门厅的设计应遵循以下几项原则。首先,门厅应该具有明确的导向作用,交通流线简洁畅通,要避免人流交叉干扰。门厅要与水平和垂直交通有着直接顺畅的联系,使得使用者很容易到达通道、电梯和楼梯等部位。其次,有着适宜的尺度和空间比例。再次,应对顶棚、墙面和地面等部位进行重点装饰,体现建筑的性格,兼顾使用功能和空间意境。最后,应该具有良好的疏散能力,满足疏散的要求。

(2)换乘大厅的设计原则。

①流线顺畅,整体和谐。换乘大厅应在满足使用需求的前提下尽量减少面

积,组织便捷高效的流线,打造流畅开敞的空间,使乘客感觉宽敞、整洁。重视声、光、热等物理环境,运用各种手段创造良好的氛围,使乘客放松心情,减轻在地下空间中的不适感。

②提供多样化的自动服务。应设置如自动扶梯、行李自动传输设备、自动售票机、自动售卖机等,尽可能为乘客提供方便,提高换乘舒适性。

③丰富清晰的指示系统。地铁枢纽站线路多,方向复杂,乘客容易迷失方向。需要设置足够的电子显示屏、指示牌、自助查询设备等,为他们指示方向,提供车次时间之类的信息。

④人性化、人文化。换乘站中乘客构成多样,其中不乏老弱病残人士,所以无障碍设计是必须要考虑的,这也是体现人性化的重要方面。如在大厅用色彩和材质区分不同的空间或者功能,既便于乘客识别又产生丰富的空间效果。另外,在内部装饰方面,可以点缀一些文化题材的装饰,烘托文化氛围。

(3)中庭的设计原则。

不同建筑的中庭的设计原则也不尽相同。如酒店的中庭空间主要作为共享空间存在,一般位于酒店内的公共活动中心区或交通枢纽区。它通常有多种不同的空间要素和设施,是一种综合性且多用途的空间。其设计的重点在于使人们从单调的生活和沉重的工作中解脱出来,营造温馨、轻松及安逸的氛围。再如商业部分的中庭空间是大型商业建筑中不可或缺的空间之一,因为它能够很好并有效地组织流线和交通,这里的中庭通常具有明确的空间中心,成为感受周围商业环境的通视场所,可以缓解大面积的营业厅所带来的空间乏味及视觉疲劳,并具有一定的导向作用。在综合体建筑中,商业部分的中庭设计应该考虑流线的组织、休息空间的设置、多种中庭形式的灵活使用及商业气氛的营造等。但是整体来讲,中庭空间应该注重与人的行为活动相结合来设计功能、尺度及比例,并组织好交通流线。同时还应注意创造舒适的人工环境,并根据需要营造良好的景观。

总之,内部空间要满足人性化和趣味性的要求。在设计中,通过一些巧妙的手法,例如引入自然景观等,塑造多样化的公共空间,消除使用者的疲倦、枯燥乏味之感。同时,仔细推敲尺度、色彩、材质等,以创造功能适用、空间丰富、健康环保的内部空间。

### 3. 内部空间设计手法

(1)公共与私密空间的分区。

人是空间的主角,设计要围绕满足人的需求来进行。人有社会性和私密性两方面的行为心理特征。人有参与公共活动的需要,有交往的需要,又有私密性的需求。所以,就形成了公共性和私密性的活动空间,要根据使用者的需求去合理分区。例如在中庭中,可以采用半围合的手法来创造相对私密的空间。

(2)利用边界效应创造有吸引力的空间。

人潜意识里有对安全感的需求,巨大的空间会让人觉得难以把握,感到不安。相关研究表明,人习惯采用回避的姿态来对待周围环境,即在保证自身安全的前提下去接触和了解环境,在有足够安全感的时候去发现和享受周围的世界。尺度适宜、视野开阔而本身不显眼的空间是人们乐意驻足的。根据这个原理,在中庭空间的边缘处布置茶座会受人们欢迎。这是边界效应作用的结果,空间的边缘让使用者有良好的观察视野,而自身暴露不多,具备安全感。边界是人们喜欢逗留的空间,在设计中可以充分利用。

(3)充分的诱导。

内部空间明晰的诱导设计可以有效地招徕顾客,让顾客保持积极的情绪而愿意在空间中继续停留或行进。为此,可以利用标示物、独特的空间造型、招牌来进行引导,也可以利用具有引导性的铺装设计来指引方向。

(4)绿化的运用。

人都有向往自然的心理,在相对封闭的室内空间中,触目满是人工产物,时间长了人们会感觉枯燥烦闷。绿色植物的引入会带来具有自然特色的景观感受,有效改善视觉疲劳,大大缓解使用者的枯燥感。植物还能起到净化室内空气,改善小环境的作用。

### 3.4.3　中介空间设计

中介空间介于室内外空间之间,是联系室内外空间的纽带,也可以称作灰空间及过渡空间,包括廊道、架空层、屋顶花园等。中介空间兼具室内外空间的特点,一方面与外部的自然景观或者城市空间相连,具有一定的开放性;另一方面又是室内空间的延伸,因此具有一定的私密性。相较于室内空间,中介空间能带给人们更多的自然景观、空气和阳光等;相较于室外空间,中介空间又能给人们更多的安全感,而且少受雨淋日晒。中介空间是一种有效的建筑处理手段。在地铁车站建筑综合体中,可以利用中介空间来与城市公共空间进行沟通,中介空间内聚性的特点可为人们提供聚集的场所,这也是吸引人流的一个好方法。

## 1. 具有代表性的中介空间

(1)出入口。

出入口是室内外空间的转换地带,是中介空间的重要组成部分。地铁车站建筑综合体有着巨大的人流和物流,出入口结合中介空间进行处理,能够较好地组织交通流线。地铁车站建筑综合体出入口结合中介空间进行处理的方法有多种,例如岭南建筑中标志性的骑楼,现在已经被广泛运用于商业建筑,给人们带来相对舒适的购物环境,而且对于人流组织也是很有好处的。再如,当建筑入口位于街道转角而两面临街时,可以将建筑底层或下部几层凹进,然后通过柱廊等形成诱导性入口空间。另外,出入口是地铁车站建筑综合体与城市衔接的重要景观节点,是综合体外部形象的视觉焦点所在,具有视觉冲击力的入口设计可以给人留下深刻的印象。

(2)屋顶花园。

屋顶花园的出现,充分利用了建筑空间,极大地改善了建筑的内部小环境,而且还为城市增加了绿地面积。绿色植物的引入,打破了以往钢筋混凝土屋面冰冷的感觉,增加了人们接触自然的机会,弥补了地铁车站建筑综合体因为土地集约利用而导致的自然环境的缺失,极大提升了建筑品质。

屋顶花园也有多种不同的分类,根据其所起的作用,可以分为景观性屋顶花园和功能性屋顶花园。景观性屋顶花园只是单纯作为改善区域内生态环境的景观,而不具备其他功能。功能性屋顶花园则是可供人们开展休息、娱乐、交往等活动的公共场所。日本的难波公园是屋顶花园成功与建筑结合的典范之作,远看就像是城市中的一个绿色小山丘。层层退台的屋顶很自然地将街区和八层的屋顶连成一个整体,人们在闲逛时不经意间就可以到达屋顶,具有良好的可达性。景观性屋顶花园应重点考虑其作为"被观赏者"的定位,因为没有公众进入,没有功能要求,这种屋顶花园的植物选配相对简单。地铁车站建筑综合体中,有高层建筑也有低层建筑,从高层建筑可以俯瞰低层建筑的屋顶,这些低层建筑的屋顶稍加利用则可以成为高层建筑的景观。

(3)连廊及架空层等。

连廊一般指两栋或多栋建筑之间相互连接的架空连接体,可以满足建筑外观或者使用功能的要求。连廊可以沿建筑物竖向或者横向布置一个或多个。连廊因为开敞面采光效果优越,并且视野非常开阔,可以用作观光走廊或休闲区域等。另外,连廊的设置使建筑外观更具特色。

一般意义上的架空空间,是指将建筑底层的围合物如墙体、门窗等去掉,以得到一个开敞、通透的空间,但是还是有顶盖存在。这类空间一般不具备具体的建筑功能,而常作为一种提升建筑品质或是改善环境景观条件的手段。通常情况下,建筑师会充分利用这样的空间,引入景观绿化以及休闲设施等,作为人们的公共活动场所。架空空间最大的特点在于其界定但不限定空间。福建等地民居的骑楼是一个很具代表性的例子,公共外廊是室内外空间的过渡空间,人们可以在这里进行多种活动。在商业建筑中,骑楼为商家提供了可以吸引顾客驻足的"店外门厅",为顾客提供了一个免受雨淋日晒、隔开车辆影响的流动空间,很受公众欢迎。因此,骑楼这种中介空间一直沿用至今,并被广泛运用在现代商业建筑中。

**2. 中介空间设计原则**

中介空间在地铁车站建筑综合体中起着重要的作用,它有利于内外空间的组织和穿插,是形成综合体空间结构和层次的主要空间,能将综合体的各部分很好地联系在一起。其尺度要根据综合体建筑的规模而定,综合体的规模越大,所需要的中介空间也越多。

中介空间的设计原则有以下几个。

连接各部分功能空间,组织外部的交通,通过不同形式的中介空间的组合,创造出丰富多维的空间体验及视觉效果。

通过适宜的尺度和空间形态,创造出人性化的空间体验。如外部空间的尺度应考虑与周边建筑及城市之间的关系,同时可以融入古典园林的创作手法。中介空间的设计应考虑空间使用的多种可能性,同时注意协调其连接空间的各部分之间的关系,在设计中以一种开放的态度去对待和利用中介空间的功能元素。

中介空间的环境设计,要营造一定的文化氛围。以文化为主题进行环境氛围的营造,是中介空间环境设计的有效方法。文化主题的营造容易给人们留下深刻的印象,引起人们的共鸣。可以对历史意象符号及空间进行抽象,将其运用到装饰物、外部造型和空间形态之中,同时通过对特定场景的模仿来营造一定的环境氛围。

**3. 中介空间设计手法**

中介空间在地铁车站建筑综合体中具有重要作用,合理的设计可以有效提升整体的形象。中介空间设计手法有如下几种。

(1)柔化边界。

中介空间是建筑和城市公共空间交接的边缘,传统的建筑空间是以硬质的墙来进行界定,过渡生硬,而且给人冰冷、不易接近的感觉。为创造丰富的、具有吸引力的中介空间,我们可以运用多样化的手段,充分利用建筑的各种边角空间来为人们服务。例如,运用垂直绿化、层层退台等手法来对边界进行柔化,易于人们接近。

(2)营造静态空间。

在地铁车站建筑综合体中,人在大多数时间里处于活动状态,例如逛商场购物。但是人是有生理限制的,不可能一直运动,需要一定的休息。研究表明,一般人行走 30 min 会感到疲劳,对老人和小孩,这一时间则会缩短至 20 min,随着时间的增加疲劳感会更强烈。所以,出于人的生理需求考虑,需要设置一定的静态空间。另外,人有交往的需求,还有"看"与"被看"的需求,在中介空间中,也需要设置适当的静态空间来满足人们的心理需求。

(3)充分利用中介空间来服务主体功能。

中介空间虽然不能像室内空间那样用作多种用途,但是如果运用得当,也可以产生很大的作用,为主体功能提供支持。例如,可以利用架空层来存放自行车,或者设置休闲娱乐设施,避免室外空间受天气影响。还可以利用连廊两侧空间设置小型店铺,既削弱单纯交通空间的枯燥感,还能产生一定的经济效益。

## 3.5 地铁车站结构设计

### 3.5.1 基坑支护设计

在对建筑物的地下结构部分开展施工时所进行的基坑开挖、工程降水和基坑支护等统称为基坑工程。工程施工时,也需同步对其周围的建筑物与道路还有地下管线开展监测与围护,以此来保证正常及安全施工,因此基坑工程是一项综合性的工程。

我国经济水平逐步提升,随之而来的是不断提高的人民生活水平及不断增加的人口密度。因此,修建了许多为了满足人们出行需求的道路、桥梁及一些其他的附属设施。但是目前有些城市地表空间的开发已不能满足人们的需求,使得高空与地下空间的规划和利用对人们来说越来越重要,各大城市为了满足人们的日常出行需要,已经建成或开始建设地下铁路、轨道等相关设施,此类项目的数量与规模与日俱增。在地铁工程建设的过程中,比如在车站深基坑工程施工及监测当中,也出现了许多的问题,因此对车站基坑工程的安全性、稳定性等要求较高。与此同时,工程对邻近建筑物及地下管线等造成的影响也不能忽视。

为了能够及时采取措施来应对各种可能产生的情况,需要在基坑施工过程中对基坑支护体系与地表变形进行实时监测。在地铁车站的基坑工程施工时,对支护体系的受力与变形情况及相应施工阶段的地表位移进行监测、研究是极其重要的。

目前来看,虽然深基坑工程设计及施工技术越来越成熟,但还是需要进一步完善。一般情况下,深基坑工程包含下列方面:设计与施工、土方的开挖、控制地下水、工程监测及对周边环境进行保护等。深基坑工程涉及诸多学科,如土力学、弹性力学、结构力学、基础工程、地质勘探等,表现出很高的技术和水平。此外,由于深基坑工程中存在众多的不确定与模糊性因素,所以需要进行具体分析,并且需要在实践中解决问题。随着设计与施工技术愈加成熟,许多伴随出现的新特征也在深基坑工程中展现。如深基坑支护,一般情况下它是临时存在的,但是整个建筑物的安全、工期和费用与之息息相关。深基坑工程在不断发展,应合理选择支护结构方案并对其进行优化设计。

### 1. 深基坑概述

(1)深基坑的定义。

深基坑工程大体可分成如下两种:第一种是开挖基坑的深度超过 5 m 或地下结构达三层及以上;第二种是其开挖深度不够大,但它的地质条件与周围环境相对比较复杂。

基坑工程是一项系统工程,它具有很强的综合性,大致分为两部分,分别为支护体系设计、施工与土方开挖。由于其要求较高,因此岩土、结构工程的技术人员在参与基坑工程的时候需进行密切的配合。通常,基坑支护作为临时的结构工程在地下工程的施工过程中起到保证结构安全、稳定的作用。

(2)深基坑研究现状。

基坑开挖既是修建基础与地下工程过程中长期存在的一个传统课题,也是在岩土工程中存在的一个综合难题,它包含了如下几种问题,例如强度与稳定问题、变形问题,以及基坑周围土体和支护结构在施工过程中协同作用的问题。随着相关理论、数据分析、仪器精度还有施工器械与技术的不断进步,人们对存在于基坑工程中的问题的认识还有解决相关问题的方法也在逐步完善。不单单是在理论方面,在实践中,基坑开挖和支护技术都进步了许多。

在 20 世纪 40 年代,太沙基和佩克及其他相关学者已研究出相应的基坑计算方法,包括预估挖方稳定程度和支撑荷载大小的总应力法,该理论后被多次修正及改进并被人们一直沿用到今天。20 世纪 50 年代,分析深基坑底板隆起的方法由比耶鲁姆和艾德等人提出。60 年代,一些原始的监测仪器开始被使用于墨西哥城的软黏土深基坑中,并且一二十年之后,基于大量实测得到的资料使预测的结果明显更加准确,相应的指导基坑开挖的规范也随之产生。我国的基坑工程在 20 世纪 70 年代之前相对来说深度较浅,在上海,许多高层、多层建筑的地下室形式按 4 m 深的单层地下室修建。在 70 年代初的北京,20 m 深的地下铁道区间及地铁车站基坑修建完成。20 世纪 80 年代以后,北京、天津、上海、广东及其他地区不断修建深基坑工程,经验也在其中不断积累。

自 20 世纪 90 年代以来,许多在上海修建的大型基坑工程通过在施工中选用合理的施工组织设计,证明满足基坑强度和变形要求的关键工序是将基坑的分块开挖与支撑的及时安装进行有机的结合。由于土体会产生流变并且结构需要一定安装时间,以及主体进行开挖的工序受地层空间因素的影响,它们之间有相应的耦合作用。应对它们的机理进行研究,并采取相应措施,比如理论导向、定量量测、经验判断、精心施工等。刘建航和侯学渊对应地总结出了一套被称为"时空效应"的理论及相应措施,也得出一系列相应的施工参数,这对现场施工产生了指导作用。通过采取上述措施,经济与社会效益均取得了明显的提高。

基坑工程是一项规模庞大的系统工程,诸如岩土力学、结构力学、材料力学,以及工程地质学,还有其他众多学科及领域,都在基坑工程中有所涉及,伴随的还有许多设计、施工、科研等多方面人员的共同努力。国内外目前的设计计算理论基本相差不多,为了辅助相应的计算,也开发了许多计算软件,但在施工方面体现出了较大的差距,一个原因是相关规范不够统一,另一个原因是施工机具与施工工艺等不同。

安全与经济效益是在基坑工程支护方案选取过程中需要考虑的主要因素。在深基坑开挖的同时,土体有可能会产生相应的位移,这样就会危害周围构筑物、管线并使其产生变形。针对上述情况,必须提出相应的预测和防护措施,并且为了保证基坑和周围环境的安全,在施工的过程中需要采取相应的监控量测手段及必需的预防应变的措施。

(3) 我国深基坑工程的特点。

目前,我国深基坑工程在设计和施工过程中,呈现出以下特点。

①不同区域的地质条件之间具有较大差异。现场地质与水文地质条件对基坑开挖的影响比较明显。在不同的地质条件下进行施工,例如软土、砂土、淤泥等,基坑工程中使用的支护形式有较大的差异。另外一个重要的影响因素就是地下水位的高度。

②由于深基坑支护为施工过程中的临时支护,因此其有着较大的风险。相对于其他支护结构而言,设计标准中对施工中的临时支护结构的安全性要求较低,支护结构的安全储备相对较小,风险大,所以从勘查阶段到工程完工的每个环节,要求更为严格。

③基坑周围环境复杂,随着经济的发展和城市的不断扩张,建筑物高度越来越高,相互之间的间距也逐渐缩小,城市中的建筑物越来越密集,所以基坑工程施工时,经常处于高大建筑物的包围中,或者在某些市政设施周边进行施工。基坑施工时不仅仅要确保自身安全稳定,同时要确保不会影响周边其余建筑物的正常状态。

④在进行基坑施工的时候,采用的支护形式是多种多样的。挡土结构一般可分为挖孔桩、钻孔桩、搅拌桩、地下连续墙等。支撑拉锚结构大致包括钢管支撑、混凝土支撑、型钢支撑、预应力锚杆、预应力锚索、喷锚网支护等。有的工程会综合使用以上支护形式。

⑤基坑工程事故时有发生。这种情况产生的主要原因有下列几种:在结构设计方面,支护形式的确定、计算方法的使用还有对应参数的选取等不合理;在周边土层勘测方面,地质调查报告和实际情况存在较大差距、勘测的钻孔资料没有收集完备等;在施工方面,施工管理不到位、技术不完备等。由于地下工程相较于其他工程较为特殊,从设计到施工各个阶段的技术人员需一起努力才能保证基坑工程顺利实施。

地铁车站深基坑与其他的深基坑之间进行对比,具有如下特点。

①地铁车站深基坑的形状和一般深基坑的形状不同,大体呈长条形,在目前修建完成的地铁工程之中,地铁车站一般设计成双层的地下结构,深度为15~20 m,长度为200~600 m。

②地铁车站深基坑选用的支护结构通常是钻孔灌注桩或者地下连续墙,同时把施工过程中修建的支护结构当作车站基坑主体侧墙的一部分。

③在施工过程中,因为空间和时间效应的存在,开挖方法和施工选用的相关

措施对支护结构变形产生的影响较大。

④通常情况下,地铁车站选址均位于城市中较为繁华的地段,因此在地铁车站修建的时候需保证基坑周围土体变形在规定范围之内,以确保基坑周边建筑物处于安全稳定的状态。

⑤在施工时,为了避免产生较长时间的交通拥堵,在一般情况下地铁车站施工要求工期较短。

**2. 深基坑支护的主要类型**

一般按照基坑工程设计规范,把开挖深度大于 5 m 的基坑称为深基坑,开挖深度小于 5 m 的基坑称为浅基坑。

还有一种常见的工程基槽,一般它与基坑的形状不同。基坑总体的底面积小于 27 $m^2$,且底部较长边的长度小于短边长度的 3 倍;基槽槽底的宽度在 3 m 之内并且长边长度大于短边长度的 3 倍。

由此可按以下两种形式定义深基坑:第一种为基坑的底面积小于 27 $m^2$ 同时底面长边长度小于短边长度的 3 倍,开挖深度大于 5 m;第二种为基坑开挖深度小于 5 m,但现场地质条件和环境,以及周边地下管线情况特别复杂。

通常来说,支护结构包括挡土结构和支撑结构。接下来大致讲解常见的支护形式。

(1)挡土结构形式。

挡土结构相对来说形式较多,一般施工中大致使用如下几种形式:放坡开挖、地下连续墙、钻孔灌注桩、人工挖孔桩、劲性水泥土地下连续墙(soil mixing wall,SMW)、钢板桩、复合土钉墙。

①放坡开挖。

在早期的支护系统中,放坡开挖被采用得最多。在基坑的施工现场,按照设计完成的边坡坡度,采取措施对基坑进行放坡施工,施工较为简单,经济效益最好,不需要增加额外的挡土结构。但其施工所需要的场地面积比较大,因此在城市基坑的施工中已不再适用。可以考虑进行放坡开挖的几种场景如下:施工现场周围的地区人口稀少,或者基坑现场位于离城市较远的区域;基坑的周围存在地质条件满足自然坡度的条件稳定的空地,并且基坑周围较为空旷;施工现场的坡面进行简单处理即可满足施工要求。

监测边坡的稳定性在放坡开挖施工的时候是很重要的环节,尤其是当施工现场位于南方多雨的地区时。

②地下连续墙。

地下连续墙为基坑周围修建的有相应厚度的墙体,它是封闭的并且由混凝土浇筑而成。地下连续墙可作为开挖基坑内部土体及修筑主体结构时的屏障。地下连续墙不但能够在基坑开挖过程中起临时保护作用,而且可变为永久结构的一部分进行使用。

地下连续墙有下列优点。在不同的地层中可选用地下连续墙,其可运用于不同的地层,通过处理,在富含地下水的砂砾层中也可修筑。施工现场与周围建筑物之间的距离要求较小,不会对周围建筑造成不良影响。经实践证明,间距超过 1 m 时,施工就能顺利进行。地下连续墙由混凝土筑成,其刚度整体较大,同时搭配内支撑进行使用时,能够承受比原先更大的侧向压力,因此开挖的基坑深度可以更深。同时在实际施工中,产生的振动和噪声相对较小,一般在城市中选用此种形式的挡土结构。相对于其他形式的挡土结构,地下连续墙的抗渗性能较好。在施工选用逆作法时,首选地下连续墙作为挡土结构,在地下连续墙的作用下,工程可按工期顺利开展。

地下连续墙的缺点大致如下。在地下连续墙施工时,大量的泥浆会随之产生,修筑完成之后,需要对产生的泥浆采取措施进行统一处理。随着地下连续墙的墙体修建得越深,就越难使其保持垂直。地下连续墙施工工序如图 3.18 所示。

③钻孔灌注桩。

钻孔灌注桩是先通过钻孔施工设备在场区土层中钻孔,然后在施工中采用泥浆进行护壁,钻孔形成之后再将钢筋笼下放,最后灌注混凝土至钻孔中形成桩体的一种施工方法。在土层主要为软土的地区,钻孔灌注桩是应用最多的基坑支护形式之一。

钻孔灌注桩有下列优点。相对于其他结构,钻孔灌注桩的刚度要大许多。相对于地下连续墙,钻孔灌注桩修建完成所需的费用要低。实际施工时,投入使用的设备较为简单。钻孔灌注桩的直径和长度是通过设计来确定的。

钻孔灌注桩的缺点如下。相对于地下连续墙,钻孔灌注桩的防水性能较弱。在其施工过程中,产生的泥浆需进行循环,会造成环境污染。

④人工挖孔桩。

人工挖孔桩的桩孔是通过人工进行开挖的,起保护作用的护壁在桩孔开挖过程中同时进行施工,开挖是逐层并且循环进行的,直至开挖到桩底。完成后进行绑扎,接着下放钢筋笼,随之浇筑混凝土,最后形成人工挖孔桩。人工挖孔桩

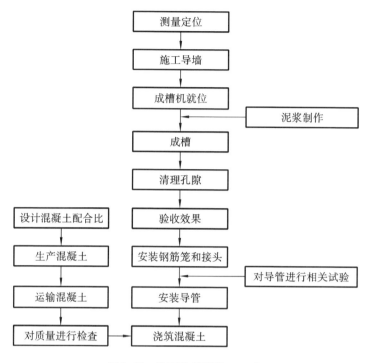

图 3.18 地下连续墙施工工序

是被普遍认可和适用的基坑支护手段,其拥有较好的发展前景。通常可将其截面形式大致分为矩形、圆形、椭圆形等。实际施工中一般选用的截面形式是圆形,在结构受力与防水止水等方面效果比较好的是矩形截面。人工挖孔桩还有梯形等截面形式。

人工挖孔桩有下列优点。其施工所需要的费用相对较为低廉。在施工过程中,所选用的机械设备一般较为简单。在人工挖孔桩施工时,按需增加工作面、增加人工数量即可加快施工进度。在开挖成桩之后,混凝土才进行浇筑,所以人工挖孔桩的质量较好。

人工挖孔桩的缺点如下。在某些地质条件下可能不便施工,例如砂性地层和富含地下水的地层。施工现场的环境主要为井下,工人的操作半径小,不利于施工。工人在施工时的劳动强度相对于其他类型的挡土结构要大许多。施工现场的环境不够安全。

⑤劲性水泥土地下连续墙。

劲性水泥土地下连续墙是把土体利用搅拌设备,在原处进行切割处理,然后把混合水泥及其他材料得到的混合液灌进土体中,并使用设备进行搅拌,形成较为均匀的墙体后,按照一定的形式将型钢插进搅拌桩体之内,最终形成的复合挡土墙结构。该种方法较为新颖,技术水平较高。深6～8 m的基坑,劲性水泥土地下连续墙墙体的厚度一般为650 mm;深度在8 m以上的基坑,其厚度一般为850 mm。在施工中一般采用500 mm×300 mm或700 mm×300 mm的型钢。

劲性水泥土地下连续墙有下列优点。劲性水泥土地下连续墙拥有较好的止水性能,可有效拦截地下水。其构造相对简单,搅拌桩的长度比型钢插入深度要大。劲性水泥土地下连续墙施工简便,工期较短。施工时可重复利用型钢,节省一部分材料费用。

劲性水泥土地下连续墙的缺点如下。型钢进行拔插时会对周围土层产生扰动。需在拔出型钢之后及时进行回填,若回填不及时,则会引起地面较大变形。劲性水泥土地下连续墙施工工序如图3.19所示。

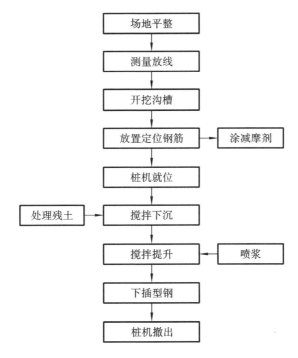

**图3.19 劲性水泥土地下连续墙施工工序**

⑥钢板桩。

钢板桩作为一种基坑支护形式,其发展时间较长,并且应用广泛。钢板桩大致分为 U 型、Z 型、直线型、H 型、冷压薄板型、组合型等。钢板桩是利用相应设备,将带锁口钢板桩锤入土体,使各部分互相连接,可以在基坑的周围闭合,与基坑使用的支撑协同作用,能够抵抗在施工过程中桩身背后产生的水土压力,让基坑内部与外侧保持平衡的状态。一般施工过程中,钢板桩和内支撑型钢或者锚杆等结合起来使用。

钢板桩有下列优点。钢板桩可快速施工。材料可进行重复利用,降低材料费用。

钢板桩的缺点如下。施工前需要购置材料,费用较高。施工时会产生噪声和振动,影响周围环境。钢板桩施工对土体的扰动较大,并且注浆处理过程须与拔桩同时操作。如果处理不及时,基坑周边土层有可能因为施工产生较大的沉降。相对于其他支护形式,钢板桩桩体的刚度较小。锁口会因长期重复利用发生变形,防水效果会降低。

⑦复合土钉墙。

复合土钉墙的技术水平提升较为迅速,特别适合用于地下水位较低的黏性土地层。在基坑的施工过程中,将土钉(钢筋)以较密的排列距离打入基坑的边坡中,且反复在土钉中进行注浆加固,随之将钢筋网按相同的距离分别布置在坡面上,分层喷射混凝土,使边坡土体强度增加,然后基坑四周土体与布置的土钉和喷射的混凝土协同作用,从而形成复合土钉墙。

复合土钉墙有下列优点。开挖的基坑,其侧壁可主动承载,因此产生的变形相对较小。复合土钉墙施工速度快。复合土钉墙相对于其他支护形式,工程造价较低。

复合土钉墙的缺点如下。复合土钉墙在使用过程中受到基坑深度限制。施工时,开挖的壁顶变形较大。

复合土钉墙可与其他挡土结构结合起来施工,例如在开挖基坑的上部采用复合土钉墙,下部的挡土结构可选用桩墙类,各自都可以发挥自身优势,取得较好的经济与支护效果。

(2)支撑结构形式。

①依据作用原理进行分类。

支撑的结构形式按支撑作用原理大致分成两种,包括内支撑和外支撑。

内支撑的所有受力构件都处于基坑的内部,受力构件不会侵入坑外的空间,主要承受相应的压力。施工中一般选用的内支撑形式大致分为钢管支撑、型钢支撑、钢筋混凝土支撑等。

外支撑在基坑外侧受力,构件主要处于受拉状态,坑外的土体是与外支撑协同发挥作用的,这样可承受所施加的荷载,同时让基坑的内外保持平衡。通常选用的外支撑形式包含锚杆、锚索等。

②依据支撑的材料进行分类。

支撑按照材料分类,包含下列几种:钢管、型钢及钢筋混凝土;钢筋、锚索;混合支撑等其他材料。

钢管支撑所具有的优点如下:施工较为方便,施工工期短,可反复使用,损耗小,并能够施加通过设计得出的预应力,可以控制基坑的变形,使其保持在规定的范围以内。钢管支撑也具有一些缺点,主要是它的刚度相对于其他支护形式来说比较小。

型钢支撑包括槽钢支撑、工字钢支撑等,它的优点如下:可把型钢的截面依据基坑在施工过程中承受荷载的情况制作成符合实际的样式;能够充分利用选取的材料;同时型钢支撑之间的连接较为简单方便。

钢筋混凝土支撑所具有的优点如下:其能够通过参照基坑的形状来进行灵活的设置,并且它的刚度较其他支护形式来说更大。缺点是:相对于其他支护形式,钢筋混凝土支撑需要较长的时间才能够制作完成;钢筋混凝土支撑需要经过养护才能具有相应的强度,因此它需要经过一段时间之后才能够发挥作用;拆除任务会比较繁重;对材料进行再利用时会有大量浪费。

钢筋锚杆、锚索所具有的优点:可不按基坑的形状进行施工。

混合支撑的优点:上述几种支撑形式在实际施工中综合使用,能发挥各自的优势,效果很好。

③按支撑的平面布置方式分类。

按支撑的平面布置方式,可将其大致分为角撑、对撑、斜撑、圆环支撑、边梁支撑等。角撑、对撑常使用钢材或钢筋混凝土制作。边梁支撑可选取钢支撑或者钢筋混凝土支撑。可综合利用各种形式的支撑。

### 3. 基坑支护设计计算方法

支护设计时计算的方法一般情况下包含以下 3 种:静力平衡法、弹性抗力法、有限元法。在支护设计时,先选择支护结构的形式,然后按一定方法建立计算模型,最后选用合适的计算方法对其进行相关计算及设计。

(1)静力平衡法。

静力平衡法较常用,其计算比较简易,如图 3.20 所示。它不计算挡土结构自身产生的变形,同时假定土压力已经达到极限状态。静力平衡法简化模型比较充分,它能够简化超静定模型为静定模型然后再求解。静力平衡法大致包括1/2分割法、刚性支点连续梁法及等值梁法。因为静力平衡法计算时不考虑结构自身产生的应变,所以它的缺陷也很明显,即计算不出墙体产生的相应水平位移。

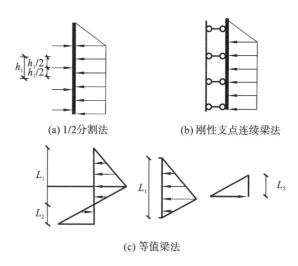

图 3.20 静力平衡法示意

(2)弹性抗力法。

目前,在实际施工中,弹性抗力法在计算结构变形及内力的时候使用得较为普遍,它不仅弥补了静力平衡法使用中存在的不足之处,同时改进了计算挡土墙内侧的被动土压力中存在的一些缺陷。若计算结构变形时,一直选取静力平衡法,结果通常不会准确,有可能存在计算得出的结果可以满足设计要求,却在施工中无法保证符合标准,所以不能够准确地在理论方面说明支护结构在一般情况下的工作状态。由于以上原因,静力平衡法无论是在适用性还是在计算的结果方面都有些许制约。科学技术在不断进步,计算机技术水平也在日益提升,得以让计算机能够在不同种类的层面加以使用,在进行内力计算时,可以发散至空间层面上,使相应的计算方法得到进一步的完善。

挡土墙在产生相应位移的时候,有一个限定值与大致范围,原先的计算方法是把支护结构模拟成竖向弹性地基梁来考虑问题(图 3.21),但基坑坑内的土体并非完全处于被动状态。实际上,基坑坑内土体的土压力依旧处于弹性阶段,将等效土体水平抗力系数经时空效应考量之后再进行选取,主动土压力可考虑为水平方向存在的荷载,这时选取弹性抗力系数来进行水平支撑的模拟,从其本质来说,计算时使用的还是弹性抗力法。

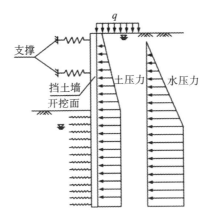

图 3.21　竖向弹性地基梁法

弹性地基梁可定义为被布置在弹性较大的地基之上并且梁上的各点接触特别紧密的一种梁。弹性地基梁最大的特征为把结构上部承受的荷载均匀地扩散于地基之中,它具有很大的承载力,变形小,而且刚度得到了相应提升,从而使得内力降低。弹性地基梁法能够同时对反力和基础一起作用的过程进行分析。弹性地基梁法有完善的计算理论,弹性地基梁是一种超静定梁,采取弹性地基梁法可以在基础和地基内力分布的计算中得出较为准确的结果。当基础和地基一起产生作用时,需明白地基和它的沉降在荷载作用下是何种关系。在基坑支护相关规范中,使用此方法可得如下微分方程。

取长度为 $b_0$ 的围护结构作为分析对象,列出弹性地基梁的变形微分方程如下。

① 在基坑面上部:

$$EI \frac{d_y^4}{d_z^4} - e_a(z) = 0 \ (0 \leqslant z \leqslant h_0) \tag{3.5}$$

② 在基坑面下部:

$$EI \frac{d_y^4}{d_z^4} + mb_0(z - h_0)y - e_a(z) = 0 \ (z \geqslant h_0) \tag{3.6}$$

式(3.5)、式(3.6)中,EI 为围护结构的抗弯刚度,kN·m²;$y$ 为围护结构的侧向位移,m;$z$ 为深度,m;$e_a(z)$ 为 $z$ 深度处的主动土压力,kPa;$m$ 为地基土水平抗力比例系数;$h_0$ 为第 $n$ 步的开挖深度,m。

(3)有限元法。

有限元法使用计算机进行计算和分析,较为迅速地在各个领域得到普及,目前是全球最为先进并且准确的一种计算分析方法。通过使用计算机,将实际的工程项目模拟出来,可直接地表现工程项目的各种情况,是一种贴合实际的计算方法。有限元法基本上可以解决一般计算方法容易出现的问题,不会出现一些常见的缺陷。利用计算机分析,准确建立计算模型与选取计算参数,能够较为准确地模拟结构。有限元法可以将各种复杂因素添加至计算中,把支护结构与基坑视作脱离状态,可以更加准确地得出位移之间及力之间的各种关系,得出所需要的单元的各项力学特征,接着由平衡条件与边界条件把之前拆分的各部分进行整合,最终建立有限元方程,从而得出基坑设计中需使用的各项参数。

有限元法也有缺陷,人们需在接下来的探索中,摸索出准确的定义安全系数的方法,使确立的系数与实际的设计、施工能够完全符合。如果科研人员在这些问题上能够取得进步,那么有限元法将不仅仅是辅助计算的工具,而且是便捷、有效的设计计算方法。综上所述,为了使有限元法能够更好地得以运用,需要在今后对其不断地进行改进与探索。

### 4. 基坑支护设计原则

基坑支护设计原则如下。
(1)设计的结果需安全且可以正常使用。
(2)根据支护的定位及施工场区周围的地质条件等,可以确定支护的结构形式等。
(3)设计需保证符合深基坑设计、施工方面的规范、法律等。
(4)最终投入施工现场使用的支护结构需能够为后续施工提供保障。

### 5. 深基坑支护方案优选理论

(1)结构选型时需考虑到的因素。
当进行深基坑支护方案选取的时候,需从以下方面来综合考量。
①施工现场的工程及水文地质条件。
②施工基坑的设计深度。
③基坑的地下结构形式及经设计得出的基坑大小与形状。
④施工现场周边的环境及建筑物可以抵抗基坑对其产生的影响。
⑤需要便于施工。

⑥施工场区气候条件及现场具备的施工条件。

⑦项目投资、施工期限、周边环境保护要求。

(2)深基坑支护方案优选方法。

①多目标决策模糊理论。

在设计和施工过程中,深基坑的支护有很多种类型可供选择,并且每种方案都有各自的优缺点及适用情况。目前的基坑支护设计优化中存在一个十分重要的问题,即如何能够从适合工程的各种方案中将最合理的一种确定出来,且能够保证基坑与周边环境安全稳定,同时能够节省材料费用等且施工的速度较快,能够缩短施工周期。优选基坑的支护结构形式,即初步选定 $n$ 个方案,再按照预计完成方案的目标来选择,由于在这一过程中涉及许多种因素,因而需要在最后汇总确定许多指标,这个过程较为随机,从数学层面进行考虑,也不太清晰。对于实际工程的施工而言,从初步选定的几种方案中确定最符合工程实际的方案极为重要。

②优选模型。

在基坑开挖前,按相关规范可得出 $m$ 个支护结构,并且每一种都有相应可行性。采用 $n$ 个指标作为评判标准对这些方案进行综合评价,能够确立特征值矩阵:

$$\boldsymbol{X} = \begin{bmatrix} x_{11} & x_{12} & \cdots & x_{1n} \\ x_{21} & x_{22} & \cdots & x_{2n} \\ \vdots & \vdots & \vdots & \vdots \\ x_{m1} & x_{m2} & \cdots & x_{mn} \end{bmatrix} = [x_{ij}] \tag{3.7}$$

在式(3.7)中,$x_{ij}$ 是方案 $i$ 相对目标 $j$ 的特征值,$i=1,2,\cdots,m,j=1,2,\cdots,n$。

式(3.8)是越大越优层面目标的相对优属度公式:

$$r_{ij} = \frac{x_{ij}}{\bigvee_i x_{ij} + \bigwedge_i x_{ij}} \tag{3.8}$$

式(3.9)是越小越优层面目标的相对优属度公式:

$$r_{ij} = 1 - \frac{x_{ij}}{\bigvee_i x_{ij} + \bigwedge_i x_{ij}} \tag{3.9}$$

将特征值矩阵通过公式转变成隶属度矩阵 $\boldsymbol{R}$

$$\boldsymbol{R} = \begin{bmatrix} r_{11} & r_{12} & \cdots & r_{1n} \\ r_{21} & r_{22} & \cdots & r_{2n} \\ \vdots & \vdots & \vdots & \vdots \\ r_{m1} & r_{m2} & \cdots & r_{mn} \end{bmatrix} = [r_{ij}] \tag{3.10}$$

在式(3.10)中，$r_{ij}$就是方案$i$之于目标$j$的相对优属度。

如果方案$i$和目标$j$拥有不一样的权重，便得出如下权重矩阵：

$$W = \begin{bmatrix} w_{11} & w_{12} & \cdots & w_{1n} \\ w_{21} & w_{22} & \cdots & w_{2n} \\ \vdots & \vdots & \vdots & \vdots \\ w_{m1} & w_{m2} & \cdots & w_{mn} \end{bmatrix} = [w_{ij}] \qquad (3.11)$$

式中，$w_{ij}$为方案$i$之于目标$j$的权重，方案$i$在任何情况下需满足$\sum_{j=1}^{n} w_{ij} = 1$。

将上述所得进行整理，最终确立模糊优选模型：

$$u_i = \cfrac{1}{1 + \left\{\cfrac{\sum_{j=1}^{n}[w_j(g_j - r_{ij})]^p}{\sum_{j=1}^{n}[w_j(r_{ij} - b_j)]^p}\right\}^{2/p}} = \cfrac{1}{1 + \left(\cfrac{d_{ig}}{d_{ib}}\right)^2} \qquad (3.12)$$

式中，$u_i$是第$i$个方案的隶属度；$r_{ij}$是目标的相对优属度；$g$为系统的优等方案；$b$为系统的劣等方案；$d_{ig}$、$d_{ib}$是方案$i$与优、劣方案的广义权距离；$p$是距离参数。

③定性目标进行统计量化。

普遍情况下使用两极比例法来量化定性目标，就是把定性目标转化成为所需的定量目标。

如果定性目标的等级处于两个等级中间，可以按线性分布考虑它的中间状态（图 3.22）。

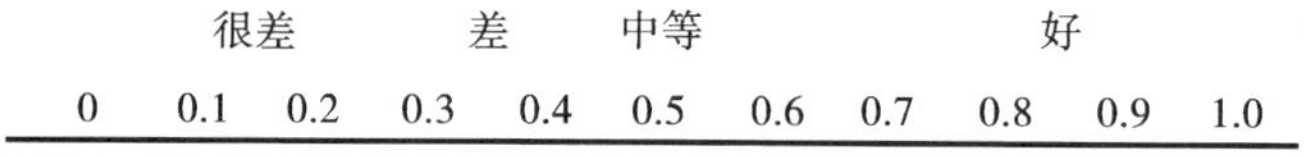

| 很差 | | 差 | | 中等 | | | 好 | | 很好 |
|---|---|---|---|---|---|---|---|---|---|
| 0 | 0.1 | 0.2 | 0.3 | 0.4 | 0.5 | 0.6 | 0.7 | 0.8 | 0.9 | 1.0 |

图 3.22　定性属性代表值

④目标权重的确定。

目标权重的确定就是将一对目标的重要性进行比较，通过判断矩阵可将$n$个目标成对比较后的结果表示出来。对目标进行成对比较时，所选用的方法为1～9比率标度法。用$f(x,y)$来表示相对于整体来说，$x$比$y$对整体的重要程度。比率标度法如表 3.20 所示。

表 3.20　比率标度法

| $x$、$y$ 相互比较 | $f(x,y)$ | $f(y,x)$ |
|---|---|---|
| 两者重要程度相等 | 1 | 1 |

续表

| $x$、$y$ 相互比较 | $f(x,y)$ | $f(y,x)$ |
|---|---|---|
| $x$ 略微重要于 $y$ | 3 | 1/3 |
| $x$ 明显重要于 $y$ | 5 | 1/5 |
| $x$ 强烈重要于 $y$ | 7 | 1/7 |
| $x$ 绝对重要于 $y$ | 9 | 1/9 |
| 程度处于两者之间 | 两数中间的整数 | 中间整数的倒数 |

令 $a_{ij}=f(x_i,y_i)$，接着可得到所需的判断矩阵 $\mathbf{A}$。

在基坑开挖的施工现场，因为决策问题比较复杂，并且在判断时人们无法全面考虑各种因素，判断矩阵 $\mathbf{A}'$ 与判断矩阵 $\mathbf{A}$ 之间会出现差别，这时候需要检验判断矩阵 $\mathbf{A}'$ 与 $\mathbf{A}$ 的一致性，避免出现过大的误差。

$$\mathrm{CI}=\frac{\lambda_{\max}-n}{n-1} \tag{3.13}$$

式中，CI 为一致性指标；$\lambda_{\max}$ 是判断矩阵最大的特征值；$n$ 即为判断矩阵的阶数。

不考虑其他状况，若 CI 比 0.1 小，则相对应的判断矩阵可判断一致，若大于 0.1，那么判断矩阵需要进行改进。因为当 $n=2$ 时，CI$=0$，判断矩阵为二阶，不用进行一致性检验。当判断矩阵阶数 $n$ 增大时，更不能保证判断矩阵的一致性，这种情况下对要求可以略微放宽一些，即在此时引入平均随机一致性指标 RI。它由随机多次重复计算判断矩阵特征值以后，再取结果的算术平均数所得。表 3.21 为 1~16 阶矩阵的 RI 值。

这样即可得出更准确的检测 $\mathbf{A}'$ 一致性的指标 CR。CR 即为一致性比率指标。

$$\mathrm{CR}=\mathrm{CI}/\mathrm{RI} \tag{3.14}$$

当一致性比率小于 0.1 时，就能够确定 $\mathbf{A}'$ 有着可接受的一致性。若不满足，则需适当修正 $\mathbf{A}'$。

表 3.21 平均随机一致性指标取值

| 阶数 | 1 | 2 | 3 | 4 | 5 | 6 | 7 | 8 | 9 | 10 | 11 | 12 | 13 | 14 | 15 | 16 |
|---|---|---|---|---|---|---|---|---|---|---|---|---|---|---|---|---|
| RI | 0 | 0 | 0.58 | 0.89 | 1.12 | 1.24 | 1.32 | 1.41 | 1.45 | 1.49 | 1.52 | 1.54 | 1.56 | 1.58 | 1.59 | 1.6 |

⑤支护方案的层次分析法与模糊综合评判法。

模糊综合评判法将各种不同的定性因素与定量因素结合起来，当对选取的事物进行评价且涉及若干因素时，模糊综合评判法相对来说比较有效并且可较为简单全面地评价受众多实际因素制约的工程。在评价水文地质与围岩稳定性等方面已经广泛应用了此方法,并且所得出的结果也都较为准确。对支护方案进行综合评判时,大致步骤如下。

a. 建立影响基坑支护方案选择的指标体系影响因素集合 $B$。

通常对基坑支护方案有影响的因素大致有如下四种:$B_1$安全可行性、$B_2$经济合理性、$B_3$环境保护程度、$B_4$施工难易程度。在$B_1$安全可行性下,包含五个指标层,分别为:$C_1$方案是否科学或者先进、$C_2$支护是否可保持稳定、$C_3$支护系统是否满足强度条件、$C_4$支护系统是否满足变形条件、$C_5$支护施工质量是否可靠。在$B_2$经济合理性下,包含一个指标层,$C_6$工程造价概况。在$B_3$环境保护程度下,包含三个指标层,分别为:$C_7$施工对环境造成的影响、$C_8$工程对环境的影响、$C_9$施工是否会引发灾害。在$B_4$施工难易程度下,包含三个指标层,分别为:$C_{10}$施工的难易程度、$C_{11}$施工相互干扰程度、$C_{12}$施工所耗费周期。具体如图3.23所示。

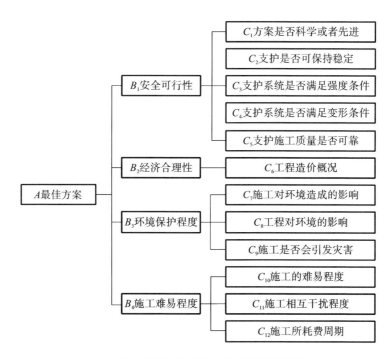

图3.23 深基坑支护系统的评价指标体系

b.确定权重集 $W$。

因为各因素处在不同层次中,有不一样的重要程度,对每个因素定义相应的权重。每个因素所具有的模糊权重值可由专家评估法总结归纳得出。

c.确定评判语集 $C$。

评判语集 $C$ 相对于各种备选方案只存在一个,$C=$[很差,差,中等,好,很好],将符合的等级矩阵值赋予评判语集,$C=[0.1,0.3,0.5,0.7,0.9]$。

d.确定隶属度矩阵 $R$。

通过本节所讲解的方法能够得出或者选用专家调查法得到隶属度矩阵 $R$。

e.计算综合评判结果 $B$。

$$B = W \times R \tag{3.15}$$

f.计算综合评判值 $E$。

$$E = B \times C^{\mathrm{T}} \tag{3.16}$$

## 3.5.2 结构设计

**1.地铁车站结构设计原则**

(1)地铁新建结构设计使用年限为 100 年,相应结构的设计基准期为 50 年。在设计使用年限内,正常使用和维护的条件下,主要结构构件应不需要进行大修加固而能保持使用功能,次要构件可进行维修以保持其使用功能。

(2)主要构件,包括结构顶底板(拱)、各层楼板、框架梁柱、中墙等,设计使用年限为 100 年。

(3)次要构件为不影响运营的内部结构,如楼梯等,其设计使用年限为 50 年。

(4)地下结构中主要构件的安全等级为一级。按荷载效应基本组合进行承载能力计算时重要性系数取 $r_0 = 1.1$。

(5)地铁结构按抗震设防烈度 6 度进行抗震设计,按 7 度采取抗震构造措施,结构抗震等级为三级,以提高结构和接头处的整体抗震能力。

(6)地下结构中露天或迎土面混凝土构件的环境类别为Ⅱ类,结构内部混凝土构件的环境类别为Ⅰ类。

(7)钢筋混凝土构件(不含临时构件)正截面的裂缝控制等级一般为三级,即允许出现裂缝。裂缝宽度:迎水面不大于 0.2 mm,其他部位不大于 0.3 mm。

(8)在规定的设防部位,地下结构设计按 6 级人防的抗力标准进行验算,并设置相应的防护设施。

(9)地下结构主要构件的耐火等级为一级。

## 2. 地下车站主体结构设计方法

主体结构设计的主要任务是确定主体结构材料和尺寸,满足使用阶段的耐久性要求。主体结构尺寸的拟定是在满足建筑限界、建筑设计、施工工艺及使用要求等的基础上,考虑施工误差、测量误差、结构变形及后期沉降等因素,根据地质和水文资料、车站埋深、结构类型、施工方法等条件经过计算确定。主体结构的截面大小应根据各结构构件的最不利荷载组合进行承载能力极限状态和正常使用极限状验算,同时进行结构刚度、稳定性和抗浮计算,对钢筋混凝土构件还应进行抗裂和裂缝宽度验算。

(1)暗挖车站施工采用的浅埋暗挖法。

浅埋暗挖法是在浅埋情况下,围岩不能形成承载拱时采用的一种施工方法。虽然该方法吸纳了新奥法施工中信息化监测的思路,但浅埋暗挖法与新奥法的设计理念有着本质的区别。新奥法是通过围岩体的位移释放来减少围岩对支护结构的压力,其中利用了围岩的自承能力。浅埋暗挖法需严格控制围岩的变形,否则会引起松动破坏或产生过量的变形并波及地表。在浅埋时,通常覆跨比较小,依靠围岩自身难以形成承载拱,于是超前预支护成为浅埋暗挖法的常用手段。图 3.24 是围岩变形与支护刚度的特征曲线,一般只有当围岩发生 $U_A$ 的变形之后,才能施作支护,从支护施作到支护达到一定的刚度并发挥支撑作用时,洞周的变形为 $U_C$。当土质较差时,洞周的变形会快速发展到 $C'$,甚至接近或达到 $B$,即松散破坏点,所以在浅埋时应设法让 $U_A = 0$,对应的技术措施就是超前预支护。

浅埋暗挖法适用于工程地质条件较差的土质或软弱无胶结的砂、卵石等地层,一般情况下覆跨比大于 0.2,特殊情况下覆跨比可以小于 0.2。在高水位的软弱地层,采用堵水、降水、排水等技术措施后也可采用此工法。尤其是对于结构埋置浅、地面建筑物密集、交通运输繁忙、地下管线密布,且对地面沉陷要求严格的城区,这项工法更为适用。

浅埋暗挖法与明挖法相比,具有拆迁占地少、不扰民、不干扰交通、节省大量投资等优点;与盾构法相比,具有简单易行,无需多种专门设备,灵活方便,适用于不同地层、不同跨度、多种断面等优点。

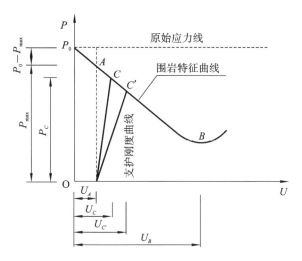

图 3.24　围岩变形与支护刚度的特征曲线

(2)暗挖车站的埋深。

隧道埋置深度不同,对应的设计与施工方法会有很大区别。隧道深埋或浅埋,并非单纯涉及洞顶地层厚度,还应结合上覆地层的水文地质与工程地质特征,松散状况,围岩构造特征,风化、破碎、断层影响的程度,结构强度,以及地下水等因素来综合判定。另外,与洞顶的稳定性及隧道施工方法也有直接关系。因此要精准判定隧道的深埋、浅埋分界是困难的,一般根据工程地质条件,结合大量的现场观测资料,在综合分析的基础上确定采用深埋或浅埋。

①深埋和浅埋隧道划分。

a.根据隧道塌落拱高度划分。

围岩变形过大时隧道上方会形成塌落拱(压力拱),如图 3.25 所示。塌方是围岩因失稳而破坏的最直观形式。大量统计资料表明,当埋深大于 2 倍塌方高度时,才能用塌落拱公式计算。塌落拱高度与围岩级别有很大关系。根据我国铁路隧道调查资料,Ⅲ级以下的围岩体强度较高,一般不会由于浅埋而出现围岩失稳进而破坏的情况,因此,通常在Ⅲ级、Ⅳ级围岩中才考虑浅埋隧道的设计问题。

根据工程设计实践经验,对于单线和双线隧道,深埋与浅埋隧道分界以 2.5 倍塌方高度来确定。当地面水平或接近水平,且隧道上覆土厚度小于表 3.22 中所列数值时,可按浅埋隧道设计,在水文及工程地质条件较差时采用表中的上限值;反之,采用表中的下限值。

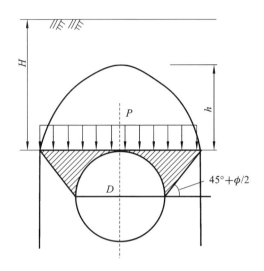

**图 3.25 塌落拱图示**

注:$P$ 为实测土压力;$H$ 为隧道上覆土厚度;
$D$ 为隧道结构跨度;$h$ 为塌落拱高度;$\phi$ 为岩体的计算摩擦角。

表 3.22　单线和双线隧道覆盖厚度取值　　　　　　　　　　　单位:m

| 围岩级别 | 单线隧道覆盖厚度 | 双线隧道覆盖厚度 |
| --- | --- | --- |
| Ⅲ | 5～7 | 8～20 |
| Ⅳ | 10～14 | 15～20 |

b. 根据实测土压力划分。

地下工程的深埋与浅埋也可以采用实测土压力 $P$ 与隧道上方垂直土柱质量 $\gamma h$($\gamma$ 代表土体比重,单位为 N/m³;$h$ 代表地平面下沉的高度,单位为 m)之比来划分。根据实测资料统计,当 $P/\gamma h < 0.4$ 时为深埋隧道。

c. 根据隧道覆跨比划分。

采用暗挖法施工的地下工程断面变化较大,因此在判别隧道深埋与浅埋时,还须考虑地下工程的跨度,即通过隧道上覆土厚度 $H$ 与结构跨度 $D$ 之比来判断。

结合各级围岩塌方高度统计,并参考国内外资料、规定和理论计算,建议深埋与浅埋隧道分界深度采用下列值:Ⅵ级围岩为 $4D$～$6D$,Ⅴ级围岩为 $2.5D$～$3.5D$,Ⅳ级围岩为 $1.0D$～$2.0D$,Ⅲ级围岩为 $0.5D$～$1.0D$。同时,分界深度与施工方法及施工技术水平密切相关。

②浅埋和超浅埋隧道划分。

浅埋与超浅埋隧道的区别目前尚无规范可依,但通常有下列四种判定方法。

a. 覆跨比判别法。通常 $H/D \leqslant 0.4$ 为超浅埋隧道。

b. 上覆土整体下沉时,若洞内拱顶沉降值≤地面沉降值(即 $S_顶 \leqslant S_表$)可视为超浅埋。

c. 若隧道结构顶部进入地面以下 5 m 范围的管道层,统称超浅埋。

d. 在具备实验条件的情况下,用实测土压力 $P$ 与垂直土柱质量 $\gamma h$ 之比确定深埋、浅埋或超浅埋。$P/\gamma h < 0.4$ 为深埋隧道,$0.4 < P/\gamma h \leqslant 0.6$ 为浅埋隧道,$P/\gamma h > 0.6$ 为超浅埋隧道。超浅埋隧道在初期支护作用下,围岩塑性区一般可达到地面,上覆土易发生整体下沉位移。

城市轨道交通工程中所涉及的暗挖结构(地铁车站、区间隧道、出入口通道)埋深一般为数米至 10 余米,地铁车站和出入口通道的埋深更浅。地铁车站的跨度一般为 10 余米,甚至 20~30 m,区间隧道的跨度多为数米,渡线部分的跨度可能达到 10 余米甚至更大,出入口通道的跨度一般为数米。另外,目前国内城市轨道交通工程中的暗挖隧道多处于Ⅳ级以下围岩中。根据上述浅埋与深埋的分界标准可知,国内城市轨道交通工程中的暗挖隧道多为浅埋隧道甚至超浅埋隧道。

(3)主体结构设计。

①计算分析原则。

a. 隧道结构采用以概率理论为基础的极限状态设计法,以可靠指标度量结构构件的可靠度。

b. 结构构件应根据承载力极限状态及正常使用极限状态的要求,分别按下列规定进行计算和验算。

承载力:所有结构构件均应进行承载力(包括压曲失稳)计算;需考虑地震、人防、施工等特殊荷载的作用。

变形:对使用上需控制变形值的结构构件进行变形验算。

抗裂及裂缝宽度:对使用上要求不出现裂缝的构件,进行混凝土拉应力验算;对使用上允许出现裂缝的构件,按荷载的标准组合求出最大裂缝宽度,进行裂缝宽度验算。地震、人防等偶然荷载作用时,不验算结构的裂缝宽度。

结构计算简化模型的确定,应根据结构的实际工作条件,并反映结构与周围地层的相互作用。

隧道衬砌结构一般按平面受力进行分析。

浅埋结构在地下水位以下时，还要进行结构抗浮验算。

②力学计算模型。

a.荷载-结构模式。

荷载-结构模式是仿效地面结构的计算模式，将荷载作用在结构上，以一般结构力学的方法进行计算。长期以来，地下支护结构一直沿用这种计算方法。旧的地下支护结构原理认为，结构上方的岩层最终要塌落，因此作用在支护结构上的荷载就是上方塌落岩体的质量。然而，一般情况下，岩层由于支护的限制而不会塌落，围岩向支护方向产生的变形受到支护的阻止，从而对支护产生压力。这种情况下，作用在支护结构上的荷载是未知的，应用荷载-结构模式就有困难。所以，荷载-结构模式只适用于浅埋情况及围岩塌落而出现松动压力的情况。

荷载-结构模式还可以按荷载的不同细分成主动荷载模型、主动荷载加地层弹性约束模型、地层实测荷载模型，如图 3.26 所示。主动荷载模型不考虑结构与地层的共同作用，除了在结构底部受地层约束，其他部分在主动荷载作用下可以自由变形，适用于结构与地层刚度比较大的情况。主动荷载加地层弹性约束模型不仅对衬砌结构施加主动荷载，而且由于结构与地层的相互作用，还对衬砌结构施加被动弹性抗力，即衬砌结构在主动荷载作用下，一部分发生向围岩方向的变形，地层会对衬砌产生反作用力来抵制其变形，这种作用力就是弹性抗力，另一部分则背离地层向隧道内变形，形成所谓"脱离区"，该模型适用于各类地层。地层实测荷载模型是结构与地层共同作用的综合反映，既包含地层的主动压力，也含有被动压力，但实测的荷载值除与地层特性、埋深等因素有关外，还与选用的仪器设备有关。

b.连续介质模式。

连续介质模式是将地层与地下结构共同构成承载体系，结构内力与地层重分布应力一起按连续介质力学方法计算，地层与地下结构的相互作用以变形协调条件来实现。这种模式的计算方法主要有数值解法和解析解法两种。数值解法是把围岩视作弹塑性体或黏弹塑性体，并与支护一起采用有限元法或边界元法进行求解。这类解法可以直接算出围岩与支护的应力和变形状态。解析解法往往具有多种功能，能考虑岩体中的节理裂隙、层面、地下水渗流、岩体膨胀性等的影响，是目前理论计算法中的主要方法。

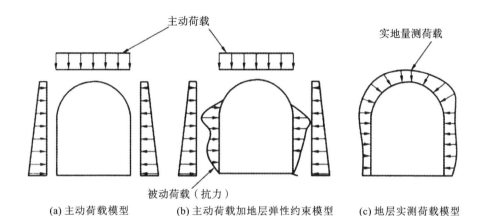

(a) 主动荷载模型　　(b) 主动荷载加地层弹性约束模型　　(c) 地层实测荷载模型

图 3.26　荷载-结构模式示意

③荷载计算。

a. 荷载种类。

作用在隧道结构上的荷载有永久荷载、可变荷载及偶然荷载三类。各种荷载详见表 3.23。

表 3.23　隧道结构荷载分类

| 荷载名称 | | 荷载计算及取值 |
|---|---|---|
| 结构自重 | | 按实际考虑 |
| 地层压力 | 竖向压力 | 按计算截面以上全部土柱质量计算 |
| | 水平压力 | 主、被动土压力按朗金土压力公式计算,水土压力采用水土分算 |
| 水压力及浮力 | | 按最不利地下水位计算静水压力及全部浮力 |
| 混凝土收缩及徐变影响力 | | 混凝土收缩的影响按降低温度的方法计算 |
| | | 混凝土徐变的影响按升高温度的方法计算 |
| 侧向地层抗力及地基反力 | | 侧向地层抗力及地基反力按结构形式及其子荷载作用下的变形、结构与地层刚度、施工方法及土层性质等情况,根据所采用的结构计算简图和计算方法加以确定 |

续表

| 荷载名称 | | 荷载计算及取值 |
|---|---|---|
| 基本可变荷载 | 地面车辆荷载 | 按 2 kN/m² 的均布荷载计算并不计冲击力影响 |
| | 地面车辆引起的侧向力 | 按 20 kN/m² 的均布荷载作用于地层计算,考虑冲击力影响 |
| | 地铁车辆荷载及其冲击力 | 地铁车辆荷载按所采用的车辆轴重、排列和制动力计算,并按通过的重型设备车辆考虑冲击力影响 |
| | 人群荷载 | 按 4 kN/m² 的均布荷载作用于站厅、站台板上计算,考虑冲击力影响 |
| 人防荷载 | | 按当地人防等效静载考虑 |
| 地震荷载 | | 按当地设防烈度考虑 |

b.荷载组合。

承载力极限状态应依据作用效应的基本组合和偶然组合进行设计。具体组合可表示如下。

基本组合:永久荷载＋基本可变荷载。

偶然组合:永久荷载＋部分可变荷载＋地震荷载(或人防荷载)。

正常使用极限状态采用荷载的基本组合。

荷载组合与分项系数见表 3.24。

表 3.24 荷载组合与分项系数

| 组合及荷载类型系数 | 永久荷载 | 可变荷载 | 人防荷载 | 地震荷载 |
|---|---|---|---|---|
| 基本组合 1:永久荷载＋基本可变荷载 | 1.35 | 1.4 | — | — |
| 标准组合 2:永久荷载＋基本可变荷载 | 1.0 | 1.0 | — | — |
| 偶然组合 3:永久荷载＋地震荷载 | 1.2 | 1.0 | — | 1.3 |
| 偶然组合 4:永久荷载＋人防荷载 | 1.2 | 1.0 | 1.0 | — |

(4)主体结构设计标准。

根据现行国家标准《混凝土结构设计规范》(GB 50010—2010)及《铁路隧道设计规范》(TB 10003—2016),对地下车站主体结构进行设计或验算。

## 3. 地铁车站结构分析方法

1) 概述

地下结构是建在地层中的封闭式结构,就其结构本身而言是超静定结构。再考虑结构与围岩的相互作用,由结构变位才能确定弹性反力的范围和大小。而结构变位又是在主动荷载和弹性反力共同作用下发生的,所以,求解的是一个非线性问题。根据解决这一非线性问题方式的不同,可选用不同的计算方法。

(1) 主动荷载模型。当地层较为软弱,或地层相对于结构刚度较小,不足以约束结构的变形时,可以不考虑围岩对结构的弹性反力,这样的模型称为主动荷载模型。饱和含水地层中的自由变形圆环、软基础上的闭合框架等,常简化为该模型。该模型也常用于初步设计。

(2) 假定弹性反力模型。该模型认为围岩对支护结构的变形存在约束作用及弹性反力,但只在支护结构背后的一定范围内存在。通过假定反力的分布图形、范围和数值大小,可以用结构力学方法求解隧道支护结构的内力。这种方法称为假定弹性反力图形的计算方法。

(3) 计算弹性反力模型。将弹性反力作用范围内围岩对衬砌的连续约束离散为有限个作用在衬砌节点上的弹性支承,而弹性支承的弹性特性即为所代表地层范围内围岩的弹性特性。根据结构变形计算弹性反力作用范围和大小的计算方法,称为计算弹性反力图形的方法。该计算方法需要采用迭代的方式逐步趋近正确的弹性反力作用范围。

以上三种模型的原理是相同的,所不同的就是对弹性反力的考虑方法。由于弹性反力与地基变形直接相关,所以,它们的不同主要表现在对地基变形量的确定方法上。为此,可以用一种统一的方法来求解这三种情况,即杆系结构有限元法。

运用杆系结构有限元法进行地下结构分析的基本原理为:将结构与围岩共同组成的结构体系离散为由节点和单元(梁单元、杆单元和弹性支承单元等)组成的组合体。以每一个节点的3个位移为未知量。应用2个连续条件,连接在同一节点的各单元的节点位移应该相等,并等于该节点的结构节点位移(变形协调条件);作用于结构上某一节点的荷载必须与该节点上作用的各单元的节点力相平衡(静力平衡条件)。首先要进行单元分析,找出单元节点力与单元节点位移的关系(单元刚度矩阵),然后进行整体分析,建立起以节点静力平衡为条件的总体结构刚度方程式,在总体结构刚度方程式中引入边界条件,求得结构节点位移后,再由各单元的节点荷载与位移的关系计算各单元的节点抗力(单元内力)。其分析过程如下:①结构体系离散化;②单元分析;③整体分析建立平衡方程;④引入支承条件求位移;⑤单元内力分析。

2)地下结构体系的力学简化

在进行有限元分析时,要对隧道结构进行理想化,就是将地下结构看成有限个单元的组合体,而单元和单元之间仅在单元的端点(也称为节点)处连接,作用在结构上的外荷载和内力都只能通过节点进行传递,以节点位移(或节点力)来代表整个结构的变形状态(或受力状态)。这里的节点位移(或节点力)是广义的,包括线位移和角位移(或轴力、弯矩、剪力)。

对于地下结构体系来说,结构的理想化包括支护结构的理想化和围岩的理想化两部分内容。

(1)支护结构的理想化。

由结构力学可知,一般的杆系结构常可离散成杆、梁、柱等单元,并可将单元的联结点视为节点。当然根据实际需要,还可以将荷载作用点或其他由于某种原因所确定的点作为节点,将杆划分为更小的单元。地下支护结构基本上属于实体的拱形、圆形或矩形结构。其中,弯矩和轴力是主要影响因素,所以可将地下支护结构离散化为一些同时承受弯矩和轴力的直杆所组成的折线形组合体。隧道支护结构单元的力学性质(荷载和位移的关系),由弹性地基梁理论确定,即它的变形小,并符合胡克定律。支护结构单元可传递弯矩、轴力和剪力。结构离散单元数目视计算精度的需要而定,对整体式隧道衬砌不要少于 30 个单元,对复合式隧道衬砌的喷层和二次衬砌也不要少于 30 个单元。原则上每个单元的长度可以是不等的,但为计算方便,常以起拱线为界,拱、墙各取某一相等的长度作为一个单元。同时假定每个单元都是等厚度的,其计算厚度有三种取法:取单元两端厚度的平均值;取单元中点的厚度;取单元的平均厚度。

对于拱形结构,边墙底端是直接放在围岩上的,可视边墙底端是弹性固定的,能产生转动和垂直下沉。但由于边墙底面和围岩之间摩擦力较大,故假定其不能产生水平位移。此时需在边墙底面的水平方向上加以约束,整体式隧道衬砌结构的理想化模型如图 3.27 所示。

对于复合式隧道衬砌,当喷层较薄(如 5 cm 以下)时,可以离散化为杆单元,当喷层较厚(如 5 cm 以上)时,可以离散化为梁单元;二次衬砌与整体式隧道衬砌相同,离散化为梁单元,喷层和二次衬砌之间用杆单元连接;喷层和二次衬砌底面可按整体式隧道衬砌底面处理,如图 3.28 所示。

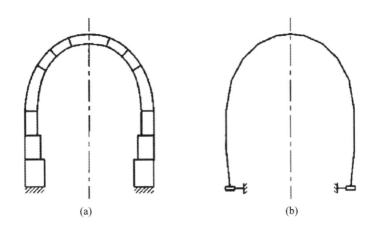

图 3.27　整体式隧道衬砌结构的理想化模型

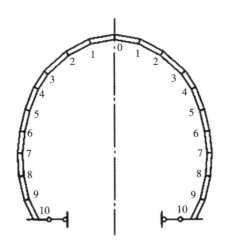

图 3.28　衬砌结构理想化模型

当隧道结构和荷载都对称时,只需要对一半的支护结构进行计算。而且,此时两边墙脚下沉量是相等的。均匀的下沉不会引起隧道结构的附加内力,所以,在计算中只需要考虑边墙底面弹性固定的转动,而不计它的沉陷(图 3.29)。但是在荷载或结构不对称时就会引起结构中的附加内力,在计算中应予以考虑。

对于圆形结构围岩,衬砌结构底部外表面中心与围岩间的摩擦力很大,假定其不能产生水平位移,借此来消除衬砌绕瞬时中心旋转的可能,其结构理想化模型如图 3.30(a)所示。对于矩形框架结构围岩,底板直接支承在弹性地基上,衬砌结构底部与地基的摩擦力很大,同样不能产生水平位移,其结构理想化模型如

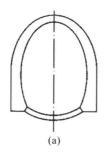 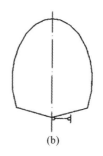

图 3.29 带仰拱隧道衬砌的理想化模型

图 3.30(b)所示。

 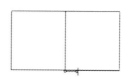

(a)圆形结构围岩的理想化模型　(b)矩形结构围岩的理想化模型

图 3.30 围岩理想化模型

单元划分时,反力系数变化点、截面厚度变化点、集中荷载作用点、荷载突变处及锚杆的端点处应布置节点。

(2)围岩的理想化。

在隧道支护结构的周边与围岩相互作用的区域内,将连续围岩离散为彼此不相关的独立岩柱。岩柱的一个边长是衬砌的纵向计算宽度,通常取单位长度;另一个边长是两个相邻的衬砌单元的长度之和的一半。岩柱的深度与传递轴力无关,故无须考虑。为了便于计算,用和岩柱具有相同弹性特征的弹性支承代替岩柱,并以铰接的方式作用于衬砌单元的节点上,所以它不承受弯矩,只承受轴力,如图 3.31 所示。

弹簧服从局部变形假定(即温克尔假定):$i$ 点处的弹簧对隧道支护结构的反作用力(即弹性反力)正比于该弹簧的压缩;而弹簧的弹性常数 $k$ 可由围岩的弹性抗力系数($K$)和围岩与隧道支护结构单元的接触面积的乘积而得,即

$$k = Khb \tag{3.17}$$

式中,$h$ 为相邻两隧道支护结构单元长度的 $1/2$;$b$ 为隧道支护结构的计算宽度,在实际中,一般可取 $b=1$ m;$K$ 为围岩的弹性抗力系数,在地下工程相关规范给

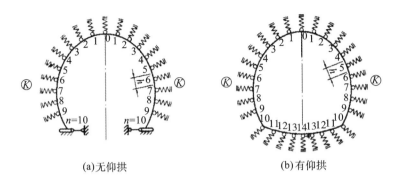

(a) 无仰拱  (b) 有仰拱

**图 3.31　拱形结构围岩的理想化模型**

定的范围内选用,并应与隧道支护结构背后回填质量和其材料联系起来考虑,在拱脚以上 1 m 范围内的边墙底部因回填密实可采用较大数值,拱顶中部和边墙范围内回填不如上述部位密实,则采用较小一些的数值,如根本没有回填,则可取 $K=0$ 或去掉该处弹簧。

圆形结构围岩的离散化与拱形结构围岩相同,圆形结构弹簧的作用范围是整个圆环,如图 3.32(a)所示。矩形结构多用于浅埋、明挖法施工的地下结构,该类结构跨度较大,侧部地层刚度相对较大。偏向于安全考虑,在设计中可以不考虑侧部地层的弹性反力,只考虑底部地基反力的作用,如图 3.32(b)所示。

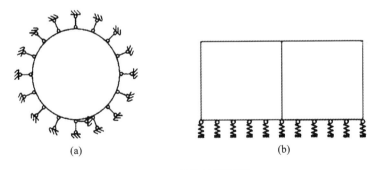

**图 3.32　结构计算模型**

圆形结构用途不同,底宽差异较大,加之地基条件的差别,关于地基反力的分布规律通常有不同的假定。a.当底面宽度较小、结构底板相对于地层刚度较大时,假设底板结构是刚性体。则地基反力的大小和分布即可根据静力平衡条件按直线分布假定求得。该情况下不存在底部围岩的离散化,只需要在结构底部施加与竖向荷载大小相等、方向相反的地基反力即可。b.当底面宽度较大、结构底板相对于地层刚度较小时,底板的反力与地基变形量成正比。该情况下结构为支承在弹性地基上的框架结构,应对结构底部围岩进行离散化,通过理论计算确定地基反力的大小。

上述两种方法求出的内力有较大差别。在实际设计中是否考虑弹性反力,与作用于结构上的荷载性质、结构形式及地基因素有关。

对于荷载-结构模式,如不考虑弹性反力,则支护结构周围的所有弹簧都去掉,如图3.33所示。如考虑弹性反力,则拱顶部位假定的脱离区隧道支护结构的弹簧去掉,在边墙和拱腰部为假定有反力的区域隧道支护结构设置弹簧,弹性反力系数由地下工程相关规范确定。

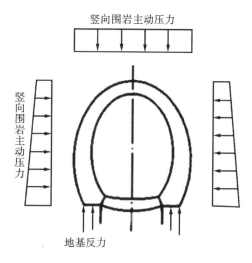

图 3.33 不考虑弹性反力

弹簧设置的方向应该按结构和围岩的联系情况而定。例如对于用混凝土泵送浇筑的整体式衬砌,它和围岩黏结得非常牢固,也就是说两者之间不仅能传递径向应力,而且能传递切向应力。那么,围岩不仅能限制衬砌的径向变形,而且能限制衬砌沿其轴线的切向变形。此时最好设置两根弹簧,一根径向设置,代替围岩的径向约束;一根切向设置,代替围岩的切向约束。又如采用浆砌片石或干砌片石回填时,衬砌和围岩之间没有黏结力,只有当衬砌压向围岩时,围岩才受约束。两者之间只能传递径向应力而不能传递切向应力,如忽略衬砌与围岩接触面的摩擦力,则弹簧就应该沿衬砌轴线的径向设置。如衬砌背后用同级混凝土回填,则衬砌与围岩的黏结就比较好。此时,二者之间不仅能传递径向压应力,而且还能传递少量的径向拉应力(不超过衬砌与围岩之间的黏结力)。衬砌

和围岩接触面方向的抗剪力度,则是压应力的函数,遵循莫尔-库仑条件,即

$$\tau = \sigma\tan\phi + c \tag{3.18}$$

式中,$\tau$ 为衬砌和围岩接触面方向的抗剪强度,kPa;$\sigma$ 为两者之间的法向应力,即法向有效应力,kPa;$\phi$ 为围岩内摩擦角,°;$c$ 为土的黏聚力,kPa。

为了简化计算,也可以将弹簧水平设置,后面两种情况的计算结果十分接近。实际计算中考虑喷射混凝土长期失效剥离,从不利情况考虑,弹性支承按径向设置。

整体模筑衬砌由于喷层和二次衬砌之间设有防水层,它们之间只传递反向力,不传递摩擦力,喷层和二次衬砌之间的作用可用法向杆单元来模拟。至于喷层和围岩之间黏结的模拟,可根据具体情况,按所讨论的整体式衬砌与围岩之间的黏结来模拟。

由于采用弹簧来模拟围岩,所以拱形结构边墙脚的弹性性质也完全服从局部变形的假定,它的荷载和位移的关系可以按以上所讨论的方法确定。

图 3.34 是隧道衬砌内力分析的计算简图。实际上在计算时,须把竖向和水平分布荷载转换成作用在节点上的等效节点荷载。图中显示的是在外荷载作用下,经离散衬砌单元和弹簧单元的集合体。

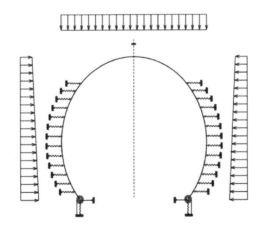

图 3.34　隧道衬砌内力分析的计算简图

对于有仰拱的曲墙衬砌,由于仰拱一般在拱圈和边墙受力变形基本稳定后才修建,故通常可忽略仰拱对衬砌内力的影响。

隧道衬砌属于实体的拱式结构,这种结构受弯矩和轴力的影响较大,因此要把衬砌离散化为一些同时能承受弯矩、剪力和轴力的直杆单元。单元的数目视计算精度而定,同时也要考虑用直杆单元模拟曲线衬砌时的几何形状要求;考虑

拱部和边墙的衬砌可能采用不同的建筑材料,故边墙也可划分为若干个衬砌单元;当拱部和边墙的轴线不连续或者墙基础需要展宽时,须增加一种特殊衬砌单元,即刚性单元。

图 3-35 是隧道衬砌计算程序采用的基本结构计算模型简图,其荷载与结构均对称,因此可取半边对称结构计算。

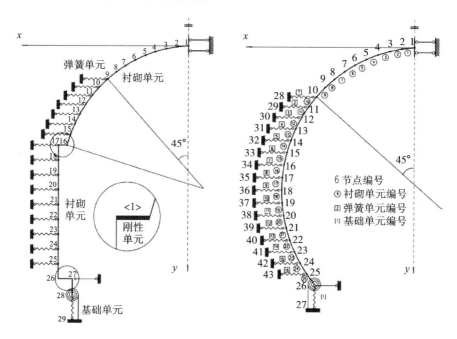

**图 3.35  隧道衬砌计算程序采用的基本结构计算模型简图**

这种结构简图在处理围岩与衬砌的相互作用时,无论是直墙还是曲墙衬砌,其拱部弹性抗力均假定上零点的位置与衬砌中心轴夹角为 45°,墙身外侧设置若干根水平弹簧;考虑到墙底在轴力、弯矩的作用下产生下沉和转动,故设一根垂直弹簧和转动弹簧表示此作用。

图 3.29 所示的拱顶截面切开后所作的荷载与结构均对称的结构简图,由于在拱顶截面处不允许有水平位移和转角位移,故需要在拱顶截面切开的位置设置两根水平链杆(表示定向支座)作为边界的约束条件。对于结构对称而荷载不对称的情况,或者其他不规则情况,则可以直接选取整个结构为计算对象,按照同样的模型利用杆系结构矩阵进行计算。

3)结构体系的边界条件

无论何种地下支护结构系统,都有一定的位移边界条件。所谓边界条件就是通常所说的结构支承方式。结构形式不同,其边界条件也不相同。例如拱形结构,其底面与围岩间存在着很大的摩擦力,使其不能产生水平移动,此处用一刚性链杆加以约束;在带仰拱的支护结构和矩形框架结构中,仰拱底中部设置一刚性链杆约束水平位移;在矩形框架结构中,底板中部设置一刚性链杆约束水平位移;在圆形结构中,底部中心设置一刚性链杆约束衬砌绕瞬时中心旋转。模拟围岩的弹簧都必须正好设置在相互作用的区域内,弹簧的一端与结构上的节点铰接,另一端的弹簧底座固定不动。以上这些就是分析地下支护结构时的边界条件。

### 4. 地铁车站结构的抗震性

1)研究地铁车站结构抗震性的必要性

我国国民经济迅速发展,不断地推动着城市化进程,城市规模逐渐壮大,大中城市吸引人口的能力加强,随之而来的交通拥堵问题成为制约城市发展的核心问题。地铁作为公共交通的一种主要方式,具有运量大、正点率高、便捷高效、绿色环保等突出特点,逐渐成为城市运输的主力军。面对日益增大的交通压力,地铁这种交通方式对解决此问题具有关键作用。1965年7月1日—1969年10月1日,北京地铁第一期工程的完成并投入运营标志着中国第一条地铁线路正式开通。而后,大中城市例如天津、上海、广州等地也借鉴相关地铁建设经验进行建设并开通了数条地铁线路。"交通运输部"微信公众号公布数据显示,截至2022年12月31日,31个省(自治区、直辖市)和新疆生产建设兵团共有53座城市开通运营城市轨道交通线路290条,运营里程9584 km,车站5609座,地铁建设发展进入了高峰期。城市的正常运转离不开地下轨道交通系统,所以地铁在遭到强烈地震时能够依然保证安全显得尤为重要。

我国很多大中城市均处在高烈度地震区域,例如北京、天津、上海、南京等地均处在高烈度7~8度范围内。在这一范围内地铁地下结构及设施在强震的作用下可能会出现严重的结构性破坏及次生灾害,对地铁建设及运营安全具有不可逆的影响。基于安全考虑,地下结构在设计的过程中必须要考虑地震的影响。地铁地下结构在地震后的安全性既是地铁建设、运营不可忽视的问题,也是加快社会发展的必然要求。相较于地面结构,地下结构的抗震问题并没有引起人们足够的重视,设计者们在进行地铁前期设计的时候也没有考虑到地震对地铁结构的破坏。地震一旦发生,必然会对地下结构造成严重破坏。例如1985年墨西哥发生的8.1级地震使得建在软弱地基上的地铁侧墙与地表结构相交部位发生分离破坏;1995年日本发生的7.3级阪神大地震致使地下结构、车站、地下场所等大量的地下工程设施遭到严重破坏,地铁后期的维修养护费用高昂,动用了大量的人力、物力,造成了巨大的经济损失;2021年2月13日在日本福岛东部海域发生7.3级地震,一些地下建筑受到了不同程度的破坏。根据《2021年中国统计年鉴》及华经产业研究院整理的数据,2005—2020年期间,就地震直接造成的经济损失而言,我国大部分国土和人口处于7度以上的地震高烈度区,平均每年由地震造成的直接经济损失占各种自然灾害造成的直接经济损失的16.5%。

地震带地区频繁地发生较大的地震,并对该地区的地下结构造成较大的破坏,人们开始逐渐意识到地下结构的高抗震能力决定了在地震发生时能够保证结构不发生破坏,所以人们提高了对地下结构的抗震能力的关注度和重视程度。在地铁等地下结构的设计过程中,广大设计人员重点对地铁结构的抗震能力进行设计研究,并指导施工,这也使得该问题成为地下工程领域值得研究的课题之一。

2)地下结构震害机理与地铁车站震害特点

(1)地下结构震害机理。

地下结构与地上结构主要的不同之处在于地下结构全部埋置于土层中,当地震发生时,土层与地下结构之间存在不可忽视的相互作用力,周围的土层会对置于土层中的地下结构产生约束作用,同样地下结构在受到土层作用力时会反作用于周围土层。地下结构外围全部被周围土层包裹,当其受到地震作用力时,地震产生的结构震动会受限于土层而被约束直至收敛并最终与周围土层的震动形式保持基本一致。这与地上结构受到地震作用时展现的震动过程是不同的。周围土层的地震反应决定了地下结构在遭受地震作用时的震动反应。其地震反应特点决定了在遭受地震作用后所展现的破坏形式。

地下结构在遭受地震作用而产生结构性破坏的主要原因可以归纳为以下两类:周围土层在地震作用下会产生液化、失稳以及断层等病害,从而丧失对地下结构的约束及支撑作用,导致地下结构设施破坏;第二种情况是地震作用引起的震动会导致周围土层发生相应的变形,由于地下结构被周围土层包裹,就会导致其随着周围土层的变形而发生变形,当这种变形超过地下结构本身能够承受的最大限值时就会产生破坏。

(2)地铁车站震害特点。

大多数学者认为在地震荷载作用下,地上结构的抗震性能要远比地下结构的抗震性能好。近些年的地震灾害资料显示地下结构同样会受到地震荷载的影响,并且当发生强烈地震时地下结构会发生严重破坏。例如我国唐山发生的里氏 7.8 级地震造成了城市地下通道坍塌;前面提到的日本阪神大地震致使地下结构及车站中柱发生严重破坏;2008 年我国汶川地震中部分隧道的二次衬砌也遭到严重破坏。现有的地下结构在地震荷载作用下产生变形破坏的原因之一是地震作用引起周围土层震动,进而致使地下结构产生变形。土层震动引起的地下结构变形反应一般可以分解为以下几种基本的变形形式。

① 当地震产生的 P 波、S 波分别沿着隧道轴向和垂直于隧道轴向传播时,隧道将产生轴向拉压变形,如图 3.36(a)所示。

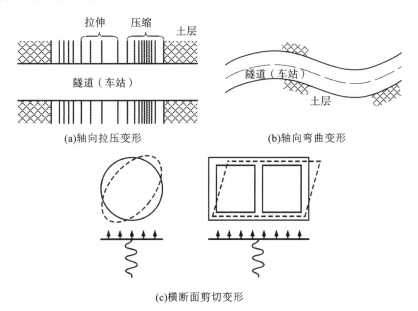

图 3.36 地下结构的地震变形形式

② 当 P 波、S 波分别垂直于隧道轴向和沿着隧道轴向传播时,隧道将产生轴向弯曲变形,如图 3.33(b)所示。

③ 当 S 波由震源通过基岩向地表传播时,由于 S 波在不同深度处波动幅值不同,此时隧道横断面内产生剪切变形,如图 3.36(c)所示。

通过前面的论述可以知道地震引起周围土层的震动而产生导致地下结构或隧道不同类型变形的波,在宏观上所表现出的就是地铁等地下结构震害反应的特点。近些年地下结构的震害资料调查显示,地下结构的破坏形式大体上分成下面几种。

① 剪切破坏。当地铁车站处在高等级围岩或者断层破碎地带时,在地震荷

载作用下,处在这些地段的地铁等地下结构会产生较大的位移,容易造成结构发生剪切破坏。

②拉压破坏。地铁车站空间跨度大,在设计过程中车站中柱除了支撑车站还要支撑覆于上方的土层,这就会造成中柱受到较大轴力,在受到地震荷载作用时,中柱轴向压力过大,混凝土容易开裂。

③弯曲破坏。由于车站周围被土层包裹,且车站一般为多层细长箱形结构,当地震荷载产生的震动致使隧道发生弯曲变形时,在车站侧墙与板的交界处、车站中柱与板的接触位置均会出现混凝土开裂、压碎导致部分钢筋外露,以及车站中柱轴压过大,在地震荷载作用下中柱受弯失稳折断,继而发生弯曲破坏等现象。

一般在地震作用下,地铁等地下结构发生的变形并不是单一形式的,而将会是上述三种基本变形形式的组合,包括上述三种破坏形式的复杂变形,为了能够更好地评价地铁等地下结构的抗震性能,需要同时对纵向与横断面进行分析。

3)地铁地下结构抗震分析方法

(1)地震系数法。

地震系数法是由大森房吉提出来的,规定了在地震作用下,地下结构所有位置都会产生一致的震动。在地震的作用下,结构受到的等效惯性力由如下公式计算。

$$F = K_C M \tag{3.19}$$

式中,$F$ 为结构受到的惯性力,kN;$K_C$ 为地震系数;$M$ 为结构物的质量,kg。

①地震系数法的优缺点。

优点:计算模型比较简单,计算步骤比较简明。

缺点:第一,这种方法分析地下结构抗震是按照地上结构抗震来进行的,这种认识其实是有偏差的;第二,未考虑到地下建筑上覆土体的地震惯性力;第三,在主动侧向土压力增量的计算过程中也存在不合理之处,原因是土的动力特性是用静力指标来代替的。

②地震系数法的适用情况。

a.地铁地下结构刚度要大,同时也要满足变形小的条件。

b.地铁地下结构的周围土体分布均匀。

c.地铁地下结构的横断面没有很大的变化。

地震系数法主要适用于地上建筑及地下建筑的质量远远大于其周围土体的质量的情形。而地铁地下车站的结构质量与同体积的土体相比轻了很多,该方法适用的范围很小。

(2)反应位移法。

根据以往的地铁地下结构震害可知,土体在地震的作用下,有很多因素会对地铁地下结构的破坏产生影响,震动引起土层的位移就是影响因素之一。一般来说,土层的水平位移是由地震力的简化得到的。

若采用反应位移法对地铁地下车站进行抗震分析,关键是把地震力和地震中产生的位移用静力来代替。建模时需要考虑三个重要的问题,分别是:构件受到的惯性力、地铁车站四周受到的剪切力及给予地铁地下车站的强制位移。反应位移法的计算模型如图 3.37 所示。

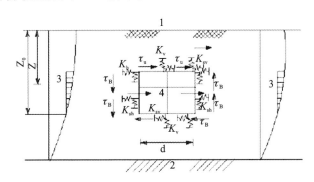

**图 3.37 反应位移法的计算模型**

1 为地平面;2 为基岩;3 为地铁地下车站底层的位移;
4 为地铁地下车站受到的加速度;$d$ 为地基弹簧影响长度;$Z_0$、$Z$ 为计算深度;
$K_v$ 为地下车站顶底板法向压缩地基反力弹簧刚度,kN/m;
$K_{sv}$ 为地下车站顶底板切向剪切地基反力弹簧刚度,kN/m;
$K_h$ 为地下车站侧壁法向压缩地基反力弹簧刚度,kN/m;
$K_{sh}$ 为地下车站侧壁切向剪切地基反力弹簧刚度,kN/m;
$\tau_U$ 为地下车站顶板受到的剪切力,kN;$\tau_B$ 为地下车站底板受到的剪切力,kN。

① 反应位移法的优缺点。

优点:反应位移法通过精确反映土体水平位移实现地震力的简化,因此得到的结构计算变形和实际测量变形比较贴近。同时该方法也考虑了土弹簧中土体与结构的相互作用,和时程分析法等其他计算模型相比,该方法的计算模型比较简单。

缺点:第一,反应位移法中的地基反力弹簧参数有着非常重要的作用,它起到了连接土体与结构的作用,地基反力弹簧参数的取值会对结构内力产生很大的影响。然而该值的取值方法在各种规范中并没有统一。第二,该方法是将多种土层简化成为单一的土层,然而实际工程中的土层是比较复杂的,地层也是多变的,简化后地基弹簧系数存在较大的误差。

②反应位移法的适用情况。

a.地铁地下结构与土体相比,刚度要大,变形要小,同时质量也要大。土体的惯性力可以忽略,此时占据主要地位的是结构惯性力。

b.地质条件不复杂。

c.地铁地下结构的纵向尺寸和横向尺寸相比要大许多,同时在纵向上,结构的断面要连续、规则,没有明显的变化。

(3)反应加速度法。

反应加速度法有时候也称响应震度法。在应用反应加速度法进行数值模拟时,对地铁地下车站和所在的土层都要建立模型,这与上述反应位移法的差别是:反应位移法等其他分析方法本质上是荷载-结构法,而该方法本质上是土-结构法。该方法可以比较准确地反映随着地震强度的不断增大,地铁地下结构由线性变为非线性,产生变形差的现象。

反应加速度法的建模过程及原理为:将横向有效地震反应加速度施加在各种土层及地铁地下结构上,同时需要得到各种土层的有效加速度,求解的方法就是通过有限元软件对各土层分别建立一维土柱模型,在有限元软件中输入地震动,此时可以找到模型中结构的顶底板相对位移最大的时刻,基于此得到位移最大时刻的水平加速度,在计算模型网格节点上施加相应结构的惯性力。

根据达朗贝尔原理得到某时刻的动力平衡方程为

$$M\ddot{U} + C\dot{U} + KU = F(t) \tag{3.20}$$

式中,$M$、$C$、$K$ 为集中质量体系所形成的对角矩阵、阻尼矩阵、刚度矩阵;$\ddot{U}$、$\dot{U}$、$U$ 分别为结构体系的加速度向量、速度向量、位移向量;$F_{(t)}$ 为外荷载向量。

该方程规定了在每一段时间内体系具有线性变化规律,由此得到体系在整个时间段内的运动状态。

设时间间隔 $t$ 内 $\ddot{U}_i$ 为常数,则:

$$U_{i+1} = \frac{1}{2}\ddot{U}_i t^2 + \dot{U}_i t + U_i \tag{3.21}$$

$$\dot{U}_{i+1} = \ddot{U}_i t + \dot{U}_i \tag{3.22}$$

由运动方程计算:

$$\ddot{U}_{i+1} = \{\overline{P(t)}\}_{i+1} - \overline{C}_{i+1}\overline{U}_{i+1} - \overline{K}_{i+1}\overline{U}_{i+1} \tag{3.23}$$

可求得结构动力反应的一系列函数值。

①反应加速度法的优缺点。

优点:第一,无须计算地基反力弹簧参数,因为反应加速度法建立了土体的模型,没有考虑地基反力弹簧参数所带来的影响;第二,该方法对于地质条件比较复杂或者结构断面比较不规则的情况也同样适用;第三,不仅可以进行弹性分析,对于弹塑性分析也同样满足需求。

缺点:第一,该方法的计算模型较大,如果网格较密,会导致计算困难。第二,对于地铁地下结构和周围土体,可能会存在接触面滑移等问题,处理起来比较棘手。第三,使用有限元软件进行抗震分析,操作起来相对复杂。

②反应加速度法的适用情况。

a.地铁地下结构与土体相比,刚度要大,变形要小,同时质量也要大。土体惯性力可以忽略,此时占据主要地位的是结构惯性力。

b.进行地铁地下结构抗震计算时,在地质条件比较复杂或者结构断面较不规则的条件下也同样适用。

(4)时程分析法。

时程分析法是将荷载施加在结构上的过程看作一种动态模拟过程的方法。在地震作用下,普遍认为结构产生的应力和位移是单方向的,这种认识是错误的。时程分析法的机理是:使地铁地下车站和周围土体的边界条件保持一致,基于此得到不同工况下的特征值,以此来进行抗震分析。该方法已渐渐成为很多国家的抗震设计方法之一。

应用时程分析法建立模型相对复杂,土体参数和计算模型尺寸的取值都要合理。计算与分析隧道或者地铁地下车站横向地震反应时,应采用土-结构动力相互作用的计算模型,同时按照平面应变问题来处理。分析地铁地下车站空间动力响应时,应该采用三维计算模型。此外,场域不同,与之对应的边界条件也是存在差异的。边界条件的选取对最终的结果影响很大,故采用时程分析法时,研究边界条件是十分有必要的。

时程分析法的优点有:该方法主要应用于工程科研,具备还原度高、数据动态的优点,结果比较准确,与实际地震作用下的动力响应结果基本吻合。

时程分析法的缺点有:在采用有限元软件进行分析时,需要考虑人工边界的选取、地震动的输入、参数的选取等因素对结构的影响。在应用时程分析法过程之中,也存在一些问题,国内外学者对此进行了更深入的研究。但是在目前来看,时程分析法仍比较适合用于地下结构的抗震分析。

4)地铁车站结构抗震设计案例

当前,我国各城市地上交通运行压力越来越大,为了解决城市人口与地面交通资源的矛盾,很多城市已经开始积极进行地铁系统建设。地铁车站是地铁系统的重要部分,车站结构空间较大,且人员疏散与保护结构较多,又建设在城市地底,容易受到地震运动的影响,因此必须根据当地地质及地震环境特点进行地铁车站结构抗震设计。前期不仅需做好地震作用下结构位移的分析,还需做好地震环境下的人员疏散结构设计,为地铁车站的安全运营提供保障。

(1)地铁车站工程概述。

徐州市地铁6号线一期第11号车站为紫金路站,具备与5号线换乘的功能。6号线与5号线车站在东北向西南设有联络线。6号线车站部分设置单渡线,为地下三层双柱三跨地下箱形结构,5号线车站部分为地下两层双柱三跨箱形结构,联络线围合区域为两层多跨地下箱形框架结构,并设计有物业开发点。

(2)地铁车站结构抗震设计。

①抗震位移分析。

紫金路站位于抗震设防烈度7度区内,建筑场地类别为Ⅱ类,设防地震设计特征周期为0.4 s,设防地震基本加速度为0.1g。根据抗震计算相关要求及《徐州轨道交通6号线一期工程场地地震安全性评价报告》,设防地震的50年超越概率为10%,罕遇地震的50年超越概率为2%。针对每种重现期地震,安全性评价报告给出3组地震波,并给出不同概率水平的地震动时程。采用MIDAS GTS-NX有限元分析软件,对车站抗震进行整体建模验算和动力分析,采用黏弹性人工边界,分析车站三维状态下的抗震变形状态。紫金路站结构初始状态有限元分析模型如图3.38所示。

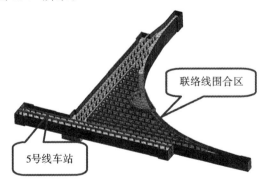

图3.38 紫金路站结构初始状态有限元分析模型

在 $x$ 方向地震波荷载作用下,车站结构的最大位移为 23.07 mm,最大值出现在车站与联络线区域北侧,换乘节点的最大位移约为 12 mm。在 $y$ 方向地震波荷载作用下,车站结构的最大位移为 25.9 mm,最大值出现在 5 号线尽端式站台收口处,换乘节点的最大位移约为 10.25 mm,如图 3.39 和图 3.40 所示。

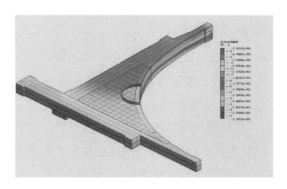

图 3.39　地震工况下车站结构 $x$ 向位移

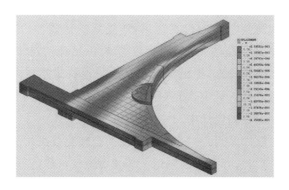

图 3.40　地震工况下车站结构 $y$ 向位移

通过有限元软件分析可知,车站在水平向地震力作用下,车站变形最大的位置一般出现在结构平面发生变化或者收口位置(如车站尽端式站台位置),因此在车站结构设计中需要针对性加强此类位置的结构侧向刚度。

②车站抗震构造设计。

从结构的地震响应来看,顶、底板支座和土岩分界面的受力较大,因此,该车站需采取抗震措施,以确保结构在地震作用下具有足够的抗震性能。同时,加大车站变形较大方向上竖向受力构件(如混凝土墙、柱)的侧向刚度,以减小地震对车站的影响。根据工程场地的地质条件和车站结构的形式、跨度、布置特点,采取以下抗震措施。

a. 框架结构抗震遵守"强柱、弱梁、更强节点核心区"的原则,严格控制中柱轴压比,保证中柱的延性。中柱纵向受力钢筋的配筋率按不大于5%控制,同一截面内的钢筋接头不宜超过全截面钢筋总数的50%,在搭接接头范围内,箍筋间距不大于$5d$,且应小于100 mm。柱箍筋加密区的箍筋最大间距应为8倍箍筋直径与100 mm中的较小值,箍筋最小直径应取8 mm。框架梁是框架结构在地震作用下的主要耗能构件,为了对节点核心区提供约束以提高其受剪承载力,梁宽不应小于柱宽的1/2,通过适当加宽梁截面,降低梁截面的剪压比。

b. 框架节点核心区处理。框架节点核心区配箍特征值不宜小于0.1,且体积配箍率不宜小于0.5%。柱剪跨比不大于2的框架节点核心区的体积配箍率不宜小于核心区上、下柱端的较大体积配箍率。在框架中间层的中间节点处,框架梁的上部纵向钢筋应贯穿中间节点;框架柱的纵向钢筋应贯穿中间层中间节点和中间层端节点,柱纵筋接头应设在节点区以外。

③地铁车站结构抗震设计优化措施。

在设计过程中,考虑到地铁车站的稳定性,加入抗震的相关设计。地下结构在地震过程中因为受到土体的包裹约束,所受到的地震冲击相比地面结构弱。但日本的阪神大地震导致地下建筑受到较大破坏,给地铁设计建设敲响了警钟。为了防止地震破坏地铁设施,提出将抗震结构与地铁车站主体结构进行融合的设计思路。相关的设计人员应当先对抗震结构进行细致的了解和研究,才能将抗震结构更好地融入车站设计中。

a. 坚持正确的设计原则。应当遵循功能的合理化及结构的标准化原则。在进行抗震设计中,应当选择合适的场地。需要对地铁沿线进行全面分析,如对工程地质情况进行分析等。在此基础上,需选择更加符合抗震设计要求的地铁车站结构。然后,确定地铁车站的结构形式,进行合理性判断,以保证地铁车站的合理性和稳定性。

b. 优化具体设计。在地铁车站结构设计中加入抗震设计,其中设计优化是保证地铁车站最终效果的有效措施。为此,需要相关设计人员对设计过程中所涵盖的内容进行多角度和形式的研究分析,最终确定与抗震设计相关的设计思路。

c. 优化抗震结构设计方式。应当在抗震结构设计过程中对设计方案进行深入细致的研究。在抗震设计前,应当明确是否能够对抗震水平和当地的地震类型、等级进行确定。开展此类基础工作有助于对地铁车站进行科学合理的设计。

(3)抗震设计效果分析。

通过验算及模型分析可知,在抗震设计结构中施加地震波作用,结构的层间位移角最大值均在1/550以下,可以判断抗震设计结构的弹性效果符合抗震设计计算的要求,构件截面及配筋的验算结果满足抗震设计计算要求,即整体抗震效果较好。在设防地震波动作用环境中,地铁车站中柱轴压比小于0.75,没有超限现象,能够达到地铁车站运行的抗震要求。

(4)案例总结。

在地铁车站建设中积极做好各环节优化设计,是提升地铁系统建设安全性的重要环节之一。抗震设计是地铁结构设计中的重要方面,在具体设计工作中应积极做好地铁建设区域地震烈度分析及抗震结构强度设置,为优化地铁车站建设效果提供助力。

# 第4章 地铁车站消防设计

## 4.1 地铁车站消防设计概述

当前,地铁已经成为人们主要的出行方式,为人们的生活提供了极大的便利。可是,伴随着地铁的实际运行出现了很多安全隐患,特别是消防安全隐患。如果出现火灾,地铁这一狭小的空间会延误火灾扑救。特别是在最近几年世界很多国家的地铁车站都陆续出现过火灾,波及的人数不断增多。地铁产生的这种安全隐患也给乘客产生了较大的伤害。在以人为本的现今社会,强化地铁安全,做好地铁车站的消防设计,保障乘客的乘车安全有着不可忽视的意义。

### 4.1.1 地铁车站消防设计的原则与特点

**1. 地铁车站消防设计的原则**

地铁车站作为大量人流聚集的交通建筑,安全要求比一般建筑更为严格,其消防设计遵循以下原则。

(1)地铁车站消防设计按全线同一时间仅一处发生火灾考虑。对于两条线路的换乘车站,按同一车站同一时间发生一次火灾考虑。

(2)地铁内设全线消防控制中心,内设专职值班员,负责全线所有车站、区间、主变电站、车辆段和综合基地及控制中心等建筑的消防控制与指挥,以及与市消防指挥中心的联系。

(3)耐火等级与防火分区。

根据《地铁设计规范》(GB 50157—2013),耐火等级主要有以下几点要求:地下的车站、区间、变电站等主体工程及出入口通道、风道的耐火等级应为一级。地面出入口、风亭等附属建筑,地面车站、高架车站及高架区间的建(构)筑物,耐火等级不得低于二级。控制中心建筑耐火等级应为一级。车辆基地内建筑的耐火等级应根据其使用功能确定。

防火分区要求如下:地下车站站台和站厅公共区应划为一个防火分区,设备与管理用房区每个防火分区的最大允许使用面积不应大于 1500 m²;地下换乘车站当共用一个站厅时,站厅公共区面积不应大于 5000 m²。地上的车站站厅公共区采用机械排烟时,防火分区的最大允许建筑面积不应大于 5000 m²,其他部位每个防火分区的最大允许建筑面积不应大于 2500 m²。

《地铁设计防火标准》(GB 51298—2018)中的相关规定如下。

地下车站。①站台和站厅公共区可划分为同一个防火分区,站厅公共区的建筑面积不宜大于 5000 m²。②站厅设备管理区应与站厅、站台公共区划分为不同的防火分区,设备管理区每个防火分区的最大允许建筑面积不应大于 1500 m²。消防水泵房、污水和废水泵房、厕所、盥洗、茶水、清扫等房间的建筑面积可不计入所在防火分区的建筑面积。③地下一层侧式站台与同层站厅公共区可划为同一个防火分区,但站台上任一点至车站直通地面的疏散通道口的最大距离不应大于 50 m;当大于 50 m 时,应在与同层站厅的邻接面处或站厅的适当位置采用耐火极限不低于 2 h 的防火隔墙等进行分隔。④上、下重叠平行站台的车站应符合下列规定:下层站台穿越上层站台至站厅的楼梯或扶梯,应在上层站台的楼梯或扶梯开口部位设置耐火极限不低于 2 h 的防火隔墙;上、下层站台之间的联系楼梯或扶梯,除可在下层站台的楼梯或扶梯开口处人员上下通行的部位采用耐火极限不低于 3 h 的防火卷帘等进行分隔外,其他部位应设置耐火极限不低于 2 h 的防火隔墙。⑤多线同层站台平行换乘车站的各站台之间应设置耐火极限不低于 2 h 的纵向防火隔墙,该防火隔墙应延伸至站台有效长度外不小于 10 m。⑥点式换乘车站站台之间的换乘通道和换乘梯,除可在下层站台的通道或楼梯或扶梯口处人员上下通行的部位采用耐火极限不低于 3 h 的防火卷帘等进行分隔外,其他部位应设置耐火极限不低于 2 h 的防火隔墙。⑦侧式站台与同层站厅换乘车站,除可在站台连接同层站厅的通道口部位采用耐火极限不低于 3 h 的防火卷帘等进行分隔外,其他部位应设置耐火极限不低于 3 h 的防火墙。⑧通道换乘车站的站间换乘通道两侧应设置耐火极限不低于 2 h 的防火隔墙,通道内应采用 2 道耐火极限均不低于 3 h 的防火卷帘等进行分隔。⑨站厅层位于站台层下方时,除可在站厅至站台的楼梯或扶梯开口处人员上下通行的部位采用耐火极限不低于 3 h 的防火卷帘等进行分隔外,其他部位应设置耐火极限不低于 2 h 的防火隔墙。⑩在站厅层与站台层之间设置地铁设备层时,站台至站厅的楼梯或扶梯穿越设备层的部位周围应设置无门窗洞口的防火墙。⑪站台与站厅公共区之间除上下楼梯或扶梯的开口外,不应设置其他上下连通的开口。

地上车站。①站厅公共区每个防火分区的最大允许建筑面积不宜大于 5000 m²。②站厅设备管理区应与站台、站厅公共区划分为不同的防火分区,设备管理区每个防火分区的最大允许建筑面积不应大于 2500 m²。对于建筑高度大于 24 m 的高架车站,其设备管理区每个防火分区的最大允许建筑面积不应大于 1500 m²。③站厅位于站台上方且站台层不具备自然排烟条件时,除可在站台至站厅的楼梯或扶梯开口处人员上下通行的部位采用耐火极限不低于 3 h 的防火卷帘等进行分隔外,其他部位应设置耐火极限不低于 2 h 的防火隔墙。

(4)紧急疏散。

车站公共区内按客流需要(包括紧急疏散时)设置足够宽度的人行通道,并至少有两个能直通地面。站台到站厅的扶梯加楼梯的总宽度,应能保证灾害情况下在 6 min 内把站台上的候车乘客和该站最大断面客流,以及车站工作人员疏散到安全地点。

(5)地铁全线所有建筑物都设置火灾自动报警系统(fire alarm system, FAS)及消防联动和防排烟联动控制系统。

(6)火灾自动报警系统。

FAS 按中央级与车站级两级监控方式设置。控制中心为中央级,实现对地铁全线的消防进行集中监控管理。车站控制室为车站级,能够对其所管辖范围内的消防设备独立地进行消防监控管理。

控制中心设消防值班员,负责管理全线的火灾报警。车站级控制室不设专职消防值班员,而由值班站长或值班员兼任,监视火灾报警,确认火灾灾情,发出模式指令至环境与设备监控系统,启动相应的消防联动设备,并报告控制中心。如果在规定时间内车站级未确认火警,则控制中心应确认火警,并发出消防救灾指令至火灾报警控制器,由火灾报警控制器发出模式指令给环境与设备监控系统,启动相应的消防联动设备。在控制中心的指挥下,组织现场救灾。并与消防部门 119 无线报警台联网,及时通报有关车站火灾灾情。

## 2. 地铁车站防灾设计的特点

(1)采用整体设计。通过控制中心对全线火灾进行统一监控,当某个车站发生火灾时,不但进行该车站的火灾扑救,还需对全线相关系统进行消防联动,如隧道风机、列车运营、全线广播、导向系统等均会进入消防模式。

(2)可靠性要求高。由于单个车站发生火灾将影响整条地铁线路的正常运营,影响面大、造成的损失大,故地铁防灾的可靠性要求高,从火灾的预防、确认到扑救都有严格的、可靠的程序。这是地铁车站建筑综合体所不具备的。

## 4.1.2 地铁车站消防设计的一般思路

地铁建筑物的组成一般包括车站、区间、控制中心、主变电所、车辆段及停车场等,地铁建筑物的示意图如图4.1所示。进行地铁车站消防设计,需要从这些建筑物着手进行火灾防范。

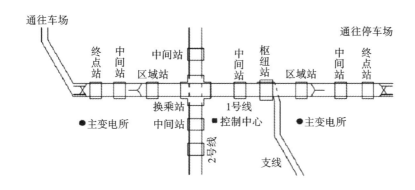

**图 4.1 地铁建筑物的示意图**

地铁的基本组成为设计人员进行地铁车站建筑的设计提供了思路,如地铁标准站、换乘站等的形式。此外,在平面布局方面,依据《建筑设计防火规范》(GB 50016—2014)的相关规定,地铁的出入口、消防出入口等附属建筑,车场出入段与周围建筑物、储罐等之间的防火间距应符合规范要求;依据《汽车加油加气加氢站技术标准》(GB 50156—2021)的相关规定,地铁与汽车加油加气加氢站的防火间距应该符合规范要求;依据《城镇燃气设计规范》(GB 50028—2006)的相关规定,地铁与燃气调压站、液化石油气站等之间的防火间距应该符合规范要求;依据《人民防空工程设计防火规范》(GB 50098—2009)的相关规定,车站的采光窗井与相邻地面建筑之间的防火间距应符合规范要求。

## 4.1.3 地铁车站消防安全影响因素

地铁车站消防系统是一个复杂的系统,其安全影响因素众多,其中任何一个部分或环节出现问题都可能使整个系统的安全受到影响。为了有效地控制地铁车站的消防安全状况,做出合理且满足消防需求的设计方案,有必要对其消防安全影响因素进行分析和总结。这里将影响因素分为两类:硬件因素和软件因素。

### 1. 硬件因素

这里所说的硬件因素是指对地铁车站消防安全有影响的地铁车站基础设施和消防硬件设备。

1)地铁车站自身因素

(1)建筑构件因素。

地铁车站的建筑构件是指车站的墙、柱、梁、楼板、楼梯、坡道、吊顶等,它们是地铁车站基本的建筑组成部分,同时也是地铁车站预防火灾,提高消防安全水平的基本着眼点。一旦火灾发展到轰燃阶段,保证建筑物的结构安全便成了火灾防治的主要目标。这些构件肩负着建筑承重和空间分隔的重要任务,是火灾发生时保障建筑安全和防止火灾扩散的基本手段。燃烧性能和耐火性能较差的构件易于燃烧并传播火灾,不能起到阻止或延缓火势蔓延的作用,甚至有的承重构件因受到火灾破坏而失效,从而导致地下建筑乃至地上建筑倒塌,造成更加严重的损失。

(2)地铁车站内部设计因素。

影响地铁车站消防安全的内部设计因素主要包括三个方面。

首先,地铁车站中除候车站台以外,还有空调设备房、检票系统等。这其中就有一些空间具有火灾危险性。如果这些空间与整个站厅距离太近或没有按规定使用防火设施严格分隔,那么小范围的火灾将会蔓延,产生严重的后果。

其次,地铁车站疏散通道及出口设计也是影响消防安全的重要因素。火灾发生时利用短暂的有效疏散时间进行人员和财产的疏散是减少火灾损失的基本手段,而合理设置疏散通道及出口是有效疏散的前提条件。疏散通道的路线设计不合理或疏散出口的数量及尺寸方面存在任何问题都可能延误疏散时间,造成人员的拥堵,引起更加严重的人员伤亡或财产损失。

再次,设置防火分区是对火灾进行控制的有效手段。一旦发生火灾,防火墙等设施就可以把火灾控制在本区域内,防止火灾向其他区域蔓延。防火分区作为控制火灾的有效手段,一方面其划分必须合理,且面积大小要符合规范要求。太小了不经济,太大了又起不到控制火势蔓延的作用。另一方面防火分区间必须有完善的防火分隔措施,比如防火墙两侧的门之间的距离要不小于 2 m。

2)消防设施与设备因素

前面所讲的是地铁车站自身建筑设计方面的因素,这里阐述一下在建筑的基础上配备的消防设施与设备方面的因素。消防设施、设备是控制和消灭火灾、保障建筑消防安全的根本手段,所以各种设施、设备的性能和状况与地铁车站的消防安全有着直接的关系。这里对影响地铁车站消防安全的消防设施和设备做了总结,主要有以下几个部分。

(1)电气设施、设备。

电气设施、设备是地铁车站建筑设备的重要组成部分,其正常工作是地铁车站内消防设施、设备正常运行的前提,对地铁车站的消防安全有着极其重要的影响。具体来讲,其对地铁车站消防安全的影响主要包括强电系统和弱电系统两个方面。

①强电系统。地铁车站强电系统为排烟、灭火等消防设备提供电源,消防供电是否可靠是消防设备能否起到控制火灾、减少火灾损失作用的关键。一旦火灾发生而消防供电又得不到保证,整个地铁车站的消防系统将陷入瘫痪:车站内无应急照明;通道及出口处无疏散指示;排烟系统无法运行,导致车站内浓烟弥漫;防火卷帘无法动作,导致火灾肆意蔓延;灭火系统无法供水,导致火灾得不到控制;等等。确定合理的供电方案,确保消防用电可靠是地铁车站消防设备正常运行的基础。

另外,需要注意做好配电设施、设备及输电线路的防火工作。只有保障输、配电正常才能保证消防设备在火灾时能正常运行。若不做好输、配电设备及线路的防火工作,有可能导致电气火灾的发生。电气火灾大多是设备或线路过载、漏电、短路、接触不良或静电积累,导致局部线路过热或产生电弧、电火花等引起的。

②弱电系统。这里所说的弱电系统是指和消防有关的弱电部分。它是火灾控制工作的重要内容,肩负着火灾探测、报警和与消防设备联动两大重要任务,对地铁车站消防安全也有着重要的影响。对地铁车站来讲,在火灾的早期及时将其扑灭具有非凡的意义,这也是火灾报警探测装置存在的价值。消防弱电的控制中心在消防控制室,这里接收火灾探测系统传回的火灾信息,处理后做出报警指示并启动相关区域的消防设备,对火灾进行控制。弱电系统的可靠性和有效性是及时控制火灾、减小火灾损失的关键。火灾感知越晚,消防设备启动越迟,人员的有效疏散时间就越少,火灾蔓延的范围就越大,造成的人员伤亡和财产损失也就越大。

(2)排烟设施、设备。

发生火灾时阻止烟气扩散的最简单方式是将烟排到室外,为人员疏散和采取灭火措施赢得宝贵的时间。排烟设施和设备的性能及工作状况与火灾发展、人员疏散和火灾救援有直接关系,对地铁车站消防安全水平有重要影响。其表现在以下两个方面。

首先,当火灾发生时,火场中心的温度很高,燃烧时会产生大量的高温烟气。烟气的对流会使火灾进一步蔓延。尤其是地铁车站位于地下,一般设有风井、电井、水井等。如果高温烟气不能及时排到室外,则很容易从这些竖井或孔、洞蔓延到地上建筑,使损失更加严重。

其次,及时、有效地排烟是人员疏散及灭火救援的有力保障。空气中的有毒烟气只要达到较小的浓度就能对人造成很大的伤害。排烟系统的性能及工作状况与消防安全有着密切的关系,尤其是在地铁车站系统中,火灾时及时排烟更显重要。地下建筑发生火灾后,火灾蔓延、烟气流动的方向与人员疏散方向相同,在轰燃出现以后,浓烟和停电造成能见度低,灭火和救援工作都难以迅速展开,加大了消防人员救援的难度。要提高地铁车站系统的消防安全水平,一定要提高排烟系统设计的合理性,保证风机、防火阀及其他部件的正常运行。

(3)灭火设施、设备。

灭火设施、设备是对火灾进行控制的有力手段。对于地铁车站来讲,灭火设施、设备的性能及工作状况尤为重要,这主要是由地铁车站的特点所决定的。地铁车站作为乘客、列车进出站场所,其内部空间一旦发生火灾又不能得到及时、有效的控制,则可能导致重大的人员伤亡和财产损失。作为消灭火灾有力手段的灭火设施、设备的性能及工作状况对地铁车站消防安全有着重要的影响,主要表现在以下几个方面。

①建筑自身灭火系统的状况对地铁车站消防安全有重要影响,因为灭火系统的状况在一定程度上是其自身灭火能力的反映。一般来讲,为了保障地铁车站的消防安全,会在车站中设置多种灭火设施,通常有三种:气体灭火系统、消火栓和手提式灭火器。不同的灭火方式各有功用,为了保障整个地铁车站的消防安全,任何一种灭火方式都应该得到重视。由于地铁车站内各类电气设施众多,对此类设施发生的电气火灾只能使用气体灭火系统。目前,国内使用的洁净气体灭火系统主要有IG541混合气体灭火系统、七氟丙烷灭火系统、高压二氧化碳灭火设备。地铁车站这种应用场所主要有设备昂贵、保护要求高、保护区域广且十分分散、距离远、人流量大等特点。七氟丙烷灭火系统虽采用洁净气体,对电气设备无损害,但储存压力有限,输送距离受限制,对距离远的区域无法达到灭火效果,不宜使用。高压二氧化碳灭火设备虽然输送距离远,但不能用在有人的

地方,灭火时可能导致未疏散人员窒息,不宜使用。IG541混合气体灭火系统的灭火剂由大气层中的氮气、氩气、二氧化碳按52%、40%、8%的比例混合而成,储存压力达到15 MPa,能输送至150 m的超长距离,电绝缘性良好,无腐蚀性,对设备没有任何损害,无任何环保限制,灭火过程中不产生分解物,是绿色环保型灭火系统,是地铁灭火系统的优质之选。对于消火栓系统来讲,首先要保证消火栓的位置符合规范要求,不能出现消防死角;其次要严格检查其管网设计是否合理;再次要定期检查设备状况,及时维修,以保证火灾发生时设备可以正常运行。手提式灭火器也不能忽略,一定要保证其放置位置、灭火物质的质量等符合要求。三种灭火设施各有适应的环境及位置,应将其结合起来使用,保证整个地铁车站的消防安全。

②附近消防队的灭火能力也是影响地铁车站消防安全的重要因素。地铁车站自身设置了消防灭火设施和设备,在火灾初期或对于小范围火灾,这些设施、设备可以对火灾的发展和蔓延起到一定的阻碍和控制作用。但如果火灾范围较大或火灾发展到轰然阶段,地铁车站的消防管理人员可能不具备足够的知识和能力依据火灾及设施、设备的具体状况制订合适的灭火方案对火灾进行及时、有效的控制。消防队作为专业灭火部门,不但装备较好,而且人员都受过专业训练并具有丰富的消防经验,完全有能力制订合适的消防灭火方案,利用自带消防设备和地铁车站自有设施、设备对火灾进行有效控制,使火灾损失减到最小。

③灭火设施中还有两个重要的因素:消防供水设施和消防排水设施。消防供水设施供水的可靠性是保障消防灭火设施正常工作的基础,尤其是发生大面积火灾的时候,单靠手提式灭火器是难以有效控制火灾的,这时候就需要大量的供水来保证消火栓系统的消防用水,否则火灾将无法得到控制或消灭,造成巨大的火灾危害。把消防排水设施列入消防安全影响因素是由地铁车站自身特点决定的。地铁车站标高较低,若消防排水设施设置不好,灭火后地铁车站内势必积留大量消防水,导致在发生火灾的同时发生水灾。大量的积水一方面会阻碍人员的疏散,另一方面会妨碍消防部门灭火救援工作的顺利进行。

## 2. 软件因素

这里所说的软件因素是指对地铁车站消防安全水平有影响的制度或人员方面的因素。

1)消防安全规章制度

消防安全规章制度是对人员行为的一种约束或督促。它对地铁车站消防安全的影响主要表现在可以约束人的错误行为,对不利于地铁车站消防安全的人员行为予以禁止或约束,降低由于人为原因造成的火灾危险性。利用相应的值班制度或消防安全责任制等方式督促消防管理人员或工作人员对保障消防安全的设施、设备等进行定期的检查和及时维修,使其时刻处于良好的状态,以保证在火灾发生时能对火灾的发展起到一定的控制作用。要想减少事故发生的概率,最有效的方法之一是提高人的基本素质,建立相关的培训制度,完善管理机制。

2)人员因素

人员因素是影响消防安全的极其重要的一个因素。其原因在于:首先,在消防安全管理工作中人是最活跃、最重要的因素。消防系统的运行始终离不开人的监督和控制,所以地铁车站消防管理和工作人员的消防知识水平与消防技能状况直接关系到整个消防系统设施、设备的运行状况及火灾控制能力的发挥。其次,地铁车站消防工作人员的消防安全意识水平高低与火灾预防工作及日常消防管理工作的成败有直接的关系。若工作人员的消防安全意识较低,将导致其对威胁消防安全的行为和做法视而不见,对待日常检查及维修工作如走马观花,致使地铁车站的消防安全受到很大影响。

## 4.1.4　地铁车站紧急疏散和建筑防火一般设计要求

车站建筑的布置和设施应严格执行有关的民用建筑防火规范和地铁设计规范。

地下车站的车站主体工程及出入口通道、风道的耐火等级应为一级;地面出入口、风亭等附属建筑,地面车站、高架车站的耐火等级不得低于二级。

车站内的楼扶梯和疏散通道的宽度,应能保证在远期高峰小时客流时发生火灾的情况下,4 min 内将一列到达列车所载乘客和站台上的候车乘客全部撤离站台。

站厅公共区和站台计算长度内任一点到疏散通道口和疏散楼梯口的最大疏散距离不应大于 50 m。在站台每端均应设置到达区间的楼梯。

车站站台、站厅和出入口通道的乘客疏散区不得设置商业场所,除地铁运营、服务设备、设施外,也不得设置妨碍乘客疏散的设备、设施及其他物体。

车站两个防火分区之间采用耐火极限 3 h 的防火墙和 A 类隔热防火门分隔。在防火墙设有观察窗时,应采用防火玻璃。消防泵房、污水泵房、蓄水池、厕所和盥洗室的面积可不计入防火分区面积内。

车站公共区应充分利用楼板下混凝土梁划分防烟分区，每个防烟分区面积不大于 2000 m²，且不得跨越防火分区，并与车站通风模式相匹配。站台公共区的楼梯、扶梯开孔处和站厅的人行通道口采用固定式挡烟垂壁进行防烟分隔，挡烟垂壁从吊顶面下凸出不应小于 0.5 m。当公共区吊顶材料的透空率不小于 30% 时，挡烟垂壁应到结构板底，挡烟垂壁的耐火极限不应小于 0.5 h。

防火墙墙体砌筑至该层顶板底面，墙体厚为 200 mm，采用耐火极限 3 h 的砌体，用不小于 M7.5 的砂浆砌筑。其他设备与管理用房墙体的砌筑高度可按需要设计，但其顶棚要采取有效的防火措施，采用阻燃、密实的吊顶材料。

车站主要设备、管理用房区应设一条净宽不小于 1200 mm 的直通地面的消防通道。连接上下层设备区的内部楼梯应为封闭楼梯，每层设置 A 类隔热防火门，并往疏散方向开启。当消防专用通道楼梯间的室内地面与室外出入口地面高差大于 10 m 时应设防烟楼梯间。防烟楼梯间在各层的位置应一致，必须转折时，联系两处的走道应为独立的避难走道。

在地下换乘站公共区的下列部位，应采取防火分隔措施。上下层平行站台换乘车站：下层站台穿越上层站台时的穿越部分；上、下层站台联络梯处。多线同层站台平行换乘车站：站台与站台之间。多线点式换乘车站：换乘通道或换乘楼梯。

车站出入口的设置应满足进出站客流和事故疏散的需要，并应符合下列规定：车站每个站厅公共区安全出口数量经计算确定，且应设置不少于 2 个直通地面的安全出口；地下一层侧式站台车站，每侧站台不应少于 2 个出口；换乘车站共用一个站厅公共区时，站厅公共区的安全出口数量应按每条线不少于 2 个设置；地下车站的设备与管理用房区安全出口的数量不应少于 2 个，其中有人值守的防火分区应有 1 个安全出口直通地面；对地下车站无人值守的设备和管理用房区，应设置 2 个与相邻防火分区相通的防火门作为安全出口；当出入口同方向设置时，2 个出入口间的净距不应小于 10 m；竖井、爬梯、电梯、消防专用通道，以及设置在两侧站台之间的过轨地道不应作为安全出口，地下换乘车站的换乘通道也不应作为安全出口。

当地下出入口通道长度超过 60 m 时，通道内应设置排烟设施，长度超过 100 m 时，应在中部增设安全出口，以满足消防疏散要求。

管道穿防火墙、楼板及防火分隔物时，应采用有效的防火材料实施封堵。

车站设备及管理用房区的安全出口、楼梯、疏散通道的最小净宽应符合以下规定:安全出口及楼梯为1.2 m,单向布置房间的疏散通道为1.2 m;双向布置房间的疏散通道为1.5 m。疏散通道内外开门的设置应保证门开启后通道仍有1.1 m的疏散宽度。

设于设备及管理用房的门至最近安全出口的距离不得超过40 m,位于尽端封闭的通道两侧或尽端的房间,其最大距离不得超过上述距离的1/2,疏散门与最近安全出口的距离不应大于22 m。

结合物业开发的车站,物业开发区为独立的防火分区。物业开发区应按《建筑设计防火规范》(GB 50016—2014)等现行规范、规定采取有效的防火措施,自成体系,使这些区域在发生火灾时不影响车站客流疏散和车站安全。

站厅与物业开发区之间应采用防火卷帘、防烟前室、通道或下沉式广场等形式之一进行分隔。采用防火卷帘进行分隔时应设置双道卷帘,由地铁、物业开发区分别控制,卷帘旁可视情况设防火墙,墙上设车站向物业疏散的单向防火门。

两条单线区间隧道之间应设置联络通道,相邻两个联络通道之间的距离不应大于600 m;联络通道内应设并列反向开启的甲级防火门,门扇的开启不得侵入限界。

当区间隧道设中间风井时,井内或就近处应设置直通地面的防烟楼梯。

## 4.2 地铁车站消防与疏散设计

### 4.2.1 防烟分区的划分

《地铁设计防火标准》(GB 51298—2018)中对防烟与排烟的一般规定如下。

(1)下列场所应设置排烟设施:地下或封闭车站的站厅、站台公共区;同一个防火分区内总建筑面积大于200 m²的地下车站设备管理区,地下单个建筑面积大于50 m²且经常有人停留或可燃物较多的房间;连续长度大于一列列车长度的地下区间和全封闭车道;车站设备管理区内长度大于20 m的内走道,长度大于60 m的地下换乘通道、连接通道和出入口通道。

(2)防烟楼梯间及其前室、避难走道及其前室应设置防烟设施。地下车站设置机械加压送风系统的封闭楼梯间、防烟楼梯间宜在其顶部设置固定窗,但公共区供乘客疏散、设置机械加压送风系统的封闭楼梯间、防烟楼梯间顶部应设置固定窗。

(3)防烟、排烟系统的设计应符合下列规定:当对站厅公共区进行排烟时,应能防止烟气进入出入口通道、换乘通道、站台、连接通道等邻近区域;当对站台公共区进行排烟时,应能防止烟气进入站厅、地下区间、换乘通道等邻近区域;当对地下区间进行纵向控烟时,应能控制烟流方向与乘客疏散方向相反,并应能防止烟气逆流和进入相邻车站、相邻区间;对于设置自动灭火系统的设备用房,其防烟或排烟系统的控制应能满足自动灭火系统有效灭火的需要。

(4)机械防烟系统和机械排烟系统可与正常通风系统合用,合用的通风系统应符合防烟、排烟系统的要求,且该系统由正常运转模式转为防烟或排烟运转模式的时间不应大于180 s。

(5)站厅公共区和设备管理区应采用挡烟垂壁或建筑结构划分防烟分区,防烟分区不应跨越防火分区。站厅公共区内每个防烟分区的最大允许建筑面积不应大于2000 $m^2$,设备管理区内每个防烟分区的最大允许建筑面积不应大于750 $m^2$。

(6)公共区楼扶梯穿越楼板的开口部位、公共区吊顶与其他场所连接处的顶棚或吊顶面高差不足0.5 m的部位应设置挡烟垂壁。

(7)挡烟垂壁或划分防烟分区的建筑结构应为不燃材料且耐火极限不应低于0.5 h,凸出顶棚或封闭吊顶不应小于0.5 m。挡烟垂壁的下缘至地面、楼梯或扶梯踏步面的垂直距离不应小于2.3 m。

## 4.2.2　地铁防火防烟分隔设计

**1. 防火隔离措施一般规定**

(1)车站(车辆基地)控制室(含防灾报警设备室)、变电所、配电室、通信及信号机房、固定灭火装置设备室、消防水泵房、废水泵房、通风机房、环控电控室、站台门控制室、蓄电池室等发生火灾时需运作的房间,应分别独立设置,并应采用耐火极限不低于2 h的防火隔墙和耐火极限不低于1.5 h的楼板与其他部位分隔。

(2)防火墙上的窗口应采用固定式甲级防火窗;防火隔墙上的窗口应采用固定式乙级防火窗,必须设置活动式防火窗时,应具备火灾时能自动关闭的功能。

(3)在所有管线(道)穿越防火墙、防火隔墙、楼板、电缆通道和管沟隔墙处,均应采用防火封堵材料紧密填实。

（4）与地下商业等非地铁功能的场所相邻的车站，其站台层、站厅付费区、站厅非付费区的乘客疏散区，以及用于乘客疏散的通道内，严禁设置商铺和非地铁运营用房。

（5）在站厅非付费区的乘客疏散区外设置的商铺，应采用耐火极限不低于2h的防火隔墙或耐火极限不低于3h的防火卷帘与其他部位分隔，商铺内应设置火灾自动报警和灭火系统。

（6）在站厅的上层或下层设置商业等非地铁功能的场所时，站厅严禁采用中庭与商业等非地铁功能的场所连通；在站厅非付费区连通商业等非地铁功能场所的楼梯或扶梯的开口部位应设置耐火极限不低于3h的防火卷帘，防火卷帘应能分别由地铁、商业等非地铁功能的场所控制，楼梯或扶梯周围的其他临界面应设置防火墙。

（7）在站厅层与站台层之间设置商业等非地铁功能的场所时，站台至站厅的楼梯或扶梯不应与商业等非地铁功能的场所连通，楼梯或扶梯穿越商业等非地铁功能的场所的部位应设置无门窗洞口的防火墙。

（8）在站厅公共区同层布置的商业等非地铁功能的场所，应采用防火墙与站厅公共区进行分隔，相互间宜采用下沉广场或连接通道等方式连通，不应直接连通。连接通道内应设置两道分别由地铁和商业等非地铁功能的场所控制且耐火极限均不低于3h的防火卷帘。

## 2. 地铁车站防火防烟分隔安全区设计

在地铁车站内部的站台、站厅等公共区域内，都需要划分防火、防烟分区。同时，在地铁车站内部设备管理区域及站厅公共区域内也应当设置不同的防火、防烟分区，并且确保每个防火、防烟分区的最大面积不超过1500 m²。地铁车站内部设计形式不同，其防火、防烟分区设计也不同。首先，采用上、下重叠平行方式设置站台的车站，在下层站台内设置一个能够穿越整个上层站台的楼梯、扶梯，并在上层扶梯的开口位置设置一个防火、防烟分区（耐火极限为2h，全封）；在上层站台和下层站台之间设置一个相互连接的扶梯，并在下层站台扶梯开口处设置一个防火、防烟分区，扶梯洞口位置设置一个防火卷帘装置。图4.2为上、下重叠平行方式设置站台的车站防火、防烟分区设置示意图。

其次，多岛平行的车站与车站之间采用垂直方向上的防火墙结构（耐火极限为2h）分隔。图4.3为这种类型车站的防火、防烟分区平面设计图。

再次，节点换乘车站选择在下层站台的开口位置增设防火、防烟分区，并同

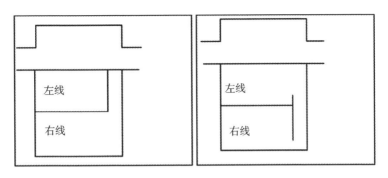

图 4.2 上、下重叠平行方式设置站台的车站防火、防烟分区设置示意图

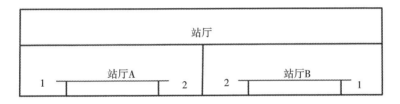

图 4.3 多线同层站台平行换乘模式的车站防火、防烟分区平面设计图

样在通道口位置设置防火卷帘。当站厅层位于站台层底部时,则需要将防火、防烟分区设置在站台楼梯、扶梯开口位置,并在电梯洞口位置设置防火卷帘。

最后,地下三层及以上类型车站可直接采用设置防火墙的方式建立防火、防烟分区,并选用耐火极限不小于 2.5 h 的防火墙。

## 4.2.3 防火封堵材料应用

在完成地铁防火防烟分隔安全区设计后,还需要在具体建设过程中对防火封堵材料进行选择。为了满足地铁防火安全需要,可选用泡沫型防火堵料或阻火模块等材料。前者通常为液体状态,在使用时可直接将其浇注在开口位置,其中含有的物料成分会立即发泡并膨胀,根据实际开口形状固化成为固体,并与开口位置紧密结合,从而获得理想的封堵效果。当地铁中发生火灾事故时,将该材料喷洒在建筑结构的开口位置,能够通过其泡沫体的受热膨胀特性防止火灾进一步蔓延。尤其是针对地铁设备层当中的各类电缆及贯穿整个建筑物的结构,通过该材料的应用可以实现快速阻火隔断。

通常情况下,地铁安全工程中的阻火模块在设计中需要以无机材料作为支撑。为了进一步实现对材料性能的优化,需要在材料中增加膨胀助燃试剂,使用专用的模具,对材料进行压缩,用此类材料代替地铁工程建设中的其他材料,可以有效地提高地铁建筑施工材料的综合性能。同时,此类材料在实际应用中具有耐腐蚀、耐热、使用寿命长等优势。由于其中不含卤族元素,因此,一旦材料遇到着火点出现燃烧现象,也不会在环境中挥发有毒有害的气体。

在实际施工过程中,防火封堵施工任务通常会被分配给不同的施工单位,进而造成防火封堵的施工标准出现差异,并且在材质的选择上也存在不同。针对这一问题,需要在各个施工单位明确统一标准的基础上,开展防火封堵材料的应用与施工,从而确保达到理想的防火封堵效果。根据上述内容,在实际地铁防火安全工程建设中应当积极采用上述两种防火封堵材料,以进一步提高地铁整体的安全性。

基于装修材料燃烧性能,车站装修材料应符合下列规定。

(1)地下车站公共区和设备与管理用房的顶棚、墙面、地面装修材料及垃圾箱,应采用燃烧性能等级为 A 级的不燃材料。

(2)地上车站公共区的墙面、顶面的装修材料及垃圾箱,应采用燃烧性能等级为 A 级的不燃材料。地面应采用燃烧性能等级不低于 $B_1$ 级的难燃材料。设备与管理用房区内的装修材料,应符合现行国家标准《建筑内部装修设计防火规范》(GB 50222—2017)的有关规定。

(3)地上、地下车站公共区的广告灯箱、导向标志、休息椅、电话亭、自动售票机等固定服务设施的材料,应采用燃烧性能等级不低于 B1 级的难燃材料。装修材料不得采用石棉、玻璃纤维、塑料类等制品。

### 4.2.4 安全疏散设计与计算

**1. 安全疏散的一般规定**

(1)地铁安全疏散一般按一条线路、一座换乘车站及其相邻区间同一时间只发生一处火灾事故考虑。站台至站厅或其他安全区域的疏散楼梯、自动扶梯和疏散通道的通过能力,应保证在远期或客流控制期中超高峰小时最大客流量时,一列进站列车所载乘客及站台上的候车乘客能在 4 min 内全部撤离站台,并应能在 6 min 内全部疏散至站厅公共区或其他安全区域。

(2)疏散乘客人数的计算应按不同区域进行区分。站台列车发生火灾时,必需疏散人员为远期或客流控制期超高峰小时一列进站列车所载的乘客及站台上的候车乘客;站台公共区发生火灾时,必需疏散人员为起火站台上的候车乘客;

站厅公共区发生火灾时,必需疏散人员为远期或客流控制期超高峰小时站台上的乘客及站厅的乘客,共享站厅换乘车站的必需疏散人员包括所有线路站台上的乘客及站厅的乘客。

(3)消防专用梯、垂直电梯、竖井爬梯、消防专用通道及管理区的楼梯不应计作疏散设施。换乘车站的换乘通道、换乘楼梯(自动扶梯)不应作为安全疏散设施。

**2. 地铁车站安全疏散理论**

在遇到突发事件进行人员安全疏散的过程中,主要会有可用安全疏散时间(available safety egress time,ASET)和必需安全疏散时间(required safety egress time,RSET)这两个时间段。地铁车站发生火灾时,火灾进程与人员疏散过程的关系如图4.4所示。

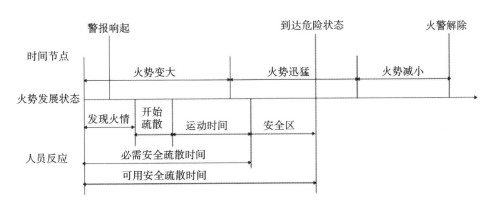

**图 4.4 火灾进程与人员疏散过程的关系**

可用安全疏散时间包含了建筑物内部人员从相关危险区域成功撤离至外部安全区域的理论允许时间,该时间最大限度地考虑了人员的运动特性及运动速度,涉及从火灾发生到人员撤离结束这一全过程,其与建筑物内部烟气蔓延速率、应急消防设备摆放、内部结构可燃性材料多少及建筑物空间结构复杂程度都有着密切的联系。

必需安全疏散时间可解释为突发状况产生过程中人员从危险区域疏散撤离至安全区域整体上所需要的时间。它是由灾害预警时间($T_1$)、预动作时间($T_2$)和疏散运动时间($T_3$)这三个时间段组成的。其中,危险确认时间和人员思维反应时间共同构成了预动作时间。

危险确认时间是指从地铁车站突发事件、预警系统报警到站内工作人员确认现场发生危险的时间间隔。该时间也包括确认危险发生位置、人员当时相关状况等所用时间。

人员思维反应时间,顾名思义就是人在遇到危险状况时,从搜集周围信息、判断周围环境情况到采取进一步的行动所用的时间。在这段时间内,各种外部因素影响会很大程度上左右人员对于危险情况及疏散逃生的判断,总体来说,这段时间的计算因人而异。

对于人员的疏散运动时间来讲,人员疏散路径、内部人员运动行为特性、周边环境三者都是重要影响因素。人员疏散路径主要取决于地铁车站站内空间结构的划分,不同的空间结构,疏散路径大相径庭。内部人员运动行为特性与周边环境这两方面总是有所结合,整体来说,就是人员的各种基本特性(如性别、年龄、经验等)与周边环境状况(如人员密集程度、烟雾浓度、能见度)共同作用并决定人员的疏散运动时间。

在火灾等危险状况发生时,保障地铁车站内人员安全疏散的基本条件为

$$\text{ASET} > \text{RSET} = T_1 + T_2 + T_3 \qquad (4.1)$$

即可用安全疏散时间必须大于必需安全疏散时间。图 4.5 显示了在地铁车站突发应急事件时,事件反应过程与人员疏散过程的时间线。

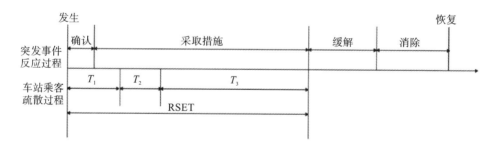

图 4.5 乘客疏散与突发事件反应过程时间线示意图

### 3. 设计规范中的人员安全疏散要求

《地铁设计防火标准》(GB 51298—2018)中对人员的安全疏散要求在第三章第二节中已提及,计算公式见式(3.4)。

### 4. 地铁车站应急状态下人员疏散能力计算

乘客自身特性和车站设计要素均会对地铁车站应急状态下的人员疏散效率

产生影响。在地铁车站内,与人员疏散有关的设备主要有照明、消防、应急疏导、电梯等。这些设备如果遇到紧急情况而失去原本的功能,站内乘客就会在疏散过程中遇到阻碍,人员恐慌不安,继而会做出各种不理智的疏散行为。因此,在这里对人员在地铁车站内不同设施之间的疏散特性及地铁车站的相关设施连接方式进行分析,运用车站乘客运输组织的相关专业理论对不同车站设备连接方式下的人员疏散能力计算方法进行研究。

1) 不同设施内的人员疏散特性分析

在地铁车站内,人员在不同环境中的心理状况和交通设施的相关状况都会影响人员的反应。也就是人员的运动行为特性与周边环境呼应。通过对与疏散相关的论文的深入探究与分析,总结出可以在复杂状况下了解周边人运动状态及运动疏散特性的相关方法,并对地铁车站人员在站内的行走速度以及相关人群聚集密度进行了分析,有利于研究遇到应急状况时,地铁车站站内人员进行快速疏散的情况。

在地铁车站内,人员在疏散流线上主要遇到的疏散设施有楼梯、通道、闸机、自动扶梯。这四种设施在一定程度上对人员疏散流向都有着自己独特的作用,下面就这四种设施对人员疏散的影响进行详细介绍。

(1) 楼梯。

地铁车站大多位于地下,楼梯是地铁车站输送进出站人员的必要设施。当人员在地铁车站楼梯上穿行时,楼梯台阶的单阶高度、单阶宽度及倾角大小这些因素都会影响人员的移动速度。与此同时,由于地铁车站站内空间有限,所以楼梯设计宽度相较于其他建筑物还是有所限制,人员在上下楼梯过程中时有踩空现象的发生,这也就导致人员在站内楼梯上的运行速度低于平地行走速度。尤其是在发生紧急状况时,人员受心理影响而产生慌乱、大客流量的冲突等都使人员在楼梯上停滞,运动速度大为减慢,进而造成人员在楼梯上的安全性降低。

从人员构成及分布密度的角度来看,人员体质、年龄、性别都会影响其运动速度。女性、体质较弱、年龄较大的人群的运动速度会显著小于男性青壮年。而随着站内人员密度的不断增高,人员的运动速度会有一个迅速降低的过程。常规状态下,进站人员属于较为自由的人群,来源也较为广泛,而出站人员均是以出站为目的,且站内空间较外部环境来说更狭小,所以出站时的人流密度大,人流较为集中。

地铁车站客流高峰时段内,会有大量的人员进出站或者换乘地铁其他列车,此时,地铁车站短时间内进出站人员数量会有大幅度的增加,单位面积楼梯的占用人数也会随之而增加,加速了楼梯的拥堵状况,楼梯位置会聚集大量行走人员,继而导致人员阻塞,最终会降低行人的运动速度。如果地铁车站内人员总量达到了车站人员疏散总量峰值,旅客也就会在楼梯上出现大规模的拥堵,此时人员行动速度缓慢甚至几近于停滞。一旦人员运动停滞,地铁车站如有紧急状况发生,那就必将产生不良后果。

(2)通道。

进出地铁车站人员或换乘人员必须经过的位置就是地铁车站的通道部分。人员在通道内行走,其行走速度主要受以下两方面因素的影响。

一方面,车站下部结构光线较为暗淡且内部空间相对来说有些狭窄,空间利用率较低,人员身在其中,有一定的心理压迫感,人们在较为封闭的空间内的常规运动速度高于在室外环境中的常规运动速度。另外一方面,地铁车站站厅层与地面连接处的坡度会对人员行走速度有一定的影响,人员在站厅或者站场平台直行坡道上的行走速度一般会大于人员在斜向通道的行走速度。

通道部位的人员安全疏散设计,严格来说,在设计阶段都是符合国家规范要求并经论证的。根据设计人员的经验,地铁车站站场及通道并不一定全都是直线形式,部分地铁车站内的结构可以存在一定数量的转角区域,这些通道上的转角区域也会在一定程度上影响人员的安全疏散。发生应急状况后,人员疏散首先要经过通道,通道的坡度、转角区域面积就成为影响人员疏散行为、疏散速度的重要因素。大量相关资料显示,人员的运动速度是随着坡度值的增加而逐渐减小的。常规状态下,只要遇到转角区域,过往人员的速度会随之降低,并且转角区域的角度也在很大程度上影响了人员的运动速度。

(3)闸机。

人员进出站时,需要在检票闸机处停留,一人一卡或一人一票通过验证后才可通行。通常情况下需要乘坐地铁的乘客都是以自由的状态从外部环境抵达闸机,其行走速度和常规的室外运动速度几乎相同。而一旦接近闸机或者售票窗口,人员的运动速度多少会因为有秩序性的排队或者让行他人而受到影响,其运动速度明显有所降低。完成检票进入车站内后,乘客又会根据自己的日常运动状态、步幅大小及频率恢复常规运动速度,并会在短时间内迅速离开人员拥挤阻塞区域。

同样的,需要重点关注人员上下班、假期等高峰时段内地铁车站闸机的通过能力。在高峰时段内,地铁车站闸机口处往往会出现超出平时状态几倍甚至数十倍的人员,该时期人员基本上是以小碎步的形式往前挪移,此时的运动速度是人员在外部环境中运动速度的十几分之一。而且在人员靠近检票闸机前,还会出现排队、停滞及等候的状态,这一状态可能一直持续到检票结束才会有所缓解。当人员完成检票时,通常运动速度会立刻提升,人员会在最短的时间内摆脱拥挤阻塞的状态。

(4)自动扶梯。

出于应用层面的考虑,地铁车站自动扶梯的设置是从车站的乘客运输量和车站大小两方面进行综合考虑的。一般情况下将与自动扶梯相关的区域划分为站立等待区域和快步行走区域两种。人员在站立等待区域的行动速度大致与在自动扶梯上的运动速度相同,如果人员有急事或者需要迅速通过该区域,其可以在原有的自动扶梯运动速度的基础上继续进行个人行走加速,此时运动速度会比平时更快。而通常情况下,在站立等待区域,人员还是主要依靠自动扶梯向上或向下运动。

在地铁车站正常运营时,自动扶梯主要还是一种为站内人员上下行提供方便的运输设施,其也在很大程度上提升了地铁车站的集散能力。与楼梯、通道相比较,在机动运行上自动扶梯的表现较差。这主要是因为自动扶梯单方面固定了行人上下的方向,地铁车站内人员只能根据自动扶梯限定的方向进行运动。从设备运行的角度上来讲,既然其运动的方向固定且无法更改,只能从修改自动扶梯运行速度上着手来调整乘客输送量,以此进一步加快地铁车站客流转运速度。

2)不同设施连接处疏散能力计算

现下社会中,地铁出行成为人们日常出行中的首选,其也因为运输量大、速度快而深受公众喜爱。从建造难度上来说,地铁涉及一百多个专业门类,各种不同的专业联系较为紧密。也正是这种多专业混合造成了地铁车站内设备多样、数量众多,相互之间的关系也较为复杂。而且车站内的各项设备之间的连接关系、布置形式会影响地铁车站内人员的运动轨迹和车站内部的疏散能力。通过地铁车站中整体的设备布局,来分析站内设施的疏散能力,就可以发现地铁车站人员疏散路径上的瓶颈,从而进一步提高地铁车站的疏散能力,更加快速地应对随时发生的应急状况。总体来说,地铁车站设施按照功能划分,可以分为乘客通行设施和乘客集散设施这两种类型,如图4.6所示。

在城市地铁车站内乘客的通行设施主要包含扶梯、出入口、闸机、通道这四类,分开来看,它们有自己独有的作用,而联系在一起,就构成一个大的模块。

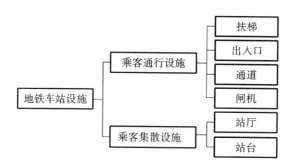

图 4.6　地铁车站设施分类

出入口在地铁车站设计中是独特的存在，作为连接外部场地环境与车站内部结构的重要区域，它的数量、布局、位置、宽度等一系列的条件都是严格遵照地铁车站高峰小时分向计算设计客流量设计的。同时，它是地铁车站人员疏散最后经过的位置，也是最容易发生人员拥挤、踩踏等事故的区域。

扶梯在车站内主要起到承上启下的作用，在地铁车站中主要分为人行楼梯、自动扶梯、垂直升降电梯这三类。对大客流量运输起重要作用的，主要是人行楼梯和自动扶梯，其运载力相较于垂直升降电梯来说较大。垂直升降电梯是运输站内人员的垂直升降设施，在地铁车站中主要体现为无障碍电梯。根据国家相关设计规范，地铁车站每座站台应至少设一部无障碍电梯来联系站台层与站厅层，并且要在站厅层某处出入口设置一部无障碍电梯直达地面。在地铁车站正常运营状态下，内部无障碍电梯既可以搭载内部人员运动，也可以兼作车站内部货运电梯，但是在应急状态下，是不计入人员紧急疏散通道的。

地铁车站中的通道主要用来连接车站中的各个区域，如站场区域与站厅区域等。总体来说，通道根据其设计坡度大小分成斜向坡道和水平通道，在发生应急状况时，乘客的恐慌、焦躁心理最容易产生的区域就位于斜向坡道部分。人员在坡道上的运动速度相对较慢，在此区域处，人员的疏散效率相对较低。

地铁车站中闸机的位置对于人员疏散起着至关重要的作用，跟水阀有着类似的效果，可及时地限制、阻断、控制疏散人流量，调整通过能力，对于疏散客流的连贯性、疏散效率的提高有不可替代的作用。

站厅、站台是地铁车站承载乘客的主要场所，在此两个区域内人流量较大，线路较为复杂。同时，站厅、站台是地铁车站空间结构较为复杂的位置，更容易在应急状态下发生危险事故。所以，在车站人员疏散组织中，站厅、站台的疏散应急预案与管理、人员疏散的控制和研究，都是我们需要关注的重点。

(1)单一设备疏散能力计算。

《铁路车站及枢纽设计规范》(GB 50091—2006)对人员应急疏散通过能力制定了相关详细的标准,同样,在实际中,存在着人员心理、疏散环境等诸多因素的影响,人员应急疏散过程中的实际通过能力与标准设计状态下的通行能力相比存在一定的差异。《地铁设计规范》(GB 50157—2013)对车站各疏散通道的最大疏散通过能力进行了汇总,见表4.1。

表4.1 地铁车站各疏散通道的最大疏散通过能力

| 部分名称 | | | 每小时通过人数/(人/h) |
|---|---|---|---|
| 人工售票口 | | | 1200 |
| 自动售票机 | | | 300 |
| 人工检票口 | | | 2600 |
| 1 m 宽楼梯 | | 下行 | 4200 |
| | | 上行 | 3700 |
| | | 双向混行 | 3200 |
| 1 m 宽通道 | | 单向 | 5000 |
| | | 双向混行 | 4000 |
| 1 m 宽自动扶梯 | | 输送速度 0.5 m/s | 6720 |
| | | 输送速度 0.65 m/s | 不大于 8190 |
| 0.65 m 宽自动楼梯 | | 输送速度 0.5 m/s | 4320 |
| | | 输送速度 0.65 m/s | 5265 |
| 自动检票机 | 三杆式 | 非接触 IC 卡 | 1200 |
| | 门扉式 | 非接触 IC 卡 | 1800 |
| | 双向门扉式 | 非接触 IC 卡 | 1500 |

地铁车站运营状态下遇到应急突发状况时,人员必须进行紧急疏散,而地铁车站的各项设施的通过能力就直接决定了其应急疏散能力和疏散效率。这里借鉴《地铁设计规范》(GB50157—2013)中关于疏散通道疏散能力的计算公式,参照美国标准《NFPA 130:2010 有轨列车及铁路客运体系标准》,总结出了地铁车站设施的相关通过能力计算方法,下面对其进行详细阐述。

①闸机。

闸机作为乘客在通行过程中的通道阻挡装置(通道管理设备),可用于规范

人员安全出行并将人流合理地进行分流,其在地铁中的应用以收费检票闸机系统为主。在地铁正常运营时,闸机主要的功能就是实现每次刷卡只通过一人并针对乘客旅途的起始、终止站点进行动态计费。闸机在车站中的应用可减轻工作人员工作量、方便数据采集和实现自动检票。在地铁车站遭遇应急状况时,普遍状况下中控系统会自动控制所有的自动闸机处于开放状态,使得所有人员直接通过,以方便站内人员进行紧急疏散。在我国地铁设计规范中对闸机的类型选择没有明确的限制条件,只是对于人流通过数量进行了说明。地铁车站内发生紧急状况时,闸机会大大影响地铁车站的疏散能力。具体的闸机通过能力计算方法如下。

$$C_{闸机} = (F \times n \times t_{闸机})/60 \qquad (4.2)$$

式中,$n$ 为地铁车站内闸机数量,个;$F$ 为站内乘客通过站内闸机的运动速率,通常情况下为 25 人/min;$t_{闸机}$ 为每分钟内闸机的开合次数,次。

②楼扶梯。

在地铁车站内如果一旦发生应急状况,电梯就应立刻停止运行,让站内大量人员以步行有组织和有方向性地进行疏散,所以楼扶梯统一按照楼梯来计算通过能力。参考国内外学者对于楼梯运载能力的相关研究,楼梯通过能力具体计算公式如下。

$$C_{楼扶梯} = P_{楼扶梯} \times \sum (B_{楼扶梯} - b_{楼扶梯}) \times t_{疏散} \qquad (4.3)$$

式中,$P_{楼扶梯}$ 为地铁车站中楼扶梯人员平均流量,人/(m·s);$B_{楼扶梯}$ 为地铁车站楼扶梯常规宽度,m;$b_{楼扶梯}$ 为地铁车站靠墙侧向扶手与墙宽,m;$\sum (B_{楼扶梯} - b_{楼扶梯})$ 为可用楼梯宽度总和,m;$t_{疏散}$ 为地铁车站人员应急疏散时间,s。

③通道。

地铁车站通道作为承载人员及其流动的重要部位,是一种典型的人行交通设施。它作为一种缓冲空间,导向性较强,可供人、物的大规模移动。它的位置设计直接影响交叠区域的人流运动与输出。通过大量的通道人流量统计,最终的结果分析表明在地铁车站中,人流量高峰时瓶颈会出现在通道处,通道整体的通行能力会略小于与其连接的相关设备的通行能力。这也就显示出了车站进行通道人流量监测的重要性。一旦发生应急突发事件,通道将作为缓冲空间,承载大量人流。总体来看,进行通道人流量的监测与计算尤为重要。具体通道人流量计算公式如下。

$$C_{通道} = P_{通道} \times (B_{通道} - b_{通道}) \times t_{疏散} \qquad (4.4)$$

式中,$P_{通道}$为地铁车站通道疏散的人员流量,人/(m·s);$B_{通道}$为地铁车站通道宽度(m);$b_{通道}$为地铁车站通道内墙宽度或障碍物宽度;$t_{疏散}$为地铁车站人员应急疏散时间,s。

④站台层、站厅层。

地铁车站的总体布局必须符合城市规划、城市综合交通规划、环境保护和城市景观的相关要求,其设计必须满足客流量要求,并应该保证地铁车站乘客安全、疏导迅速、布置紧凑、便于管理等,同时还要具有完善的通风、照明、卫生和防灾等设施。当地铁车站还在设计阶段时,车站的站台层和站厅层这两个重要部位的通行能力,就应该按照超高峰设计客流量确定,在计算后还必须进行相关方面的校核。对于车站站台层和站厅层,超高峰设计客流量应该为该站预测远期高峰小时客流量或者客流控制期高峰小时客流量乘以1.1~1.4的超高峰系数。总体来说,地铁车站的站台层和站厅层的最大人员容纳能力,主要还是和车站面积、服务等级、车站的容纳系数成正比,具体参照国内外站厅层、站台层最大容纳能力计算方式,如下所示。

$$C_{站台} = S \times K_S \times P_{los} \qquad (4.5)$$

式中,$C_{站台}$为站台层或站厅层的最大容纳能力;$S$为站台层或站厅层的容纳面积,$m^2$;$P_{los}$为站台层或站厅层的服务等级;$K_S$为站台层或站厅层的容纳系数。

⑤进出站口。

对于地铁车站整体结构而言,进出站口是非常重要的位置,同时也是在应急状况下容易发生危险的位置,是人员应急疏散逃生的关键环节。在出入口位置,一旦发生危急状况,容易发生大流量人员拥堵、踩踏事件,此时人员更容易受恐慌心理支配,逃生意念极其强烈,不可控因素更多。参照国内外的相关经验研究公式,给出了综合考虑各方面因素时地铁车站进出站口的通过能力计算公式,具体如下所示。

$$C_{进出} = P_{进出} \times (B_{进出} - b_{进出}) \times t_{疏散} \qquad (4.6)$$

式中,$P_{进出}$为地铁车站进出站口人员疏散流量,人/(m·s);$B_{进出}$为地铁车站进出站口宽度,m;$b_{进出}$为疏散计算中要去除的进出站口边界宽度,m;$t_{疏散}$为地铁车站人员应急疏散时间,s。

(2)不同设施连接处的疏散能力计算。

在地铁车站发生突发事件时,人员会根据自己的具体情况去选择疏散方向,一般在地铁车站中,人员都会选择经过人员通道,在最短的时间内从进出站口处撤离，这也就导致了通道、出口位置的人流量会大量增长。地铁车站一定是满足设计要求，才可以被建造，但是设备的通行能力、连接关系之间的相互限制，就会导致在应急状况发生时，人员在不同设备连接处出现大规模的拥堵、行动缓慢、滞留，甚至有发生大规模踩踏事件的可能，这些都会影响地铁车站的疏散能力和疏散效率。各种设施在不同连接形式下乘客疏散速度不一致，并决定了地铁车站疏散水平。需要对不同情况下地铁车站内部设施、设备的通行能力计算方法开展深入的研究。

整体来说，地铁车站由于具有复杂的空间结构，就会有各种设施之间连接关系的差异，进而会使各部分之间的连接组合方式多种多样。设施的连接组合方式会因为地铁结构的设计而不同。当人员经过各项设施连接处时，部分设施的空间结构就会随之而发生变化，进而人员的运动速率、运动方向等特性会随之而改变。进行不同设施之间连接关系的研究对于探究地铁车站整体设施的通行能力有着极其重要的意义，有利于深入探索地铁车站人员疏散与车站整体设施通行能力之间的联系。从地铁车站整体设施空间位置分布上，将其连接方式分为平面与立体这两种。平面连接是平面之间的不同设施的连接，立体连接就是地铁车站站内空间层面上的楼梯与站台层、站厅层间的连接。

目前已有学者在参考许多相关文献后对地铁车站人员慌乱情况下的大流量人员运动情况进行了分析，并且提出了对地铁车站大流量人员运动产生的事故风险评估方法。根据地铁车站应急状况下人员滞留及运动的相关分析方法，本书对人员在发生危急状况时进行疏散过程中受地铁车站内设施阻塞的情况进行了阐述，参考佟瑞鹏等人提出的拥堵区域滞留人数计算方法，使用微积分计算方法对地铁车站不同设施连接处的疏散能力进行分析，也从侧面考虑了上述平面连接和立体连接这两方面的因素。以下为三种不同结构设施阻塞模型计算方法。

①地铁车站串行结构设施阻塞模型计算。

地铁车站串行结构中的设施通过能力计算可依据设施、设备连接处站内人员的运动、滞留情况进行相关评估。串行结构下地铁车站设施、设备连接处示意图如图4.7所示，具体的人员数量计算公式如下。

图 4.7　地铁车站设施串行示意图

$$N_{c1} = \int_0^T f_c'(t)B_c'(t)\mathrm{d}t \tag{4.7}$$

$$N_{c2} = \int_0^{T_0} f_c'(t)B_c'(t)\mathrm{d}t + \int_{T_0}^T f_c(t)B_c(t)\mathrm{d}t \tag{4.8}$$

$$N_{cs} = N_{c1} - N_{c2} = \int_{T_0}^T f_c'(t)B_c'(t)\mathrm{d}t - \int_{T_0}^T f_c(t)B_c(t)\mathrm{d}t \tag{4.9}$$

式中,$N_{c1}$为开始时刻到$T$时刻到达车站先行设施出口处的人员数量,人;$N_{c2}$为开始时刻到$T$时刻通过车站后行设施入口处的人员数量,人;$N_{cs}$为在地铁车站设施串行连接处留滞的人员数量,人;$T$为地铁车站内人员总体疏散时间,s;$T_0$为地铁车站内人流发生停滞的时间,s;$B_c(t)$为地铁车站串行连接下后行设施的客流宽度,m;$f_c(t)$为地铁车站串行连接下后行设施的人员流量,人/(m·s);$B_c'(t)$为地铁车站串行连接下先行设施的客流宽度,m;$f_c'(t)$为地铁车站串行连接下先行设施的人员流量,人/(m·s);$\int_0^{T_0} f_c'(t)B_c'(t)\mathrm{d}t$为站内人员阻塞发生前进入后行设施中的人员数量,人;$\int_{T_0}^T f_c(t)B_c(t)\mathrm{d}t$为站内人员发生阻塞后进入后行设施的人员数量,人。

通过分析公式可知,当$N_{cs}>0$时,代表发生站内人员拥挤阻塞情况,而此时设施连接处的人员疏散能力由后行设施决定;当$N_{cs}=0$时,车站设施通过能力达到极限饱和状态,此刻人员的通过能力也就是站内设施的最大疏散能力;当$N_{cs}<0$时,表示设施通行状况良好,站内人员可以迅速穿过串行设施连接处,此时,车站先行设施状态决定了连接处的人员疏散能力。

②地铁车站设施分流结构阻塞模型计算。

人员在地铁车站设施分流结构中的相关疏散情况与在合流结构中的疏散情况完全相反,主要指地铁车站人员在应急疏散状况下分散通过某一个车站设施后选择不同方向疏散路径的情况。这一现象主要归因于地铁车站内疏散环境对于疏散人员的影响,以及人员自身生理、心理学特性所决定的主观运动状态。总体来说,可以根据地铁车站设施连接处的人员滞留情况对分流连接方式下地铁车站设施的疏散能力进行评估与计算。地铁车站设施分流结构示意图如图4.8所示,相关计算公式如下。

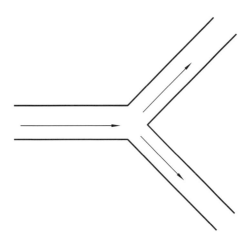

**图 4.8　地铁车站设施分流结构示意图**

$$N_{f1} = \int_0^T f'_f(t) B'_f(t) dt \tag{4.10}$$

$$N_{f2} = \int_0^{T_0} f'_f(t) B'_f(t) dt + \sum_{j=1}^m \int_{T_0}^T f_{fj}(t) B_{fj}(t) dt \tag{4.11}$$

$$N_{fs} = N_{f1} - N_{f2} = \int_{T_0}^T f'_f(t) B'_f(t) dt - \sum_{j=1}^m \int_{T_0}^T f_{fj}(t) B_{fj}(t) dt \tag{4.12}$$

式中,$N_{f1}$ 为从疏散开始时刻至 $T$ 时刻抵达先行设施出口处的人员总量,人;$N_{f2}$ 为从疏散开始时刻至 $T$ 时刻进入后行设施入口处的人员总量,人;$N_{fs}$ 为车站设施分流连接处滞留的人员数量,人;$T$ 为地铁车站内人员总体疏散时间,s;$T_0$ 为地铁车站内人流发生停滞的时间,s;$B_{fj}(t)$ 为分流连接下后行设施中第 $j$ 条通道的客流宽度,m;$f_{fj}(t)$ 为分流连接下后行设施中第 $j$ 条通道的人员流量,人/(m·s);$B'_f(t)$ 为地铁车站内分流连接下先行设施的客流宽度,m;$f'_f(t)$ 为地铁车站内分流连接下先行设施的人员流量,人/(m·s);$\int_0^{T_0} f'_f(t) B'_f(t) dt$ 为人员阻塞前进入地铁车站后行设施的人员数量,人;$\sum_{j=1}^m \int_{T_0}^T f_{fj}(t) B_{fj}(t) dt$ 为人员阻塞后进入地铁车站后行设施的人员数量,人。

通过分析上述公式可知,当 $N_{fs} > 0$ 时,地铁车站内人员在该分流设施处出现阻塞,运动能力下降,人员聚集于一处,此时站内设施的疏散能力将取决于后行设施;当 $N_{fs}=0$ 时,地铁车站该设施连接处的人员疏散能力达到峰值,处于饱和状态,无法继续进行人员疏散;当 $N_{fs}<0$ 时,站内人员可以安全且快速地通过当前分流设施的位置,车站先行设施控制着车站设施连接处的疏散能力。

③地铁车站设施合流结构阻塞模型计算。

合流连接方式中设施的疏散能力可以根据设施连接处的人员滞留状态进行综合分析,其示意图如图4.9所示,相关计算公式如下。

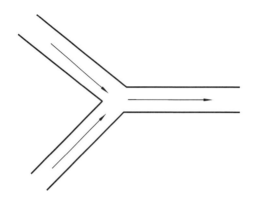

**图 4.9 地铁车站设施合流结构示意图**

$$N_{h1} = \sum_{i=1}^{n} \int_0^T f'_{hi}(t) B'_{hi}(t) \mathrm{d}t \tag{4.13}$$

$$N_{h2} = \sum_{i=1}^{n} \int_0^{T_0} f'_{hi}(t) B'_{hi}(t) \mathrm{d}t + \int_{T_0}^{T} f_h(t) B_h(t) \mathrm{d}t \tag{4.14}$$

$$N_{hs} = N_{h1} - N_{h2} = \sum_{i=1}^{n} \int_{T_0}^{T} f'_{hi}(t) B'_{hi}(t) \mathrm{d}t - \int_{T_0}^{T} f_h(t) B_h(t) \mathrm{d}t \tag{4.15}$$

式中,$N_{h1}$ 为开始时刻到 $T$ 时刻到达地铁车站设施各分支通道的人员数量,人;$N_{h2}$ 为开始时刻到 $T$ 时刻通过后行设施入口的人员数量,人;$N_{hs}$ 为地铁车站设备、设施合流连接部位滞留人员数量,人;$T$ 为地铁车站内人员总体疏散时间,s;$T_0$ 为地铁车站内人流发生停滞的时间,s;$f'_{hi}(t)$ 为合流模式下先行设施中第 $i$ 条通道的站内人员流量,人/(m·s);$B'_{hi}(t)$ 为车站合流模式下先行设施中第 $i$ 条分支通道的客流宽度,m;$f_h(t)$ 为车站合流模式下后行设施的站内人员流量,人/(m·s);$B_h(t)$ 为地铁车站合流模式下后行设施的客流宽度,m;$\sum_{i=1}^{n} \int_0^{T_0} f'_{hi}(t) B'_{hi}(t) \mathrm{d}t$ 为地铁车站阻塞前在后行设施内的人员总量,人;

$\int_{T_0}^{T} f_h(t)B_h(t)dt$ 为地铁车站发生阻塞后进入后行设施的人员总数，人。

通过分析上述公式可知，当 $N_{hs}>0$ 时，地铁车站合流设施连接处有人员滞留，设施连接处的人员疏散能力由车站后行设施决定；当 $N_{hs}=0$ 时，地铁车站设施通过能力达到极限状态，无法增强，车站人员的通过能力就是此时设备、设施连接处的最大人员疏散能力；当 $N_{hs}<0$ 时，地铁车站站内人员能够快速地通过车站设施的连接处，此时，站内先行设施的状态决定了连接处的人员疏散能力。

## 5. 地铁车站智能应急疏散系统设计

地铁车站内部空间狭小、较为封闭、深埋地下、站内结构复杂等一系列特性决定了其一旦发生应急危险状况，人员疏散行动会比在其他地面建筑内的疏散行动迟缓。受突发事件的不确定性和站内人员非理性疏散行为的相关影响，人员在地铁车站内的相关疏散行为必须得到正确的引导。

地铁车站在正常运营状态下，其应急疏散就是指在突发事件时将内部所有容留人员统一安全疏散至应急安全地带以确保站内人员的安全。在地铁车站突发紧急事件情况下，应该对地铁车站内所有的交通基础设施进行应急疏散管理，不仅包含应急疏散监控系统的实时监控、人员流量统计，还包括疏散结束后过往视频的查看、人员应急疏散路径的相关选择及人员在地铁车站内的疏散管理方法研究。其中，常规状态下的应急疏散方法就体现在人员站内疏散路径的规划上。其可为地铁车站疏散照明指示灯的控制提供相应参考，也是构建智能应急疏散系统的依据，还可为地铁运营单位及政府相关管理部门提供理论参考。

这里讲解的地铁车站智能应急疏散系统以提高站内人员安全疏散效率为设计目标，该系统的逻辑结构自下而上分别为数据源、数据层、数据访问层、调度层、计算模型层和接口层。该系统的逻辑结构图如图4.10所示。

（1）数据源：主要是相关检测设备（视频监控器、人员分布计数装置）采集并上报其数据信息，最终存储于综合数据库中。

（2）数据层：地铁车站智能应急疏散系统内部的属性数据库与后台数据库共同构成地铁车站综合数据库。

（3）数据访问层：系统内部模块通过该层执行数据访问操作，对访问数据进行清理、融合、缓存等。

（4）调度层：启动每一项用户对计算机发出的对应指令，从中央控制器部分协调系统的操作运行过程。

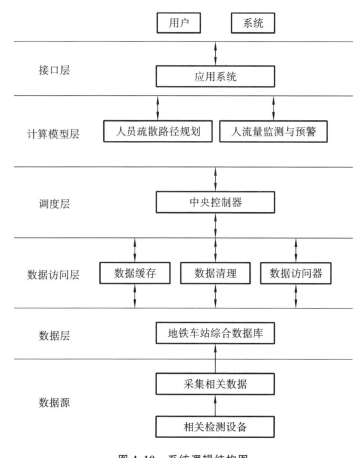

图 4.10 系统逻辑结构图

(5)计算模型层:用于支持系统决策的相关计算模型、模块,主要涉及人流量通过能力计算和人员疏散路径规划计算这两方面。

(6)接口层:不仅包含面向用户的应用界面,还包含面向外部系统的网络接口。

下面对地铁车站智能应急疏散系统的具体设计过程及内容进行介绍。

(1)系统总体设计。

总体来说,该地铁车站智能应急疏散系统由前兆性分析与监测模块和人员疏散路径规划模块这两部分构成。系统模块内容如图 4.11 所示。

①前兆性分析与监测模块:在地铁车站站内监控设备的基础上,用来事先监控相关危险性状况及需要重点关注的人员运动行为,重点关注地铁车站大客流情况下的人员拥挤与阻塞状况,同时,实现站内监控视频的实时查看与视频回放

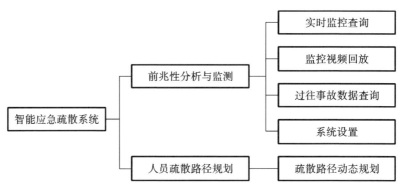

图 4.11 系统模块内容

查询,并且可对系统的相关属性进行设置。

②人员疏散路径规划模块:对地铁车站站内人员应急疏散路径进行规划,保证站内人员从所在位置疏散至安全区域的疏散路径最短。在危险发生时,及时控制疏散指示灯等疏散设施,改变人员疏散方向,辅助站内人员安全疏散。

在前兆性分析与监测模块中,其主要功能的实现基于地铁车站站内监控设备。地铁车站站内监控设备的最终反馈结果整体上是对采集的信息进行处理并存入与之对应的系统数据库。系统数据库具有多种多样的构成模式,它们分别有不同的服务模式和结构。现下流行的数据架构有分布式和集中式两种。因为视频数据存储量较大并且实时传输视频的流量较大,这就对系统服务器和相关数据存储设备有较高的要求。与地铁车站监控设备有关的海量数据源主要是由地铁车站监控系统通过线路集中输入中央计算机系统,然后由中央计算机系统关联各项设备与进行决策。在两种主流数据架构中,分布式监控架构是以无线网络为支撑,从而建立的线上数据服务架构。该架构以每一个车站相互独立的控制室为结构核心,其主要载体就是站内的无线网络。

而集中式监控架构对于数据的处理较为方便,使得共享上传的相关视频文件可以很高效地实现一致性。该架构的最大缺陷就是数据会在中央服务器之间来回流动,其造价高昂,同时维护费用也比较高。对比之下,这两种架构在设计与使用方面各有利弊。从控制整体项目成本来说,依照地铁车站的实际情况,可采用分布式监控架构,用以满足各个站点的个性化需求。分布式监控架构在本系统中的应用集中于前兆性分析与监测模块。该模块主要有过往事故数据查询、实时监控查询和监控视频回放这三个功能。在实时监控查询过程中,系统带有人流量超额预警功能。该功能是在对地铁车站固定设施或者其他容易发生拥堵的位置进行监控的过程中,一旦发生人员拥堵或阻塞,系统就会自动报警,提醒站内工作人员注意控制站内人员流量,合理疏散拥堵人群。

本系统在前期用户调研和相关需求分析的基础上开展设计,通过对关键技术的深入研究,对使用到的技术规范进行深入探讨,对系统整体进行设计。该系统的技术路线图如图4.12所示。

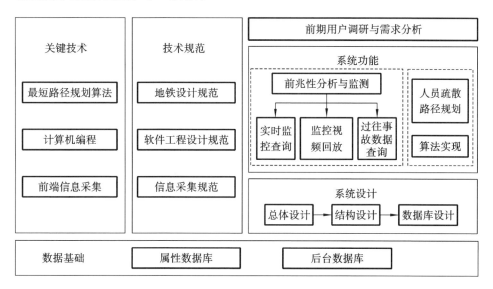

**图 4.12 智能应急疏散系统技术路线图**

(2)智能应急疏散系统设计流程。

从地铁车站常规人员疏散需求分析的角度来看,该系统有一定的实施基础,在现实生活中也有应用。但是为了更高效地完成人员疏散,在原本疏散功能的基础上,对地铁车站智能应急疏散系统进行功能的添加,以期获得更加理想的效果,最大限度地缩短人员安全疏散时间。下面从系统网络模式选择、系统界面设计、系统数据库设计和系统功能特点这四个方面进行介绍。

①系统网络模式选择。

现阶段,相关系统的架构有 B/S 和 C/S 两种,两者各有利弊。B/S 架构基本采用三层模式结构进行构建,大部分功能均在主体客户端实现,较少事务由前端浏览器承接,它的流程就是从服务器访问相关数据库。该架构的缺点在于响应速度及效率有一定限制,对系统服务器的安全稳定性要求极高。C/S 架构主要拥有界面优美、逻辑处理功能强大、服务器整体负荷轻这几方面优点,但是其在兼容性和后期维护上存在一定的困难。总体来说,C/S 和 B/S 这两种架构主要视系统相关需求进行选择。其优缺点如表 4.2 所示。

表 4.2　C/S 和 B/S 架构优缺点

| 名称 | 优点 | 缺点 |
| --- | --- | --- |
| C/S 架构 | 多层认证,安全可靠<br>交互简单,反应时间短<br>界面和操作丰富,可使用任何通信协议 | 大多数用于局域网<br>必须安装客户端<br>维护成本较高 |
| B/S 架构 | 网络浏览器线上客户端交互性较好<br>直接升级服务器,无须升级客户端 | 数据资源占用量较大<br>程序功能设计较为复杂<br>只适合采用固定的浏览器 |

因为这里构建的地铁车站智能应急疏散系统需要接驳地铁车站视频监控网络,有一定的保密性要求,还需要使用内部局域网,同时为了提高站内工作人员工作效率,需直接打开用户客户端进行管理操作,而且需要构建的地铁车站智能应急疏散系统作为一款面向对象的操作系统,设计中每个模块之间的继承关系联系紧密,不仅仅只局限于自身模块的固有功能。综合各方面的因素,选择采用 C/S 架构构建系统,以满足相关的设计需求,在提高使用效果的基础上,确保系统的安全稳定性。

②系统界面设计。

用户操作界面用来实现客户与程序之间的交互,用户通过开发的程序,使用相对应的命令来得到反馈的数据或结果。而与此同时,应用程序通过用户执行的相关命令,获取相应的数据然后进行反馈,从而完成人机交互过程。构建的地铁车站智能应急疏散系统采用 C♯编程语言基于. NET Framework 4.5.1 框架进行开发,应用的 Windows 窗体是智能客户端技术较为成熟的窗体结构,能给用户更好的使用体验。而且,基于该框架构建的系统,在很大程度上节省了时间及后期的运营成本,同时也便于后期对系统的维护。

用户操作界面应该满足可用性、灵活性、一致性和明确性这四方面的要求。可用性要求系统相关界面设计简单可读,能在第一时间让用户理解其功能及用途。与此同时,可用性要求相关界面不会出现卡死或无法弹出的情况,保障每一个用户执行命令后迅速收到回应。

灵活性体现在界面自适应和交互多样性这两方面。界面自适应为界面可以自动地适应显示端窗口,根据显示器大小主动调节窗口尺寸,用来满足不同用户的需求。对于交互的灵活性而言,必须保证在人机交互过程中,屏幕显示、键盘控制、指令发送等方面操作灵活顺畅。

界面的一致性要求体现在界面的标签、符号、颜色、图标等元素及相关风格上,同时还要求兼顾用户操作习惯,防止与用户常规操作、常规认识相背离的情况发生。

界面设计的明确性要求在整体系统交互过程中,意思表达明确、清晰,没有任何疑义,确保用户可以快速地找到实现其操作的功能位置。与此同时,页面设计还必须保证图形美观、布局正确、功能提示文字表述正确。

③系统数据库设计。

系统数据库是整体设计的基石,必须依据系统相关需求进行构建。在构建过程中,必须满足安全、高效、可拓展这三方面要求。近年来,数据泄露事件时有发生,因此,在设计数据库时,必须考虑建立必要的安全防护,以此来维护数据库的安全。只有设计的数据库对相关访问者的权限做出严格的限制,才能最大限度地防止数据泄露。而数据库的高效性和可拓展性要求,是综合考虑了数据库的高效快速响应和未来维护与更新,以此来保障数据库对于系统的支撑。

地铁车站综合数据库主要包含后台数据库和属性数据库。后台数据库用来存储网络数据集和监控点的监控数据信息,由于视频的存储时间较长,存储的画面尺寸和帧率较大,因此后台数据一般采用云平台存储。属性数据库主要是用SQL Sever 数据库管理和存储相关设备信息、用户信息及车站综合信息等。

对于属性数据库,通过其涉及的相关实体之间的联系得出实体-联系图(entity relationship diagram,简称 E-R 图)。将得出的 E-R 图经过相关转换,就可以构建地铁车站视频监控数据库。

④系统功能特点。

智能应急疏散系统主要有以下两方面特点。

a. 通过监控视频的实时查看,重点监控对地铁车站站内人员安全构成威胁的相关危险性行为,同时可对人员阻塞情况实时进行判断并报警,具备预先判断人员阻塞拥挤的大客流量预警功能。同时还可以对过往视频监控录像进行调取查看,方便地铁车站的管理。

使用相关前端信息采集方式对信息进行采集,是信息采集技术与危险灾害智能判断技术两者结合而成的智能综合信息搜集方式。其中一部分的信息也为地铁车站智能应急疏散系统提供了对应的数据支持,同时最终也会形成与实时数据相关联的基础数据报告。具体来说,前端信息获取框架如图 4.13 所示。

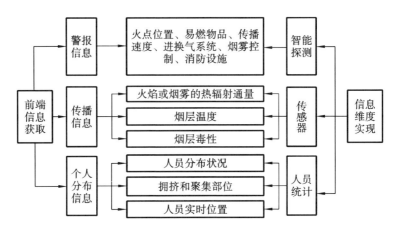

图 4.13　前端信息获取框架

地铁车站内监控视频信息的实时查询、调取与回放主要针对的是人员动态分布状况。智能监控设备信息主要为站内摄像头所采集到的相关信息。其运用动态监控的手段,对车站内部进行全方位监控,同时对站内人员的流向及运动状态进行可视化监测,人员移动至站内任何位置,监控设备都能确定其所在位置。这样视频监控摄像头就可以对站内人员的聚集和阻塞状况进行监控。系统监测到相关位置人员数量超过了人员流量设置阈值时,警告信息会瞬间生成并迅速反馈至智能中控系统,此时站内工作人员就能够根据实时报警状况,引导人员及时疏散。

b.人员疏散路径规划与疏散指示灯结合,实时对人员疏散路径进行变更。实时视频监控系统和多向疏散指引装置相结合,为前端信息系统提供辅助。使用系统封装算法对地铁车站的人员疏散路径进行静态规划,对站内疏散指示灯的闪烁位置进行控制,遇到危险状况时,如果规划的部分路径无法使用,系统会根据实时状况对疏散路径重新进行规划,将现场突发情况实时地通过应急疏散装置传送给疏散人群,引导他们迅速、安全地撤离危险区域。

地铁车站相关管理部门等必须在第一时间迅速了解人员阻塞现场的实时状况、可能发生的危险、人员拥堵位置等。在检测到实时监控视频中有人员阻塞或者拥堵的可能性时,系统会自动发出人流量超额预警,应急指挥人员应快速到达现场,对现场滞留聚集的人员进行疏散分流。

总之,在整个系统的运行过程中,特别关注的是人群流量的动态变化。此处构建的地铁车站智能应急疏散系统的核心在于让站内人员迅速疏散至安全区域。而在疏散过程中人员的小群体性聚集现象基本是必然发生的,因此,在系统规划出人员安全疏散路径后,在动态监控视频中,必须重点关注人流量超额、阻塞及聚集部位的情况,一旦有意外情况发生,要及时引导站内人员进行疏散分流。

### 4.2.5 消防设施设置

**1. 消火栓系统**

消火栓系统作为地铁工程中最主要的灭火设施之一,其选择与设计的可靠性及合理性直接影响整个地铁工程系统的安全稳定,对控制、消灭火灾起着决定性作用。

1)设置范围

《地铁设计防火标准》(GB 51298—2018)规定:"除地上区间外,地铁车站及其附属建筑、车辆基地应设置室外消火栓系统","车站的站厅层、站台层、设备层、地下区间及长度大于 30 m 的人行通道等处均应设置室内消火栓"。

2)设置标准

地下车站和地下区间的室内消火栓系统应设计为环状管网,地下区间上下行线应各设置 1 根消防给水管,在地下车站端部和车站应设环状管网相接。地面和高架车站室内设置的消火栓应超过 10 个,且当室外消防用水量大于 15 L/s 时,应设计为环状管网。室内消火栓环状管网应至少有 2 根进水管与城市自来水环状管网或消防水泵连接。地下车站(含换乘车站)消火栓系统设计流量应不小于 20 L/s。地下车站出入口通道、折返线及地下区间隧道的消火栓设计流量应不小于 10 L/s。

3)干式消火栓系统

消火栓系统根据管道内充水、充气可分为湿式消火栓系统和干式消火栓系统。湿式消火栓系统在实际使用中存在冻结、漏水及由于保温材料破损而影响运营等问题。《消防给水及消火栓系统技术规范》(GB 50974—2014)7.1.5 条规定:"严寒、寒冷等冬季结冰地区城市隧道及其他构筑物的消火栓系统,应采取防冻措施,并宜采用干式消火栓系统和干式室外消火栓。"此规定为地铁采用干式消火栓系统提供了规范支持。干式消火栓具有以下优点:平时管道内无水,所以不存在冻结问题,因此不需要保温;因为平时管道内无水,因此即使个别管道的接口不够严密,也不会产生滴漏水而影响生产运营;还可减少运营费用,管理方式比较灵活方便;该系统适用的环境温度在 4 ℃ 以下或 70 ℃ 以上。

(1)系统组成。

干式消火栓系统由远程控制的快速启闭装置、一定坡度的管道、快速排气装置及必备的消火栓与组件组成。

(2)运行方式。

干式消火栓系统以手、电动快速启闭阀为界,阀入口侧接水源,管道内充满水;阀出口侧接管网,快速启闭阀平时处于关闭状态,该管网平时为空管。火灾发生时,可通过以下几种方式打开阀门:消火栓处报警按钮与火灾控制器联动远程启动;通过火灾探测器报警自动启动;现场手动应急开启。这样可以保证该阀门在任何情况下都能开启以供水灭火。

(3)在快速启闭装置后的管路内无水,可以确保管路在外界气温较低时不被冻结。在发生火灾时,车站或控制中心的火灾自动报警系统接到报警信号,开启快速启闭阀,同时向中控室发出开泵和报警信号。消防水泵启动后管道内空气迅速排除,管道由干式迅速转变为湿式。在消火栓口处接消防水带和水枪即可用于灭火。

### 2. 自动喷水灭火系统

《地铁设计规范》(GB 50157—2013)第 28.3.6 条规定:"地下车站设置的商铺总面积超过 500 m² 时,应按现行标准《自动喷水灭火系统设计规范》GB 50084 的有关规定设置自动喷水灭火系统。"

1)系统类型

自动喷水灭火系统根据被保护建筑物的性质和火灾发生、发展特性的不同可以有不同的系统形式。通常根据系统中所使用的喷头形式的不同,分为闭式系统(包括湿式系统、干式系统、预作用系统和自动喷水-泡沫联用系统)和开式系统(包括雨淋系统和水幕系统)两大类。

(1)湿式系统。

湿式系统一般包括闭式喷头、管网、湿式报警阀和供水设备等。湿式报警阀的上下管网内均充以压力水。当火灾发生时,火源周围环境温度上升,水源上方的喷头开启、出水,管网压力下降,报警阀阀后压力下降致使阀板开启,接通管网和水源,供水灭火。与此同时,部分水由阀座上的凹形槽经报警阀的信号管,带动水力警铃发出报警信号。管网中设有水流指示器,水流指示器感应到水流流动,发出电信号。管网中还设有压力开关,当管网水压下降到一定值时,发出电信号,消防控制室接到信号,启动消防水泵向系统加压供水,达到持续自动喷水灭火的目的。湿式系统广泛应用于环境温度不低于 4 ℃且不高于 70 ℃的建筑物或场所。

(2)干式系统。

干式系统主要由闭式喷头、管网、干式报警阀、充气设备、报警装置和供水设备等组成。平时报警阀后的管网充以有压气体,水源至报警阀前端的管段内充以有压水。火灾发生时,火源处温度上升,使火源上方喷头开启,首先排出管网中的压缩空气,于是报警阀后的管网压力下降,干式报警阀阀前压力大于阀后压力,干式报警阀开启,水流向配水管网,并通过已开启的喷头喷水灭火。平时干式系统报警阀上下阀板压力保持平衡,当系统管网有轻微漏气时,由空压机进行补气,安装在供气管道上的压力开关监视系统管网的气压变化状况。干式系统适用于环境温度低于 4 ℃或高于 70 ℃的建筑物和场所,如不采暖的地下停车场、冷库等。

(3)预作用系统。

预作用系统主要由闭式喷头、管网、预作用阀、充气设备、供水设备、火灾自动报警系统等组成。平时预作用系统预作用阀后的管网充以低压压缩空气或氮气(也可以是空管),火灾时,由火灾自动报警系统自动开启雨淋报警阀或预作用报警阀后,转换为湿式系统。该系统报警阀后的管道内平时无水,充以有压或无压气体,呈干式。发生火灾时,保护区内的火灾探测器首先发出火灾报警信号,火灾报警控制器在接到报警信号后,做声光显示的同时,启动电磁阀排气,报警阀随即打开,使压力水迅速充满管道。这样原来呈干式的系统迅速自动转变为湿式系统,完成了预作用过程。待火灾现场温度升高,闭式喷头开启,便即刻喷水灭火。充气式预作用系统在发生火灾时,即使火灾探测器发生故障,导致火灾探测系统未能发出报警信号启动预作用阀,使配水管道充水,也能够使喷头在高温作用下自行开启,使配水管道内气压迅速下降,引起压力开关报警,并启动预作用阀供水灭火。因此,对于充气式预作用系统,即使火灾探测器发生故障,预作用系统仍能正常工作。预作用系统同时具备了干式系统和湿式系统的特点,适用于具有下列要求之一的场所:系统处于准工作状态时,严禁管道漏水;严禁系统误喷;替代干式系统。

(4)自动喷水-泡沫联用系统。

自动喷水-泡沫联用系统是将比例混合装置(有隔膜)与自动喷水灭火系统进行有机的结合,并选用泡沫和水喷淋两用喷头的一种高效灭火系统。它主要由消防泵组、供液装置、压力式比例混合器、雨淋阀装置、压力信号发生器、水流指示器、泡沫和水喷淋两用喷头,以及各种阀门、管道、附件组成。其工作原理是:当闭式喷头的玻璃球因火灾而爆破后,系统侧管网内的水向爆破的喷头流动(湿式报警阀同时被打开,从报警口流出的水经延时后驱动水力警铃报警),安装于配水支管上的水流指示器将水流信号传输到灭火控制器,延时器计时。延时期满后,控制器向电磁阀发出开启指令,打开电磁阀,两用控制阀打开,释放泡沫储罐内处于受压状态的泡沫灭火剂。泡沫灭火剂经管道流向压力式比例混合器,形成一定比例的泡沫混合液流向喷头,并通过已爆破的喷头(或开式喷头)实施灭火。系统配有应急启动球阀,当电磁阀失效时,可用应急开启方式释放泡沫灭火剂。自动喷水-泡沫联用系统具有能迅速扑灭油类(易燃液体)火灾,灭火效率高、节约用水,设备投入、维护与保养费用低等优点。

(5)雨淋系统。

雨淋系统由开式洒水喷头、雨淋报警阀、管道和供水设施等组成。该系统由火灾自动报警系统或传动管控制,自动开启雨淋报警阀和启动供水泵后,向开式洒水喷头自动供水。

具有下列条件之一的场所应采用雨淋系统:火灾的水平蔓延速度快、闭式喷头的开放不能及时使喷水有效覆盖着火区域;室内净高度较高,且必须迅速扑灭初期火灾;严重危险级Ⅱ级的场所。

(6)水幕系统。

水幕系统是开式自动喷水灭火系统的一种。水幕系统喷头呈1~3排排列,将水喷洒成水幕状,具有阻火、隔火作用。能阻止火焰穿过开口部位,防止火势蔓延,冷却防火隔绝物,增强其耐火性能,并能扑灭局部火灾。水幕系统的作用方式和工作原理与雨淋系统相同,当发生火灾时,由火灾探测器或人发现火灾,电动或手动开启控制阀,然后通过水幕喷头喷水,进行阻火、隔火或冷却防火分隔物。

在下列建筑物中应设水幕系统:超过1500个座位的剧院和超过2000个座位的会堂、礼堂的舞台口,以及与舞台相连的侧台、后台的门窗洞口;防火卷帘上部;应设防火墙、防火门等隔断物,而又无法设置的开口部位;相邻建筑之间的防火间距不能满足要求时,面向相邻建筑物的门、窗、孔洞口处,以及可燃的屋檐下。

2)设置场所

(1)地下换乘车站和地下三层及以上车站的站厅、站台公共区、与车站结合的商业开发区域均应按照危险Ⅱ级设计自动喷水灭火系统。

（2）两线以上（含两线）控制中心的调度大厅应设置预作用式自动喷水灭火系统。

（3）车辆基地内可燃、难燃物品的高架仓库和高层仓库应设置自动喷水灭火系统。

（4）车站轨行区与站台公共区之间的部位可设置高压细水雾系统，以起到抑烟、降温作用。

### 3. 气体灭火系统

为保护地铁设施，通常在地铁范围内的重要电气、电子用房设置气体灭火系统。

1）设置部位

（1）地下车站的车站综合控制室、警用通信机械室、弱电综合机械室、弱电电源室、专用通信机械室、信号机械室、公众通信机械室、环控电控室、AFC票务机房、高压开关室、变配电室、屏蔽门控制室、跟随变电所等。

（2）区间跟随变电所。

（3）车辆段的信号指挥中心等设备用房。

（4）主变电所。

2）设置类型及标准

这些重要设备用房中所安装的设备不但价值昂贵，而且直接影响整个地铁的运营安全。如果发生火灾将造成重大的经济损失和不良社会影响。结合地铁建筑特点，目前应用较多的气体灭火系统有七氟丙烷灭火系统和IG541混合气体灭火系统。

（1）七氟丙烷灭火系统。

七氟丙烷是一种无色、无味、不导电、无二次污染的气体，具有清洁、低毒、电绝缘性好、灭火效率高的特点。特别是它对臭氧层无破坏，在大气中的残留时间比较短，是目前为止研究开发比较成功的一种洁净气体灭火剂。

七氟丙烷灭火系统主要灭火原理是化学抑制作用及冷却作用。目前，此类系统在国内地铁工程中已被应用多年。上海、北京、广东等省市都有相关的设计、验收规范可循，技术上较为成熟。其沸点低、汽化快、分布均匀、灭火主动性强、灭火浓度低且时间短。但七氟丙烷受热分解产生氢氟酸，会对电气设备造成一定程度的腐蚀。

①七氟丙烷灭火系统的灭火设计浓度不应小于灭火浓度的1.3倍,惰化设计浓度不应小于惰化浓度的1.1倍。

②油浸变压器室、带油开关的配电室和自备发电机房等防护区,灭火设计浓度宜采用9%。通信机房和电子计算机房等防护区,灭火设计浓度宜采用8%。

③防护区实际应用的浓度不应大于灭火设计浓度的1.1倍。

④在通信机房和电子计算机房等防护区,设计喷放时间不应大于8 s;在其他防护区,设计喷放时间不应大于10 s。

⑤灭火浸渍时间应符合下列规定:木材、纸张、织物等固体表面火灾,宜采用20 min;通信机房、电子计算机房内的电气设备火灾,应采用5 min;其他固体表面火灾,宜采用10 min;气体和液体火灾,不应小于1 min。

⑥七氟丙烷灭火系统应采用氮气增压输送。氮气的含水量不应大于0.006%。

⑦储存容器的增压压力宜分为三级,并应符合下列规定:一级(2.5+0.1)MPa(表压);二级(4.2+0.1)MPa(表压);三级(5.6+0.1)MPa(表压)。

⑧七氟丙烷单位容积的充装量应符合下列规定:一级增压储存容器,不应大于1120 kg/m³;二级增压焊接结构储存容器,不应大于950 kg/m³;二级增压无缝结构储存容器,不应大于1120 kg/m³;三级增压储存容器,不应大于1080 kg/m³。

⑨管网的管道内容积,不应大于流经该管网的七氟丙烷储存量体积的80%。

七氟丙烷灭火系统是一种灭火效率高、工程投资较低的气体灭火系统。该系统存储压力相对较低,气体输送距离短,对管网布置有一定的限制。对于防护区相对集中、气体输送距离较短的地铁车站,可优先选用七氟丙烷灭火系统。

(2)IG541混合气体灭火系统。

IG541混合气体灭火系统所采用的灭火剂是由大气层中的氮气($N_2$)、氩气(Ar)和二氧化碳($CO_2$)三种气体以52%、40%、8%的比例混合而成的一种灭火剂。以窒息方式灭火,灭火效果好,灭火时间较长。IG541混合气体灭火剂成分对设备完全安全。

①IG541混合气体灭火系统的灭火设计浓度不应小于灭火浓度的1.3倍,惰化设计浓度不应小于灭火浓度的1.1倍。

②当IG541混合气体灭火剂喷放至设计用量的95%时,喷放时间不应大于

60 s 且不应小于 48 s。

③灭火浸渍时间应符合下列规定:木材、纸张、织物等固体表面火灾,宜采用 20 min;通信机房、电子计算机房内的电气设备火灾,宜采用 10 min;其他固体表面火灾,宜采用 10 min。

④储存容器充装量应符合下列规定:a. 一级充压,充装压力为 15 MPa(表压)时,其充装量应为 211.15 kg/m³。b. 二级充压,充装压力为 20 MPa(表压)时,其充装量应为 281.06 kg/m³。

⑤储存容器或容器阀以及组合分配系统集流管上的安全泄压装置的动作压力应符合下列规定:一级充压(15 MPa)系统,应为($20.7\pm1$) MPa(表压);二级充压(20 MPa)系统,应为($27.6\pm1.4$) MPa(表压)。

⑥储存容器应采用无缝容器。

IG541 混合气体灭火系统工作压力高,对系统部件的生产、安装工艺有较高的要求,因此在使用中的安全防范要求也较高。该系统气体输送距离长,适合防护区数量多且较分散的建筑;其系统布置简单灵活,能适应建筑布局的多样性,节省气瓶间数量和相应的控制系统;该系统对环境无污染,对人员和设备的安全保障较可靠,可应用于经常有人停留的防护区;该系统前期工程投资相对较高,但后期运营维护费用较低。对于防护区数量多并且较分散的双层或多层地下车站,应优先选用 IG541 混合气体灭火系统。

(3)共性要求。

①储存装置。

其设置要求如下。

a. 管网系统的储存装置应由储存容器、容器阀和集流管等组成;七氟丙烷和 IG541 灭火系统的储存装置,应由储存容器、容器阀等组成。

b. 容器阀和集流管之间应采用挠性连接。储存容器和集流管应采用支架固定。

c. 储存装置上应设耐久的固定铭牌,并应标明每个容器的编号、容积、皮重、灭火剂名称、充装量、充装日期和充压压力等。

d. 管网灭火系统的储存装置宜设在专用储瓶间内。储瓶间宜靠近防护区,并应符合建筑物耐火等级不低于二级的有关规定及有关压力容器存放的规定,且应有直接通向室外或疏散走道的出口。储瓶间和设置预制灭火系统的防护区的环境温度应为 −10~50 ℃。

e. 储存装置的布置,应便于操作、维修及避免阳光照射。操作面距墙面或两操作面之间的距离,不宜小于 1 m,且不应小于储存容器外径的 1.5 倍。

f.组合分配系统的灭火剂储存量,应按储存量最大的防护区确定。

g.灭火系统的灭火剂储存量,应为防护区的灭火设计用量、储存容器内的灭火剂剩余量和管网内的灭火剂剩余量之和。

h.灭火系统的储存装置 72 h 内不能重新充装恢复工作的,应按系统原储存量的 100% 设置备用量。

②防护区设置。

a.防护区宜以单个封闭空间划分;同一区间的吊顶层和地板下需同时保护时,可合为一个防护区。

b.采用管网灭火系统时,一个防护区的面积不宜大于 800 m²,且容积不宜大于 3600 m³。

c.采用预制灭火系统时,一个防护区的面积不宜大于 500 m²,且容积不宜大于 1600 m³。

d.防护区围护结构及门窗的耐火极限均不宜低于 0.5 h;吊顶的耐火极限不宜低于 0.25 h。

e.防护区围护结构承受内压的允许压强,不宜低于 1200 Pa。

f.防护区应设置泄压口,七氟丙烷灭火系统的泄压口应位于防护区净高的 2/3 以上。

g.防护区设置的泄压口,宜设在外墙上。泄压口面积按相应气体灭火系统设计规定计算。

h.喷放灭火剂前,防护区内除泄压口外的开口应能自行关闭。

i.防护区的最低环境温度不应低于-10 ℃。

j.两个或两个以上的防护区采用组合分配系统时,一个组合分配系统所保护的防护区不应超过 8 个。

③安全要求。

a.防护区应有保证人员在 30 s 内疏散完毕的通道和出口。

b.防护区内的疏散通道及出口,应设应急照明与疏散指示标志。防护区内应设火灾声报警器,必要时,可增设闪光报警器。防护区的入口处应设火灾声、光报警器和灭火剂喷放指示灯,并设相应气体灭火系统的永久性标志牌。灭火剂喷放指示灯信号,应保持到防护区通风换气后,以手动方式解除。

c.防护区的门应向疏散方向开启,并能自行关闭;用于疏散的门必须能从防护区内打开。

d. 灭火后的防护区应通风换气,地下防护区和无窗或设固定窗扇的地上防护区,应设置机械排风装置,排风口宜设在防护区的下部并应直通室外。

e. 储瓶间的门应向外开启,储瓶间内应设应急照明;储瓶间应有良好的通风条件,地下储瓶间应设机械排风装置,排风口应设在下部,可通过排风管将气体排出室外。

f. 经过有爆炸危险及变电、配电室等场所的管网、壳体等金属件应设防静电接地。

g. 有人工作的防护区的灭火设计浓度或实际使用浓度,不应大于有毒性反应浓度(lowest observed adverse effect level,LOAEL)。

h. 防护区内设置的预制灭火系统的充压压力不应大于2.5 MPa。

i. 灭火系统的手动控制与应急操作应有防止误操作的警示显示与措施。

j. 设有气体灭火系统的场所,宜配置空气呼吸器。

**4. 高压细水雾系统**

高压细水雾灭火设备是利用符合国家生活用水标准的淡水作为灭火介质,采用特殊的喷头在特定的工作压力下(通常为10 MPa)将水流分解成细小水滴进行灭火的一种固定式灭火设备。

1)设置部位

(1)地下车站的车控室、信号机械室、通信设备室、降压变电所牵引降压所的变压器室、交直流开关柜室、整流变压器室、35 kV及0.4 kV开关柜室、环控电控室、蓄电池室、AFC机房等重要电气设备房可设置高压细水雾自动灭火系统。

(2)地下车站公共区可设置高压细水雾自动灭火系统。

(3)地下车站轨行区可设置高压细水雾雾幕系统。

(4)车站微型消防站可配备移动式细水雾推车灭火装置。

(5)超长区间隧道在无法设置联络通道时可设置高压细水雾系统。

(6)控制中心、主变电所、车辆段可参照地铁车站进行设置。

2)系统类型

高压细水雾系统由高压细水雾泵组(含高压主泵、高压备泵、稳压泵、进水电磁阀、进水过滤器、泵组控制柜、调节水箱等)、补水增压装置、供水管网、区域控制阀组(由分区控制阀与其他辅助阀门、管件组成)、高压细水雾喷头(包括开式、闭式喷头及微型喷嘴)、高压细水雾喷枪装置及火灾报警联动系统等组成。

高压细水雾系统分为开式系统和闭式系统。其中闭式系统又可分为湿式系统和预作用系统。高压细水雾系统在准工作状况下,从泵组出口至区域阀前或喷枪箱的管网内(闭式湿式系统为从泵组出口至喷头的管网)维持一定压力。当压力低于稳压泵的设定启动压力1 MPa时,稳压泵启动,使系统管网压力维持在1~1.2 MPa。发生火灾时,区域控制阀被火灾探测报警系统联动打开(闭式喷头玻璃球破裂或喷枪箱手动阀打开),管网压力开始降低,其压力低于稳压泵的设定启动压力1 MPa时稳压泵启动,稳压泵运行时间超过10 s后压力仍达不到1.2 MPa时,主泵启动同时稳压泵停止运行,细水雾喷头喷放水雾灭火。

3)应用方式

地下车站高压细水雾系统应用方式见表4.3。

表4.3 地下车站高压细水雾系统应用方式

| 序号 | 防护区名称 | 应用方式 |
| --- | --- | --- |
| 1 | 整流变压器室 | 闭式(预作用)系统或开式系统 |
| 2 | 高压、直流开关柜室 | 闭式(预作用)系统或开式系统 |
| 3 | 控制室 | 开式系统 |
| 4 | 400 V低压室 | 闭式(预作用)系统或开式系统 |
| 5 | 环控电控室 | 闭式(预作用)系统或开式系统 |
| 6 | 通信设备室 | 开式系统 |
| 7 | 通信机械室 | 开式系统 |
| 8 | 信号机械室 | 开式系统 |
| 9 | 弱电综合设备管理室 | 开式系统 |
| 10 | 屏蔽门管理室 | 开式系统 |
| 11 | 轨行区 | 开式系统(雾幕) |
| 12 | 站厅公共区 | 闭式(湿式)系统 |

车站内的中、高压开关柜室与1500 V直流开关柜室、整流变压器室、整流器室等强电设备间宜采用高压细水雾闭式(预作用)灭火系统。当系统主用和备用设备分开独立保护时,也可采用高压细水雾开式灭火系统。

车站内的通信、信号、控制等弱电设备间与400 V的低压电气设备间宜采用高压细水雾开式灭火系统。

高压细水雾开式灭火系统保护区域体积超过3000 m³时宜采用分区应用灭火系统。

主变电所的油浸主变压器室宜采用高压细水雾开式局部应用灭火系统。其他油浸电气设备间宜采用开式全淹没灭火系统。电缆室及电缆井道宜采用高压细水雾开式全淹没灭火系统。

控制中心、主变电所等场所的高压细水雾灭火系统参照车站进行设置。

## 4.2.6　地铁车站建筑防火设计案例

**1. 总平面布置**

城市轨道交通线路或走行于城市中心城区,或串起城市周边卫星城镇,因此既有道路红线,规划道路红线,既有建(构)筑物,城市规划,城市综合交通规划,既有地下管线、高压线等,成为车站站位设置的控制性因素,出地面后有诸如出入口、风亭、冷却塔等建(构)筑物,对车站方案的确定有着举足轻重的影响。

1)地铁车站总平面布置消防设计要点

(1)地铁车站出入口、风亭与既有建(构)筑物的防火间距。

(2)地面风亭布置。

(3)地面、高架车站消防车道布置。

在车站总平面设计中,收集现有建(构)筑物资料,规划道路红线、城市综合交通规划、站址周边规划建筑资料和管线资料,以及现场踏勘尤为重要。

下列各案例为工程设计阶段的方案,与工程实际实施方案可能存在差别。

2)地下车站案例

以合肥地铁2号线金寨路站出入口、风亭布置为例进行介绍。

(1)工程概况。

金寨路站主体为地下两层岛式车站,远期与5号线T型换乘,2号线设计预留换乘节点。金寨路站位于合肥市长江中路与金寨路口,沿长江中路东西向布置。该站规划建设时,站位周边既有建筑林立,拆迁难度大,出入口、风亭设置困难。路口东南侧是10层省劳动厅办公楼及2层裙房,西南侧是15层商住楼及2层裙房等,西北侧是合肥市科教书城、红旗百货大楼,东北侧为合肥市建筑安装工程公司既有多层建筑,路口有天桥。由于周边人流量较大,既有过街天桥拆除后,地铁出入口设计需考虑客流过街功能。

(2)总平面布置(图4.14)。

车站设6个出入口、2组风亭。1号出入口与1号敞口低风亭合建,设于长

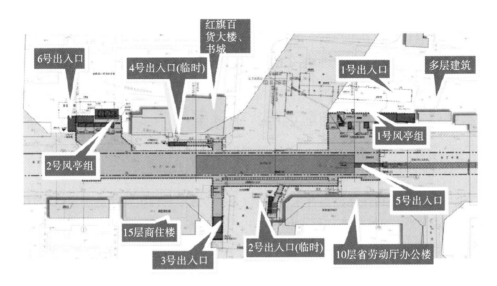

图 4.14 金寨路站总平面图

江中路与金寨路口东北象限,距离合肥市建筑安装工程公司 3.5 m。2 号出入口设于东南象限安徽省劳动厅围墙外,由于安徽省劳动厅 2 层裙房紧贴红线,无出入口设置条件,经与有关部门协商,侵道路红线设置临时出入口。临时出入口为梯段宽度 3 m 的楼梯间,不设电扶梯,距离裙房 3.6 m。3 号出入口设于西南象限停车场围墙外,由于路口有一高层商住楼,裙房已出道路红线,拆迁困难,经与有关部门协商,3 号出入口设于人行道上,侵道路红线设置。4 号出入口位于西北象限,经与有关部门协商,设于道路红线内科教书城、红旗百货大楼门口,距红旗百货大楼 4.2 m,为临时出入口,设一部 3 m 宽直跑楼梯,出入口通道内预留 6.5 m 远期改造接口。5 号出入口为净宽 3 m 的直跑楼梯,设于金寨路以东,与长江中路路中 BRT 车站衔接换乘。6 号出入口与 2 号高风亭合建,设于长江中路以北,拆除一栋多层商住楼,与周边既有建筑的距离满足消防间距及环评要求。车站站厅层南侧设置 24 h 过街通道,通道净宽 4.9 m,与 2、3 号出入口连接;北侧预留净宽 4.9 m 的 24 h 过街通道,远期与 1、4 号出入口连接。车站内站厅层留有通道,通道两侧设置卷帘门,地铁停止运营后关闭卷帘门。

1 号风亭组沿道路红线布置,退道路红线 3 m,新风井与排风井距离 10 m,为拉开活塞风井与出入口的 10 m 距离,出入口仅面向道路开口;2 号高风亭侧向设进、排风口,风口不同向,净距大于 5 m,满足规范要求。

在金寨路站总平面布置中,由于拆迁困难,1 号出入口、2 号临时出入口、4

号临时出入口距离既有建筑太近。根据《建筑设计防火规范》(GB 50016—2014),该三处出入口出地面建筑墙体均为防火墙,顶设盖,且屋面板的耐火极限不低于1 h,满足规范要求。

3)地上车站案例

以金义东市域轨道交通工程会展中心站(初设阶段)为例进行介绍(图4.15)。

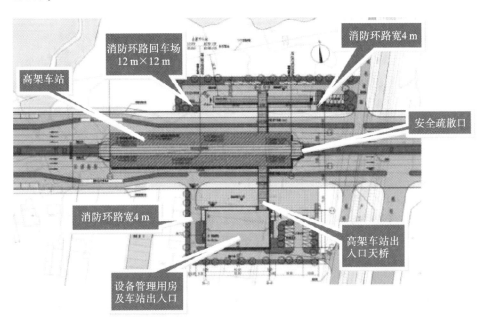

图4.15 会展中心站总平面图

(1)工程概况。

在设计初期,车站主体位于学士北路以东,沿规划道路江滨南街的路中绿化带呈东西向布置。江滨南街规划道路红线宽度为52 m,道路尚未实施。车站站址周边为待开发地块,东侧有卢三小溪,南侧为东阳市跃飞管业有限公司,车站实施需拆迁部分一层厂房,北侧为池塘。江滨南街以北规划为文化娱乐用地,江滨南街以南规划为二类居住用地。

本站为路中高架三层侧式车站,由三部分组成,分别为车站主体、附属设备管理用房及天桥出入口。车站主体有效站台长120 m,每侧站台宽度为7.8 m。车站外包总长120 m,总宽22.8 m,地面一层为架空层,二层为站厅层,三层为站台层。附属用房设于江滨南街南侧,外包总长42.6 m,总宽25.5 m,设牵引降压混合变电所。车站总建筑面积8852.15 m²,其中主体建筑面积5285.91 m²,南侧附属用房建筑面积3270.44 m²,北侧附属用房建筑面积及天桥建筑面积295.8 m²。本站共设置4个出入口,B1、B2出入口位于南侧附属用房内,A1、A2出入口位于北侧天桥出入口处。

(2)耐火等级。

会展中心站主体建筑、设备管理用房、天桥及出入口建筑的耐火等级均为二级。

(3)防火间距。

该站需拆迁东阳市跃飞管业有限公司部分一层厂房,拆迁面积8848.56 m²,与保留的一层厂房间距为34.73 m,满足防火间距要求。

(4)消防车道。

沿车站主体建筑两侧长边有城市规划道路;附属用房设有消防环形车道,一处与江滨南街连通,一处与既有道路连通;消防车道宽4 m,转弯半径为9 m,天桥底层净高为6.25 m,均满足《建筑设计防火规范》(GB 50016—2014)的要求。A1、A2出入口设于江滨南街北侧,通过天桥与车站主体连接。由于本线为市域轨道交通线,需设停车场与车站接驳,因此,在出入口与停车场场地设尽头式消防车道,消防车道宽4 m,在消防车道尽头设12 m×12 m回车场。

## 2. 车站平面布置

车站内部建筑消防设计的主要内容有:防火分区划分、防烟分区划分、防火分隔、消防疏散、建筑构造等。

1)地铁车站耐火等级

《地铁设计规范》(GB 50157—2013)规定:地下的车站、区间、变电站等主体工程及出入口通道、风道的耐火等级应为一级;地面出入口、风亭等附属建筑,地面车站、高架车站及高架区间的建(构)筑物,耐火等级不得低于二级。

2)换乘站防火分区划分及防火分隔设计

以合肥地铁2号线、3号线的换乘站潜山路站平面布置为例进行介绍。

(1)工程概况。

潜山路站是一座2、3号线十字换乘站,位于长江西路与潜山路交叉路口。2号线位于长江西路下方,为地下三层岛式车站;3号线位于潜山路下方,为地下两层岛式车站。2、3号线设有联络线,两线中心里程处轨面高差6900 mm,3号线有效站台南侧设有单渡线。由于建设时序较近,两站土建同时施工。

(2)潜山路站建筑防火设计特点。

①地下一层2、3号线站厅公共区,地下二层公共楼扶梯转换厅、3号线站台公共区,地下三层2号线站台公共区为一个防火分区,作为第1防火分区,总面积为7423 $m^2$,其中站厅公共区防火分区面积为4412 $m^2$。

②主要设备管理用房集中布置,按房间使用性质及消防疏散设置划分防火分区。

地下一层站厅层公共区的东西两端为2号线设备管理用房,其中,西端是2号线设备大端,有车控室、站长室、票务室等主要设备管理用房,划分为第2防火分区,防火分区面积为764 $m^2$。东端是2号线设备小端,有配电室、电缆井等必要设备房间,划分为第3防火分区,防火面积为252 $m^2$。站厅层北、南两端布置3号线设备管理用房,北端为设备小端,有配电室、电缆井等必要设备房间,南端为设备大端,有车控室、站长室、票务室、通信设备室、信号设备室、0.4 kV开关柜室、配电室、环控机房、环控电控室、风道等主要设备管理用房,分别为第4、第5防火分区,防火面积分别为352 $m^2$和1398 $m^2$。

地下二层是2号线的设备层、3号线的站台层。由于本站为十字换乘站,2号线的设备层被3号线站台层划分为两部分,西半部分布置2号线的环控机房、通信设备室、信号设备室、会议室、混合变电所等主要设备管理用房。东半部分布置公共楼扶梯转换厅、商用通信设备室、环控机房、配电室、电缆井等必要的设备房间。2号线设备层西、东两端设备管理用房分别划分为第8、第9防火分区,防火分区面积分别为1463 $m^2$和583 $m^2$。3号线站台层北、南两端设备管理用房分别划分为第10、第11防火分区,防火分区面积分别为115 $m^2$和547 $m^2$。3号线站台层南端的配线区域为无人区,单独设置为第12防火分区,防火分区面积为794 $m^2$。

地下三层是2号线站台层,西、东两端管理用房分别划分为第13、第14防火分区,防火分区面积分别为203 $m^2$和101 $m^2$。

3号线配线上方设物业开发区域,总面积2800 $m^2$,划分成第6、第7防火分区,防火分区面积分别为1883 $m^2$和991 $m^2$。满足《地铁设计规范》(GB 50157—2013)关于"商业区与站厅间应划分成不同的防火分区"等规定。

(3)防火分隔。

车站防火分区之间的防火墙采用耐火极限不低于3 h的砌块墙,防火墙上的门为甲级防火门,窗为甲级防火窗(C类甲级防火玻璃)。站厅层、设备层主要设备房间均采用耐火极限不低于3h的隔墙和耐火极限不低于2h的楼板与其他部位隔开，墙体砌筑到结构板底，房间门窗均采用甲级防火门和甲级防火窗。位于站台层的变电所及防火分区的隔墙耐火极限不低于3h，墙上门采用甲级防火门。设备运输门采用甲级防火门或以背火面温升作为耐火极限判定条件的特级防火卷帘。

本站是十字换乘站，有效站台长度为120 m，站厅层设有两组楼扶梯直接下到站台层，其中一组楼扶梯需在设备层设楼扶梯转换厅。楼扶梯转换厅的墙体为防火墙，不开门、窗及洞口。站厅穿越设备层至站台的楼扶梯，在设备层的楼扶梯开口部位采用耐火极限不低于2h防火墙进行分隔。两线站台层设换乘楼梯，在下层站台的开口部位采用耐火极限不低于2h的纵向防火隔墙进行分隔，梯口设置了防火卷帘，同时，在梯口设置了挡烟垂壁。站厅层与物业开发区域设通道连接，并在通道内设置了2道耐火极限不低于3h的防火卷帘，由地铁方和物业开发方分别控制。

(4)安全疏散。

潜山路站为换乘站，两线公共区共设10个出入口(其中地铁6个、物业4个)、2个紧急疏散口、2个无障碍出入口。经计算，车站、物业出入口数量及疏散宽度均满足规范要求。

2号线车站为地下三层车站，为了满足《地铁设计规范》(GB 50157—2013)关于"地下车站消防专用通道及楼梯间应设置在有车站控制室等主要管理用房的防火分区内，并应方便到达地下各层。地下超过三层(含三层)时，应设防烟楼梯间"的规定，2号线设备大端直出地面的疏散楼梯间设为防烟楼梯间，各层防烟楼梯间前室面积均大于6 m²。疏散走道通向前室及前室通向楼梯间的门为甲级防火门。该防烟楼梯间在站厅层转换后出地面。

3)地下一层侧式站防火分区划分及防火分隔设计

以乌鲁木齐市地铁1号线三屯碑站为例进行介绍。

(1)工程概况。

三屯碑站为乌鲁木齐市地铁1号线的起点站，与BRT及普通公交发车场、综合发车场、社会地下停车库共同组成三屯碑交通枢纽工程。地铁三屯碑站设于乌鲁木齐市天山区胜利路、新华南路、三屯碑路及燕儿窝路交会处的燕儿窝路路下，为地下一层侧式站台车站，车站长224.7 m，宽40.5 m，有效站台长140 m，侧站台宽5.1 m，建筑面积11731.72 m²。

(2)三屯碑站防火分区划分。

①车站平面布置。

本站为地下一层侧式站台车站,车站西侧设站厅公共区,与西侧站台公共区连为一体,车站东侧设站厅公共区,与东侧站台公共区连为一体。公共区两端均设有设备管理用房。

站厅公共区北端付费区内设下穿联络通道,连接两个侧式站台,方便乘客换乘;站厅公共区南端非付费区设下穿联络通道,方便市民过街。有效站台两端还设有过轨电缆通道及风道。

②防火分区划分。

车站及综合楼的地下停车库耐火等级为一级。车站及综合楼的地下停车库各自独立划分防火分区,地下车站划分为6个防火分区。

车站西侧设站厅站台公共区,为防火分区一,面积1814.25 $m^2$;北端布置少量的设备管理用房,为防火分区二,面积70.88 $m^2$(风道不计入防火分区);站厅公共区东侧为防火分区三,面积1674.60 $m^2$;南端设备管理用房依次为防火分区四、五,防火分区面积分别为737.49 $m^2$、891.58 $m^2$;北端设备管理用房设为防火分区六,面积405.36 $m^2$。

(3)防火分隔。

本站站厅、站台公共区为同一个防火分区,站台与同层站厅临界面采用耐火极限不低于3 h的特级复合防火卷帘进行防火分隔,并在地下一层侧式站台与同层站厅公共区临界面门洞口部位设置挡烟垂壁,如图4.16所示。

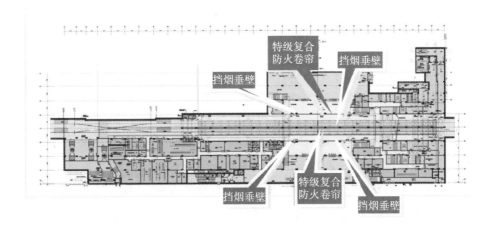

图4.16 三屯碑站防火分隔

(4)安全疏散。

在东、西两侧站厅与站台公共区临界面防火隔断处,各设有2个门洞,门洞之间距离26 m,门洞宽度各为7.2 m;有效站台公共区内任一点与安全出口疏散门洞的距离小于50 m,满足规范要求。

本站每侧站厅、站台公共区各设置了2个直通地面的安全出口,满足在远期超高峰小时一列进站列车所载乘客及站台上的候车乘客能在6 min内全部疏散至安全区域的要求。西侧站厅公共区设1、2号出入口通道,通道净宽均为5 m。1、2号出入口均设1部净宽1 m的扶梯和1部净宽2.3 m的楼梯。东侧站厅公共区设3、4号出入口通道,通道净宽分别为5.2 m和7.3 m。3号出入口设一部净宽1 m的扶梯和1部净宽2.5 m的楼梯。4号出入口设2部净宽1 m的扶梯和1部净宽2.8 m的楼梯。2、3号出入口各设1部无障碍垂直电梯,安全疏散口紧邻3号出入口。

### 3. 物业安全疏散设计

随着我国城市建设的进程加快,越来越多的地铁车站与商业开发及其他形式的交通建筑相结合,形成地铁车站与周边建筑一体化、交通一体化、环境一体化。在与物业开发结合的设计过程中,消防设计是此类公共建筑安全性、可靠性的重要保障。

以西乡塘客运站配线上方物业开发区域安全疏散设计为例对物业安全疏散设计进行分析。

(1)工程概况。

在规划设计阶段,南宁地铁1号线西乡塘客运站位于大学西路路中地下,跨军安路、梧桐路设置。大学西路宽70 m,双向主车道为6车道,军安路规划道路宽20 m,梧桐路规划道路宽40 m。站位西北角是市公安局、军事用地,西南角有西乡塘客运站及公交接驳站等,东北角有相思湖新区核心区商业休闲中心,东南角有新村四组规划设计的12层宾馆与6层综合商场。

西乡塘客运站是配线站,站前设交叉渡线和停车线,车站总长度469.8 m。站址环境及规划表明,西乡塘客运站地区是一个集交通枢纽、大学校区、综合商业于一体的人流密集的城市商业中心,因此,配线上方4310 m² 的面积有必要作为物业开发区域。

(2)物业开发区域安全疏散设计。

车站共设9个防火分区,其中,物业开发区域设4个防火分区,其中三个防火分区面积分别为 1590 m²、1100 m²、650 m²，物业设备管理用房及风道防火分区面积为 970 m²。

根据上述防火分区划分，车站设 11 个出入口，其中车站出入口 5 个，物业开发区域出入口 5 个，消防疏散口 1 个。

（3）物业开发区域安全疏散计算。

①物业开发区域出入口数量。

物业开发区域第一防火分区面积 1590 m²，设 2 个物业开发区域出入口；物业开发区域第二防火分区面积 1100 m²，设 2 个物业开发区域出入口；物业开发区域第三防火分区面积 650 m²，设 1 个物业开发区域出入口。

根据《建筑设计防火规范》(GB 50016—2014)，地下一层商场人员密度换算系数为 0.6 人/m²。每层疏散走道、安全出口、疏散楼梯和房间疏散门的净宽度，对于与地面出入口地面的高差不超过 10 m 的地下建筑，建筑耐火等级为一、二级时，取值为 0.75 m/百人。

②物业开发区域出入口疏散楼梯通过能力计算。

相关计算公式为：商场出入口的疏散宽度＝地下商场的面积×0.6×0.75/100。

物业开发区域第一防火分区出入口疏散楼梯宽度计算：1590×0.6×0.75/100＝7.155(m)。

物业开发区域第二防火分区出入口疏散楼梯宽度计算：1100×0.6×0.75/100＝4.95(m)。

物业开发区域第三防火分区出入口疏散楼梯宽度计算：650×0.6×0.75/100＝2.925(m)。

物业开发区域第一防火分区直出地面的出入口楼梯总宽度为 3.6＋3.6＝7.2(m)，通向相邻防火分区的防火门总宽度为 1.2＋1.2＝2.4(m)；物业开发区域第二防火分区直出地面的出入口楼梯总宽度为 3.6＋1.4＝5(m)，通向相邻防火分区的防火门总宽度为 1.2×4＝4.8(m)；物业开发区域第三防火分区直出地面的出入口楼梯总宽度为 3 m，通向相邻防火分区的防火门总宽度为 1.2＋1.2＝2.4(m)。以上设置均满足紧急疏散要求。

经核算，本站物业开发区域需要设置的疏散楼梯宽度为 15.03 m，实际出入口疏散楼梯宽度为 15.2 m，满足消防疏散要求。

本站现已通车运营，车站设计时，满足《建筑设计防火规范》(GB 50016—2014)的要求。最终消防报建是车站建筑与物业开发装修分别报建。

**4. 总结**

通过对几种形式的地铁车站建筑防火设计案例的分析,可进一步提高对《地铁设计规范》(GB 50157—2013)、《建筑设计防火规范》(GB 50016—2014)、《人民防空工程设计防火规范》(GB 50098—2009)、《建筑内部装修设计防火规范》(GB 50222—2017)等规范的理解和执行力度。在地铁建筑设计中,应努力贯彻"预防为主,防消结合"的方针,防患于未然,从源头遏制火灾隐患,使得地铁车站建筑更加安全、舒适、可靠。

## 4.2.7 地铁车站性能化防火设计

**1. 消防性能化设计的概念及优势**

所谓的消防性能化设计主要是指科学运用消防安全工程学原理,结合建筑物实际情况,设计科学合理的消防系统,以达到预期的性能目标。同时,主动利用先进科学的计算机模拟技术对建筑火灾后果进行全方位研究与分析。如可采用定量分析及预测方法对建筑火灾后果进行动态分析。根据预测分析反馈结果,确立科学合理的防火保护措施。结合以往的经验来看,消防性能化设计主要可以从性能化防火分析与性能化设计两个方面进行统筹规划与合理部署。

与传统消防安全设计相较而言,消防性能化设计重点考虑每栋建筑的性能、用途及风险因素,并立足于安全要求,采取科学合理的手段,提高消防安全设计的精准性与合理性。最重要的是,消防性能化设计所运用的手段及分析方法可进一步提高消防设计精度,如可利用火灾模型及疏散软件等,达到良好的消防设计效果。总体来看,对于大型建筑消防设计工作而言,通过科学运用消防性能化设计,可以进一步提升消防设计效果及安全疏散效果。

**2. 基于消防性能化设计理念的地铁车站消防设计要点及措施**

1)疏散出入口

地下车站人流相对密集,且属于地下封闭空间,因此在疏散出入口设计方面应严格按照消防设计标准进行统筹规划与合理部署。如位于车站站厅及站台的防火分区,安全出入口的数量应该在两个及以上。这部分安全出入口应该直通车站外部空间。从实际情况来看,考虑到吸引客流及方便乘客等因素,位于市中心的地铁出入口需要与某些商业建筑进行结合。一般来说，大型地铁车站的出入口有四个及以上，且多与附近商业进行结合设计。在设计过程中设计人员需要重点考虑以下两点问题：与出入口结合的商场在一定程度上难以与地铁同步建设，无法满足消防设计要求。出入口与地下商场进行结合设计时，存在无法直通地面的问题。如乘客出站时需要先进入商场，之后再从商场到达地面，这样的地下商场在原则上并不完全属于外部安全空间。针对此问题，在具体设计过程中，设计人员应该重点针对与车站出入口结合的商场进行合理的消防设计。如果存在无法同步建设的情况，设计人员应该重点对其他出入口的疏散距离及疏散能力进行合理把握。除此之外，在疏散通道设置方面应该尽量减少曲折，如不可设置阶梯、门槛等有碍疏散的设施。

2）公共区面积

对于大型地铁车站或者换乘车站而言，因其防火分区面积常常在 2000 m² 及以上，导致存在同一防火分区贯多层的问题。一旦发生火灾，由于人员密集且疏散难度较大，逃生人员要经过多层才能够顺利到达地面。再加上建筑布局相对复杂，消防人员难以在短时间内快速到达火灾位置，并进行火灾扑救。除此之外，换乘车站客流相对较大，多数乘客携带的行李较多，如果出现火灾等危急情况，现场烟雾会较大。

针对上述问题，我国多数城市在换乘车站消防设计方面主张利用火灾模拟性能化设计理念，对面积较大或换乘站的站厅及站台等公共区采取以下消防安全设计措施，达到良好的消防效果。一方面，建议规划设计人员设置自动喷水灭火系统，目的在于全面加强对初期火灾的抑制。通过不断减少烟雾产生量，加强对火灾发展形势的有效控制。另一方面，在公共区的各层结构设计上可优先利用镂空型吊顶，这样做的目的在于通过不断增加蓄烟量，加强对现场烟雾的疏散效果。除此之外，在排烟风管的设置上，应该尽量采用上排烟口或者侧排烟口。

3）疏散距离

结合相关设计规范来看，当发生火灾险情时，车站需要在 6 min 内有秩序、合理地将一列车所载乘客、站台候车的乘客及工作人员安全疏散到安全区域。对于一般的车站而言，因其客流密度和车站高度相对较小，完全可以在 6 min 内将车站内的人员疏散到安全区域。而对于大型地铁车站而言，因其埋置深度较大，导致在安全疏散方面存在一定难度。因此，在疏散距离的设置方面，应该根据车站深度及最不利点到出入口的距离进行合理规划与设计。结合《建筑设计防火规范》(GB 50016—2014)来看,直接通向疏散走道的房间疏散门与最近的安全出口之间的距离应该保持在40 m及以下。而地铁内站台到疏散楼梯口的距离通常在50 m左右。在具体设计中应该严格按照《地铁设计防火标准》(GB 51298—2018)的要求,尽可能减少此距离。设计人员应该对不同位置发生火灾时乘客疏散到安全出口的距离进行合理计算,并根据反馈结果对疏散路径进行规划设计。与此同时,对于地下四层或者距离地面25 m以上的地下站台公共区,建议设计人员在地下一层增设防烟楼梯间,加强火灾时的安全疏散能力。或者在该位置增设通向地面的逃生通道,确保疏散人群可以在最短时间内逃离火灾现场,保障乘客及工作人员的人身安全。

4) 地下长通道

结合以往的设计经验来看,地下长通道往往是大型地铁车站消防性能化设计中被忽略的重要因素。一般来说,烟气在地下通道内的流动情况在一定程度上可对火灾态势及通风气流组织方式产生至关重要的影响。在火灾发生初期,烟气通常会在顶棚流动。受到周围空气的影响,烟气温度呈现出下降趋势,弥漫于整个通道当中。这部分烟气并未到达地面,高温浓烟的扩散方向有可能与人员疏散方向相同,使得疏散人群难以躲避高温浓烟所带来的危害。为及时解决这一问题,在地下通道超过60 m时,设计人员需要按照以下方法进行统筹规划与合理部署。

一方面,在设计初期,设计人员应该对排烟设施的配置使用问题给予高度重视。如果受到施工工艺及市政设施的影响,导致通道因结构净高无法设置排烟风管,建议设计人员在通道两端适当位置增设补风或者排烟风亭。必要时,设计人员也可对可逆送风及排烟风机进行重点考虑。另一方面,在情况允许的条件下,设计人员可利用专门的软件对通道内的火灾烟气流动情况进行研究与分析,根据分析反馈结果,对防排烟方案进行统筹规划与合理部署。

除此之外,当地下通道长度超过100 m时,设计人员可将地下通道纳入公共区。同时,可在长通道内增设自动喷水灭火系统,达到良好的消防效果。

5) 车站内商业开发的消防配套

对于存在配线或者可与其他线换乘的地铁车站而言,因车站结构比较复杂,且长度较长,除了需要满足车站运行需求,还需要对剩余空间进行合理开发与利用。结合当前的情况来看,为加强对地下空间的开发与利用,车站内通常会结合商业开发获得良好的空间利用效果。但是在结合应用过程中,通常会存在以下几点问题。

一是商业与车站本体的建设和投入使用的时间不同,可能会对车站出入口及其他位置的安全使用造成影响。当车站投入使用时,商业开发空间可能处于闲置状态。而当商业开发空间启用时,可能会对车站出入口及其他位置的使用效率造成不利影响。二是设计期间,商业开发性质可能尚不清晰,导致商业开发空间内的消防设施在配备及使用方面存在不足。

建议在前期规划设计中,对车站内商业开发空间的消防配套设施配置问题与使用问题予以高度重视。一方面,业主方必须明确商业开发的性质,以便更好地开展消防设计工作。同时,商业开发的土建配套必须齐全且应该尽量一次建成。出入口在商业开发空间未启用之前,应该始终保持畅通状态,以确保满足消防设计要求。另一方面,商业开发空间的消防设备应该与车站消防设备处于共享状态。如水消防设施及防排烟系统等可以由车站设计单位进行统筹规划与合理设计。在设计过程中,应该对容量及接口条件进行合理明确,必须在商业开发空间启用之前安装到位。需要注意的一点是,当地下一层面积超过 20000 $m^2$ 时,建议在地下一层的规划设计方面利用采光中庭或者下沉式广场设计形式,确保乘客在遭遇火灾时可以及时辨认方向,并促使内部烟气及时排出。

### 3. 合肥南地铁站性能化防火设计案例

1)合肥南地铁站简介

合肥南站配套城市轨道交通 1、4、5 号线换乘车站(以下简称"合肥南地铁站"),站址位于国铁合肥南站站场下方,1、5 号线车站部分主体位于国铁站房下,部分主体与 4 号线车站主体位于北广场下,1、5 号线沿南北方向穿越国铁站房区,位于站场中心线上,地铁 4 号线沿东西方向穿越国铁合肥南站站区。1、5 号线车站有效站台中心里程为 K15+021.497,车站总长 444.9 m,为地下三层 15 m 宽岛式站台车站。4 号线车站有效站台中心里程为 AK3+376.724,车站总长 169 m,为地下四层 14 m 宽岛式站台车站。

2)存在的消防问题及性能化防火研究方法

(1)存在的消防问题。

合肥南地铁站主要存在站厅公共区面积过大和疏散距离长的消防问题。该工程为合肥地铁 1、4、5 号线多线换乘车站,站厅及站台划为一个防火分区。该防火分区总面积为 15296 $m^2$,其中 1、5 号线站台面积为 3256 $m^2$,4 号线站台面积为 1612 m²,站厅公共区面积为 10428 m²。

设计时根据《城市轨道交通技术规范》(GB 50490—2009)第 7.3.18 条第 4 款的规定,多线换乘车站共用一个站厅公共区,且面积超过单线标准车站站厅公共区面积 2.5 倍时,应通过消防性能化设计分析,采取必要的消防措施。

(2)性能化防火研究方法。

设置防火分区的主要目的就是防止火势的蔓延扩大,减小火灾损失,在着火分区外为疏散人员提供相对安全的避难区域。大型多线换乘车站的站台和站厅公共区面积远远超过单一车站的公共区面积,若划分为一个防火分区,对防止火势的蔓延扩大是极为不利的。但从使用功能方面考虑,采用防火墙等措施进行防火分隔会严重影响车站的视觉通透性和使用便捷性,且在发生火灾时不利于人员快速、顺畅地疏散。

因此,在保留防火分区的划分方法时,应加强地下一层国铁出站层、地下二层站厅层,以及地下三层、四层站台层的消防设施,并验证其是否满足安全要求。

①地下一层国铁出站层。

采取安全措施保证地下一层国铁出站层为相对安全的"准安全区域"。所谓"准安全区域",是指介于室外绝对安全场所和室内火灾隐患场所之间,供火灾时人员短暂停留而不至于受到火势影响的场所。对该假设条件在国铁站房的性能化分析中进行相关的分析论证,为了加强地下一层的安全性,在连接地下二层站厅和地下一层的楼扶梯周围设置两步降的防火卷帘。在发生火灾时,本案例中的站台层及站厅层大部分人员首先疏散至地下一层的国铁出站层再疏散至室外。

②站厅层。

站厅层的防火设计具体应满足以下要求:a.站厅层设置自动喷淋系统;b.站厅内增加两部直接通向地面的疏散楼梯;c.站厅公共区与长通道之间加防火卷帘以控制火势蔓延,防火卷帘的最终落下要靠人工确认控制;d.站厅层防烟分区面积不应大于 2000 m²,每个防烟分区采用挡烟垂壁或钢筋混凝土梁进行分隔,挡烟垂壁高度不小于 500 mm,挡烟垂壁应采用燃烧性能为 A 级且耐火极限不低于 0.5 h 的材料;e.站厅层采用透空率不小于 30% 的透空吊顶,以增加蓄烟能力,排烟口设置在吊顶内,挡烟垂壁应升至结构板底;f.站厅层应根据性能化防火设计研究结果合理设计机械排烟系统的排烟量,减小火灾过程中烟气的沉降速率,为人员疏散赢得更多可利用时间;g.站厅层不得布置商业或其他固定可燃物。

③站台层。

站台层的人员要通过站厅层进行疏散和逃生,因此要防止站台层内的烟和热进入站厅层。在楼梯和扶梯周边应采取合理的防烟分隔措施,以阻挡烟气通过楼梯开口向上蔓延扩散。

站台层的人员包括乘坐车辆到达的乘客及在站台候车的乘客等,人员数量多,疏散压力大。而各站台层的自动扶梯、楼梯等的疏散宽度有限,若在这些部位采用防火卷帘结合防火门的措施进行防火分隔,将会导致本已极为有限的疏散宽度得不到充分利用。因此建议在站台层与站厅层之间的连接楼梯两侧设置紧急情况时可以下降到底的挡烟垂壁控烟,两个站台层之间的换乘楼梯处采用防火卷帘。应采取的具体措施如下:a. 在站台层与站厅层之间的连接楼梯处,楼梯口两侧设置防火卷帘,开口设置挡烟垂壁,挡烟垂壁高度不小于 500 mm;b. 站台发生火灾时,应保证站台的楼梯和扶梯口处具有能够有效阻止烟气向站厅蔓延的向下气流且气流速度不应小于 1.5 m/s;c. 两个站台层之间的换乘楼梯采用防火卷帘分隔;d. 自动扶梯的传动设备、结构及装饰件等应采用不燃材料或低烟无卤阻燃材料;e. 站台层不得布置商业或其他可燃物。

(3)火灾场景模拟。

①火灾场景一:站厅非付费区。

火灾场景一设在地下二层站厅非付费区,火源位置如图 4.17 所示。可燃物为乘客携带的行李,热释放速率最大值为 1200 kW,考虑 1.5 倍的安全系数,因此本场景中最大热释放速率为 1800 kW。火灾增长类型为快速 $t^2$ 火,热释放速率曲线如图 4.18 所示。本场景中主动灭火系统动作、机械排烟系统动作。

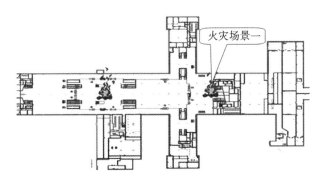

图 4.17 站厅层火灾场景火源位置示意图

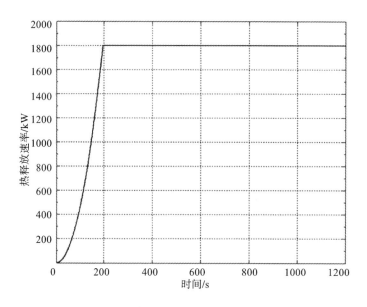

图 4.18 火灾场景一热释放速率曲线图

设计目的:分析主动灭火系统和机械排烟系统动作的条件下,站厅内发生火灾时烟气的蔓延规律,考察火源处疏散楼梯不可用的情况下,火灾烟气是否会威胁到站厅内的人员安全疏散。

②火灾场景二:1、5号线站台端部。

火灾场景二设在地下三层 1、5 号线站台端部,火源位置如图 4.19 所示。可燃物为乘客携带的行李,热释放速率最大值为 1 200 kW,考虑 1.5 倍的安全系数,因此本场景中最大热释放速率为 1 800 kW。火灾增长类型为快速 t2 火,热释放速率曲线如图 4.20 所示。本场景中主动灭火系统动作、机械排烟系统动作。

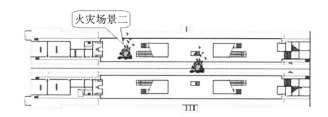

图 4.19 站台层火灾场景火源位置示意图

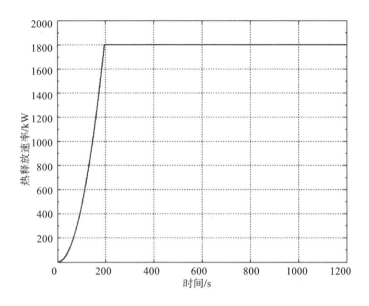

图 4.20 火灾场景二热释放速率曲线图

设计目的:分析1、5号线站台上发生火灾时烟气的蔓延规律,考察火源处疏散楼梯不可用的情况下,火灾烟气是否会威胁到站台上的人员安全疏散。

3)结论

通过对合肥南地铁站内部建筑结构及人员荷载的分析,在站厅层及1、5号线站台层设置了火灾场景,并确定了各火灾场景的火灾荷载和增长速率。各火灾场景的具体设置见表4.4。

表 4.4 火灾场景设计结果

| 序号 | 火源位置 | 热释放速率/kW | 增长速率 | 消防设施基本情况 | 备注 |
| --- | --- | --- | --- | --- | --- |
| 1 | 站厅非付费区 | 1800 | 快速火 | 主动灭火系统动作、机械排烟系统动作 | 封堵邻近楼梯 |
| 2 | 1、5号线站台端部 | 1800 | 快速火 | 主动灭火系统动作、机械排烟系统动作 | 封堵邻近楼梯 |

根据模拟结果,为解决站厅公共区面积过大和疏散距离长的问题,站厅层需采取以下消防加强措施:①站厅层增设自动喷淋系统;②站厅内增加两部直接通向地面的疏散楼梯;③站厅公共区与长通道之间加防火卷帘;④站厅层总机械排烟量不应小于480000 m³/h,将站厅层划分为5个防烟分区,每个防烟分区面积

不大于 2000 m², 挡烟垂壁高度不小于 500 mm, 挡烟垂壁应采用燃烧性能为 A 级且耐火极限不低于 0.5 h 的材料。

## 4.3 地铁车站地下建筑综合体防灾设计策略

### 4.3.1 地铁车站地下建筑综合体防灾设计的特点

地铁车站地下建筑综合体的防灾设计需要考虑火灾、地震、洪水等多种灾害。其中,火灾是地铁车站地下建筑综合体中最主要,也是最危险的内部灾害之一。地铁车站地下建筑综合体通常封闭无窗,其布局模式、空间组织形式、出入口系统与地面建筑存在差异,导致地铁车站地下建筑综合体中人员疏散时间加长。且地铁车站地下建筑综合体的疏散是自下而上进行的,其疏散方向与综合体内部的烟和热气的自然流动方向一致,这就进一步加大了火灾的危害性,给疏散带来更大困难。地铁车站地下建筑综合体的以上特点,要求其防灾设计应建立完善的防火、灭火系统,并为人员创造良好的疏散条件。

地铁车站地下建筑综合体的防灾设计应注意以下几点。

(1)地铁车站地下建筑综合体的内部空间组织应尽可能简单明了。地铁车站地下建筑综合体紧急疏散的路线通常与建筑中日常活动的路线不同,一定程度上造成人员疏散困难。简洁易懂的空间组织模式,有助于人们快速地找到安全疏散路线。

(2)应设置完善的应急照明、导向系统与火灾自动报警系统。在火灾发生时,及早发出警报,并引导人们以最佳的路线尽早撤离地铁车站地下建筑综合体。

(3)应进行合理的防火与防烟分区划分。相对于地面建筑,地铁车站地下建筑综合体的空气流通能力差。即使在火灾时采用机械通风系统,也难以排出浓烟,维持建筑内正常的空气质量。而浓烟是火灾中造成人员伤亡的最主要原因。因此,合理划分防火与防烟分区对地铁车站地下建筑综合体的消防设计极为重要。

(4)合理布置出入口。出入口包括直通室外的出入口和两个防火分区之间的连通口。地铁车站地下建筑综合体的消防设计应保证安全出口有足够的数量与宽度。出入口的数量应与地铁车站地下建筑综合体的面积和防火分区相适应,并应均匀布置,以防止疏散人流过于集中。出入口的宽度应与防火分区内最大客流量相匹配,以保证客流在安全时间内全部通过。

## 4.3.2 地铁车站地下建筑综合体与地铁车站结合时的防灾设计

### 1. 内部空间组织与疏散流线

地下建筑的内部空间组织应尽量简洁明了,避免过多的空间变化与高低错落。用于紧急疏散的路线应尽可能简单、短捷,易于识别,并尽量与人们日常进出建筑及在建筑中活动的路线一致。如需要采用不同于日常路线的紧急疏散通道,则应保证通道有明显的指示标志与应急照明。如果能结合下沉广场、中庭、天窗等采纳自然光,则更有利于快速疏散。在安全出口附近应提供一定范围的活动空间,作为紧急疏散时的人流聚集场所。

### 2. 防火与防烟分区

防火与防烟分区的特点在于各个区域之间有防火墙、防火门、防火窗等相互分隔,并可以独立进行空气控制和通风排烟,以便在火灾发生时,人们可以从火灾区域疏散到相对安全的区域。

地铁车站地下建筑综合体与地铁车站结合时,地铁车站地下建筑综合体应作为独立的防火分区,采用有效的防火措施,满足现行《建筑设计防火规范》(GB 50016—2014)的规定。地铁车站地下建筑综合体与地铁车站之间应采用防火门、防火卷帘等进行防火分隔。例如,根据广州轨道交通相关技术要求的规定,地铁车站发生火灾时,人员可通过与地铁车站地下建筑综合体相连的出口进行疏散,但地铁车站地下建筑综合体发生火灾时,地铁车站不能作为其安全出口。

当地铁车站出入口与地铁车站地下建筑综合体相结合时,应保证车站站台和站厅防火分区划分合理,其安全出口的数量不少于两个,并应直通车站外部空间。通向地铁车站地下建筑综合体的出入口不计入安全出口。

### 3. 防火结构与防火材料

建筑材料受到火烧时,呈现出不同的燃烧性能。根据燃烧性能,可将建筑材料划分为三类,具体如下。

(1)非燃烧材料:是指在空气中受到火烧或者高温作用时,不起火、不微燃、不碳化的材料,如金属材料和无机矿物材料。

(2)难燃烧材料:是指在空气中受到火烧或者高温作用时,难起火、难微燃、难碳化,当火源移走后,燃烧或微燃立即停止的材料,如刨花板和经过防火处理的有机材料等。

(3)燃烧材料:是指在空气中受到火烧或者高温作用时,立即起火或微燃,且火源移走后,仍能继续燃烧或微燃的材料,如木材等。

建筑材料在受到火灾作用时,除了燃烧,有时还会出现变形等降低本身强度的现象。

地下空间的环境封闭,致使火灾发生时产生非正常的压力,导致材料耐火等级降低。因此,相对于地面建筑而言,地下建筑对材料的耐火等级要求往往更高。地下建筑的结构材料与装修材料应是非燃烧材料或难燃烧材料。在对裸露的管线进行装饰时,应采用防火材料或防火涂料进行处理。设备管线穿越楼板及墙体应采用防火填缝材料进行封堵,封堵材料的耐火极限应与所在部位楼板及墙面的耐火极限相同。

### 4. 导向系统与应急照明

在火灾发生时,采用导向系统与应急照明来引导出入口方向,有利于加快紧急疏散的速度。导向系统与应急照明应布置在疏散通道、自动扶梯、楼梯口、消防电梯前室、通道拐弯处等位置,布置的间距应控制在 10 m 以内,且应设置在墙面较低的位置(距离地面 1 m 以下)或安装在地面上,以避免被火灾产生的烟雾所遮挡。导向系统与应急照明最好能安装在非燃烧体结构或装修材料的表面。其中,应急照明应采用玻璃或非燃烧材料进行保护,以避免火灾时很快被烧毁。将发光材料、反射材料应用于导向系统,其在黑暗中发出的微光或反射自然光、灯光等,能很好地加强疏散通道的方向感。

### 5. 综合监控与火灾自动报警系统

在地下建筑中,使用综合监控与火灾自动报警系统,对于火灾的早期发现和扑救具有极其重要的意义,能将损失限制在最小的范围,并能有效地帮助人们进行紧急疏散,避免延误。

地铁车站地下建筑综合体与地铁车站相结合时,应采用自成体系、信息互联的方式设计综合监控与火灾自动报警系统。

（1）自成体系：地铁车站地下建筑综合体与地铁车站作为不同的独立区域考虑，符合各自的消防规定。地铁车站地下建筑综合体发生火灾并不直接联动地铁车站标准火灾模式的启动，车站及中央控制系统只针对该特定模式设置特定的消防模式，阻断客流向发生火灾的地铁车站地下建筑综合体行进。

（2）信息互联：当地铁车站地下建筑综合体或地铁车站发生火灾时，由于对人流组织产生重大影响，两者的火灾自动报警系统必须进行信息互联，进行导向疏散及防火分隔的启动。例如，位于地铁车站地下建筑综合体与车站之间的防火卷帘应采用联动控制，任何一方发生火灾时，均能及时关闭。

采用自成体系、信息互联的方式设计地铁车站地下建筑综合体和地铁车站的综合监控与火灾自动报警系统，既能满足各自的防火设计要求，又能确保地铁消防系统的可靠性。即不由于地铁车站地下建筑综合体频发火灾误报影响地铁的正常运营，同时，地铁消防系统不增加额外的监控对象及设备接口。

## 4.4 南宁市轨道交通 2 号线东延工程玉岭路站消防设计

### 4.4.1 工程概况

**1. 南宁市轨道交通 2 号线东延工程（玉洞—坛兴村）概况**

1）项目建设规模

南宁市轨道交通 2 号线东延工程（玉洞—坛兴村）是 2 号线一期工程（玉洞—西津）的延续，与其共同形成了贯通南宁市都会区南北向的骨干线，联系了良庆组团、江南组团、中心组团、城北组团，同时加强了五象新中心与旧城中心的联系，是实现南宁市"完善江北，提升江南，重点向南"的战略拓展需要，对拉开城市布局，形成城市轨道交通"井"字骨架线网，完善轨道交通线网构架，推动五象新区的发展建设，进一步提升城市地位都将起到重要的作用。

南宁市轨道交通 2 号线东延工程设计范围西起于玉洞站，东至坛兴村站，线路全长约 6.3 km，均为地下线；设 5 座车站，均为地下站，共设置 1 座换乘站；设停车场 1 处，主变压器 1 座，均与 2 号线东延工程共用。

2)车辆

(1)车辆规格:车辆采用 B 型车,长 19000 mm,宽 2800 mm,高 3800 mm,6 辆编组长不超过 120 m。

(2)最高运行速度:80 km/h。

(3)初、近、远期均采用 6 辆编组,定员 1460 人/列。

3)机电工程

(1)供电。

中压供电网络采用 35 kV 电压等级。

牵引供电采用直流 1500 V 供电,正线牵引网采用刚性架空接触网受流方式,车辆段及停车场采用架空接触网受流方式。车站限界按刚性架空接触网控制。

(2)通信。

通信系统包括专用通信、商用通信、警用通信三部分。专用通信系统由传输网络、无线通信、公务电话、专用电话、闭路电视监视、广播、时钟、乘客信息、办公自动化、集中告警、电源与接地等子系统组成。商用通信系统由商用传输、移动电话引入、集中监测告警、电源与接地子系统组成。警用通信系统由警用无线、警用视频监视、警用计算机网络、警用电话、电源与接地子系统组成。

(3)信号。

信号系统由列车自动控制系统(automatic train control,ATC)、计算机联锁设备及车辆段信号设备组成。列车自动控制系统由列车自动保护子系统(automatic train protection,ATP)、列车自动驾驶子系统(automatic train operation,ATO)和列车自动监控子系统(automatic train supervision,ATS)组成。车辆段信号设备包括车辆段联锁设备、车载信号动态设备,以及维修设备和培训设备。

信号闭塞制式采用准移动闭塞或移动闭塞。列车速度控制方式采用实时距离-速度模式曲线控制模式。列车位置检测及 ATP、ATO 信息传输方式采用实时大容量信息轨道环线、无线传输等方式。

(4)通风与空调。

地下车站采用全封闭站台门系统,车站和列车内均设空调制冷装置。车站的空调冷源采用分站设计。地下区间采用活塞通风。

(5)给排水及消防。

给水以市政自来水为水源,不设自备水源。消防采用消火栓系统、气体灭火装置。各种污水、废水要求达标后分类集中排放,雨水排入市政雨水管网。

(6)售检票系统。

全线均采用自动售检票系统。售票采用全自动、半自动方式;进、出站检票采用全自动方式。

实行计程、计时票价制,采用非接触IC卡车票。

(7)机电设备监控和防灾报警。

全线设机电设备监控系统对全线车站及区间设备进行监控。

防灾报警系统采用中心、车站两级管理的监控模式

**2. 玉岭路站工程概况**

玉岭路站为2号线东延线自西向东的第二座车站,为地下二层局部一层岛式站台车站。车站位于良玉大道与良庆三路交叉路口,沿良玉大道东西向布置。本站是信号集中站,设有牵引变电所;车站采用整体道床,轨道结构高度为580 mm(含结构预留量)。根据总体工程筹划,车站两端相邻区间均采用盾构法施工,车站两端均为盾构始发。下面对本站的相关设计思路进行介绍。

## 4.4.2 建筑消防设计

**1. 设计规范、标准**

1)设计规范

(1)《地铁设计规范》(GB 50157—2013)。

(2)《城市轨道交通技术规范》(GB 50490—2009)[2023年3月1日作废,被《城市轨道交通工程项目规范》(GB 55033—2022)代替]。

(3)《城市轨道交通工程项目建设标准》(建标104—2008)。

(4)《建筑内部装修设计防火规范》(GB 50222—1995)(2001年局部修订版)[2018年4月1日作废,被《建筑内部装修设计防火规范》(GB 50222—2017)代替]。

(5)《建筑设计防火规范》(GB 50016—2006)[2015年5月1日作废,被《建筑设计防火规范》(GB 50016—2014)代替]。

(6)《无障碍设计规范》(GB 50763—2012)。

(7)《公共建筑节能设计标准》(GB 50189—2005)[2015 年 10 月 1 日作废,被《公共建筑节能设计标准》(GB 50189—2015)代替]。

(8)《城市人行天桥与人行地道技术规范》(CJJ 69—1995)。

(9)《轨道交通工程人民防空设计规范》(RFJ 02—2009)。

(10)《人民防空地下室设计规范》(GB 50038—2005)。

(11)《人民防空工程设计规范》(GB 50225—2005)。

(12)《人民防空工程设计防火规范》(GB 50098—2009)。

其他有关技术标准、设计规范和规定等。

2) 设计标准

(1) 站厅层。

①站厅布置形式应根据站台形式、售检票方式,以及楼扶梯、无障碍电梯和其他乘客服务设施的布局综合确定。公共区应划分为非付费区和付费区,并用闸机和栏杆隔开。车站公共区作为乘客服务的标准功能模块,设计应尽量标准化,为乘客服务的各项设施,应固定相对位置,便于识别和运营统一管理。

②站厅层应在合理的功能分区、流线设计的基础上,按照相关规范中的防火分区、安全疏散距离等要求布置。

③当站厅公共区采取付费区在中、非付费区在两端的布置形式时,至少在一侧留通道连接两个非付费区。非付费区连通道(周边无商业设施)宽度按不小于 3 m 考虑,若连通道设置闸机,通道宽度不小于 4 m。

④站厅非付费区面积应大于付费区面积,一般车站站厅层公共区两侧非付费区宽度按不小于 2 跨且不小于 16 m 考虑,对于兼顾过街功能的大客流的车站公共区,此宽度宜适当加宽,建议按不小于 20 m 考虑。短时会有突发客流的车站,应适当加长非付费区长度。

⑤出入口、楼扶梯、售票机、检票机、票亭之间的距离应满足规范的要求。

⑥售票机前应预留一定距离的排队空间。一般车站售票机与最近出入口通道的投影距离不宜小于 2.5 m,客流较大或者外地客流较多时,车站售票机与最近出入口通道的距离不宜小于 3.5 m。第一台售票机与最近的出入口通道的距离不宜小于 5 m。在此范围内不应设置任何设备。

⑦设计标准。

公共区装修后地坪面至结构顶板底净高　　　　　　　≥4900 mm

公共区地坪装修层厚度　　　　　　　　　　　　　　150 mm

| 管理及设备用房区地坪装修层厚度 | 150 mm |
| --- | --- |
| 通风空调机房及变电所用房地面装修层厚度 | 50～100 mm |
| 管理及设备用房区走道净宽(单面布置房间) | ≥1500 mm |
| 管理及设备用房区走道净宽(双面布置房间) | ≥1800 mm |
| 主要设备管理用房区主要通道及通道转角处 | ≥2000 mm |
| 管理及设备用房区走道净高 | ≥2400 mm |
| 公共区装修后最小净高(一般站) | ≥3200 mm |
| 公共区装修后最小净高(大型枢纽站) | ≥3500 mm |
| 弧形断面有效宽度内装修后最小净高(两侧起拱处) | ≥2300 mm |
| 公共区地面至任何悬挂障碍物 | ≥2400 mm |

车站控制室与站厅之间设大面积防火玻璃窗。

(2)站台层。

①站台是车站内乘客等候列车和乘降的平台,南宁市轨道交通2号线东延工程中各车站采用B型车,其计算长度由列车编组长度确定。

②站台长度为120 m;站台有效长度为114.17 m(设计时暂定,待设备招标后确定)。

③地下车站站台设置全封闭站台门,在站台门两端外侧应留出不小于1.5 m×1.5 m的乘务工作空间,在靠近站台门端门一侧开设净宽不小于1.5 m的乘务员乘降门。

④站台公共区应设不少于3组楼扶梯通往站厅层,至少一处设上下行扶梯,宜纵向分布均匀,站台公共区任意一点至最近的通道口或梯口的距离不得大于50 m。全线标准车站站台楼扶梯、电梯的相对位置宜一致。

⑤岛式站台车站设备、管理用房必要时可伸入有效站台内,但不宜超过半节车厢长度,当超过时,应设不小于2.4 m宽的联络通道。在站台范围内,设备用房外墙装修完成面与站台边线的距离应不小于3 m。

⑥在站台一端设置公共卫生间(含残疾人专用),且设置在设备与管理用房较集中的一端,标准为宽11 m的站台车站女厕不少于5个蹲位,男厕不少于2个蹲位、3个小便斗;公共卫生间应分线设置,换乘站及客流集中的车站应适当增加蹲位数量。

⑦设计标准。

**换乘车站岛式站台宽度:**

| | |
|---|---|
| 节点换乘 | ≥14000 mm |
| 通道换乘 | ≥13000 mm |
| 标准岛式站台宽度（一般情况下） | ≥11000 mm |
| 岛式站台侧站台宽度（装修后净宽） | ≥2500 mm |
| 侧式站台宽度： | |
| 长向范围内设梯的侧站台（装修后净宽） | ≥3500 mm |
| 垂直于侧站台开通道口的侧站台（装修后净宽） | ≥4000 mm |
| 站台层地面至站厅层地面层高（装修后） | 5100 mm |
| 公共区装修后净高 | ≥3000 mm |
| 公共区地面至任何悬挂障碍物 | ≥2400 mm |
| 公共区地坪装修层厚度 | 100 mm |
| 管理及设备用房区地坪装修层厚度 | 100 mm |
| 公共区站台装修面至轨面高度 | 1050 mm |
| 站台边缘到线路中心线 | 1500 mm |
| 线路中心线到侧墙净距 | 2150 mm |
| 轨面至结构底板顶面（一般情况下） | 580 mm |

变电所及设备用房净空应满足各专业的技术要求。

(3)车站出入口和风亭。

①车站出入口数量与规模应根据远期超高峰小时客流量确定,兼作城市过街通道的,其宽度应根据过街客流量加宽。每个出入口的宽度应根据出入口的位置、分向客流及可能产生的突发性客流等因素而定的不均匀系数计算确定。

②车站出入口一般不少于四个,当车站客流量较小时,可酌情减少,但不能少于两个,有条件的车站两侧至少各设置一组上下行扶梯,以提高服务水平。出入口应满足消防疏散要求,出入口通道长度大于60 m的要设排烟设施,地下出入口长度超过100 m的,应采取措施满足消防疏散要求。

③车站出入口平台标高应比附近规划地面高不小于450 mm,若提高后的平台标高仍低于防洪标高,应设置可靠的防淹设施。车站出入口防淹平台长度宜不小于3000 mm,并设排水坡(1%)坡向街道,地面作防滑处理。

④车站出入口与地面建筑合建时,应在出入口处设置防火分隔设施,方便车站的管理。当车站出入口兼作过街通道时,其出入口及站厅的相应宽度设计应考虑过街客流量,且应设隔离设施,与车站站厅分开。

⑤出入口、风亭出地面部分,在满足各专业要求的前提下,还应符合城市规

划的要求。

⑥地下车站出入口通道应与人防设计配合,考虑人防封堵、连通口的位置。

⑦地下车站出入口通道力求短、直,弯折不宜超过三处,弯折角度宜大于 90°。

⑧地面风亭的设置宜与地面建筑相结合。其风口与其他建筑物的距离应满足防火、规划及环保要求,通风口距二类区域建筑物应不小于 15 m。

⑨风亭口部设置。

a. 当采用侧面开设风口的风亭时,应符合下列规定。

进风、排风、活塞风口部之间的水平净距不应小于 5 m,且进风与排风、进风与活塞风口部应错开方向布置,或排风、活塞风口部高于进风口部 5 m。

风亭口部 5 m 范围内不应有阻挡通风气流的障碍物。

风亭口部底边缘距地面的高度应满足防淹要求;当风亭设于路边时,其高度不应小于 2 m;当风亭设于绿地内时,其高度不应小于 1 m。

b. 当采用顶面开设风口的风亭时,应符合下列规定。

进风与排风、进风与活塞风亭口部之间的水平净距不应小于 10 m。

活塞风亭口部之间的水平净距不应小于 5 m;活塞风亭口部与排风亭口部之间的水平净距不应小于 5 m。

风亭四周应有宽度不小于 3 m 的绿篱,风口最低高度应满足防淹要求,且不应小于 1 m。

风亭开口处应有安全防护装置,风井底部应有排水设施。

c. 当风亭在事故工况下用于排烟时,排烟风亭口部与进风亭口部、出入口口部的直线距离宜大于 10 m;当直线距离不足 10 m 时,排烟风亭口部宜高于进风亭口部、出入口口部 5 m。

d. 风亭口部与其他建筑物口部之间的距离应满足防火及环保要求。

根据地铁站一般规定,各出入口及风亭由左下角开始按逆时针顺序命名。

⑩设计标准如下。

| | |
|---|---|
| 通道净宽(无自动扶梯) | ≥3000 mm(装修完成面) |
| 通道净宽(一台扶梯及一组楼梯) | ≥4500 mm(装修完成面) |
| 通道净宽(两台扶梯及一组楼梯) | ≥6000 mm(装修完成面) |
| 通道净高(通道长度≤60 m) | ≥2500 mm |
| 通道纵向坡度(一般情况下) | ≤3% |
| 通道横向坡度 | 0.5% |

出入口防淹平台长度　　　　　　　　　　　　　　　≥3000 mm

（4）车站主要设备。

①自动扶梯。

车站自动扶梯的数量应满足远期超高峰小时设计客流的平时使用及紧急疏散需要，同时须考虑提升高度的要求。出入口的自动扶梯应按近期设计客流量设置，按远期设计客流量预留。站厅到站台的自动扶梯应按近、远期设计客流量（取大者）设置。上下行扶梯布置方式需与左右线进出站近、远期设计客流量（取大值）流线相一致。每台自动扶梯的汇集客流应尽可能相等。换乘站、大客流站应酌情增加自动扶梯的设置数量。

自动扶梯的倾角为30°，有效净宽按1 m计算，运输速度采用0.65 m/s，作为事故疏散用的自动扶梯应采用一级负荷供电。

扶梯安装设计标准如下。

自动扶梯扶手带中心线至墙面装修面的距离　　　　≥500 mm

自动扶梯踏步面至上部任何障碍物的最小高度　　　≥2300 mm

扶梯底坑深度　　　　　　　　　　　　　　　　　≥1500 mm

两相对运行的自动扶梯工作点之间的净距　　　　　≥18000 mm

　　　　　　　　　　　　　　　　　　（困难条件下≥16000 mm）

两相反方向运行的自动扶梯工作点之间的净距　　　≥16000mm

自动扶梯分段设置，且同向运行时，扶梯工作点之间的净距　≥12000mm

步行楼梯第一级踏步与相对自动扶梯工作点之间的净距　≥15000mm

　　　　　　　　　　　　　　　　　　（困难条件下≥12000 mm）

自动扶梯工作点至前方阻碍通行的障碍物的净距　　≥8000 mm

站台端部设备房边墙至自动扶梯工作点的净距　　　≥10000 mm

　　　　　　　　　　　　　　　　　　（困难条件下≥8000 mm）

②电梯。

站台至站厅、站厅至地面应设无障碍电梯。

位于出入口通道内的无障碍电梯，应设在人防段以外，其口部的地面标高应高于相邻通道地面标高，电梯底坑应设排水设施。

电梯地面亭应根据车站周边环境和规划要求独立修建或与出入口合建。

位于地面部分的电梯亭梯门前应设前室或门斗。电梯门前应设防淹平台，平台高度应高于周边规划场地的防洪、防涝要求。平台与地面间应设无障碍坡道。地面电梯亭不宜采用透明结构形式。

地面至站厅的无障碍电梯布置在出入口通道内时,梯门前应留有足够的等候空间。当电梯与出入口合建时,电梯通道进出口不得影响上下楼扶梯乘客通行。

③楼梯。

a. 管理及设备用房区有人集中的区域内应设一座净宽不小于1.2 m的工作人员楼梯间,楼梯间应封闭,车站为地下三层及以上时,应设防烟楼梯间。

b. 消防专用通道及楼梯间与工作人员安全出入口,应能够方便到达地下设备层、站台层。

c. 设计标准。

踏步宽($b$)、踏步高($h$)、级数($n$):

| | |
|---|---|
| 乘客使用楼梯 | $b=300$ mm,$h=150$ mm |
| 工作人员楼梯 | $b=260\sim280$ mm,$h=160\sim170$ mm |
| 步距舒适度要求 | $b+2h\approx600$ mm |
| 楼梯每个梯段的踏步级数 $n$ | $3\leqslant n\leqslant 18$ |
| 楼梯休息平台宽度 | $1200\sim1800$ mm |

楼梯宽度(指装修后净宽):

| | |
|---|---|
| 公共区单向通行楼梯 | ≥1800 mm |
| 公共区双向通行楼梯 | ≥2400 mm |
| 与两台扶梯组合(有上、下行)并列布置楼梯 | ≥1200 mm |
| 设备区工作人员专用楼梯 | ≥1200 mm |

④栏杆。

当楼梯净宽大于3600 mm时,应设置中间扶手栏杆。

| | |
|---|---|
| 楼梯口部栏杆高 | 1200 mm |
| 楼梯梯段栏杆高 | 900 mm |
| 踏步面沿口至吊顶面净高 | ≥2300 mm |

⑤自动售票机布置标准。

a. 自动售票机应设在客流不交叉,且干扰小的地方。售票机前应预留一定距离的排队空间。一般车站售票机与最近出入口通道的投影距离不宜小于2.5 m。客流较大或者外地客流较多时,车站售票机与最近出入口通道的距离不宜小于3.5 m,第一台售票机与最近的出入口通道的距离不宜小于5 m。在此范围内不应设置任何设备。

b. 自动售票机数量考虑合适的储值票比例,按近期设计客流需求设置,并预留远期设计客流需求数量的安装位置。

c.车站内售票机宜布置在公共区两端头,并应结合车站不同方向的客流成组设置,宜不少于两处。

⑥自动检票机布置标准。

a.进站闸机应设在售票区至下行楼扶梯进站客流流线上。出站闸机应设在上行楼扶梯出站客流流线上。其数量按近期设计客流需求设置,预留远期设计客流需求数量的安装位置。其布置方式需与左右线进出站近、远期设计客流(取大值)相一致。远期设计客流量潮汐现象明显的车站,应适当增加双向检票机的设置数量。

b.进出站闸机一般应分别集中、垂直于客流方向设置,应便于管理,避免客流交叉,前方留出足够的客流集散空间。

c.客服中心应设在付费区与非付费区的分隔带上,一般车站客服中心设2座,分设于两侧付费区与非付费区交界处。特殊车站根据客流情况及车站布置情况可增加客服中心设置数量。全线客服中心采用定制成品。

d.凡近、远期分期实施的换乘车站,以及近、远期采用不同的分区及闸机布局的车站,均应按照近期和远期布局分别设计,并应预留远期改造或扩容的条件。布局中应尽量减小远期改造规模,并防止远期施工对列车运营的影响。

e.闸机的数量应与楼梯、自动扶梯的通过能力相匹配。

## 2. 建筑分类和耐火等级

(1)城市轨道交通工程为民用建筑分类中的交通建筑。

(2)地下车站及地下车站的出入口通道、风道的耐火等级为一级;出入口、风亭等地面建筑的耐火等级为二级。

## 3. 防火分区

根据技术要求,车站除公共区外,设备管理用房每个防火分区的面积不大于1500 m²。玉岭路站共分为六个防火分区,公共区站厅、站台部分为一个防火分区,站厅层左端(西端)设备用房为一个防火分区,站厅层右端(东端)管理和设备用房为两个防火分区,并在每个防火分区内设置一个直通地面的安全出口;站台层左、右两端设备用房区各为一个防火分区。

车站采用防火墙划分防火分区,除车站公共区外,设备管理用房防火分区的最大允许建筑面积不大于1500 m²。每个防火分区设置不少于两个安全出口,有人值守的防火分区设有一个直通地面的安全出口,相邻防火分区间连通的防火门可作为第二个安全出口。

站内每个防火分区之间(包括楼、电梯结构墙体)均设置防火墙,其耐火极限为 3 h。防火墙上的门采用 A 类隔热防火门,门的开启方向朝向疏散方向(即安全区)。防火墙墙体砌筑至该层顶板底面,墙体厚为 200 mm,采用耐火极限为 3 h 的砌体,用 M5 砂浆砌筑。

工作人员使用的楼梯,在楼梯口设置 A 类隔热防火门。其他墙体上的门也根据设备的重要性或具体情况采用 A 类隔热防火门,电气用房的门均向疏散方向开启。

管道穿越防火墙、楼板及防火分隔物时,应采用有效的防火材料实施封堵。设备区通道宽度根据设备用房布置情况而定,管理用房区通道净宽不小于 1200 mm。

车站站台公共区的楼梯、扶梯、出入口通道,应满足当发生火灾时在 6 min 内将远期或客流控制期超高峰小时一列进站列车所载的乘客及站台上的候车人员全部撤离站台到达安全区的要求。消防专用梯及垂直电梯不计入事故疏散用设施。自动扶梯可以作为疏散设施,当其不运行时,其疏散能力按 0.9 m 宽楼梯计算。事故疏散用的自动扶梯,其供电负荷等级为一级负荷。

### 4. 防烟分区

车站公共区充分利用楼板下的混凝土梁划分防烟分区,每个公共区防烟分区面积不大于 2000 $m^2$,防烟分区不得跨越防火分区,梁高不小于 500 mm。无条件采用梁分隔时,应采用固定式挡烟垂壁。站台公共区的楼梯、扶梯开孔处和站厅的人行通道口应充分考虑利用不燃的装修材料作为挡烟垂壁进行防烟分隔,挡烟垂壁下缘至楼梯踏面的垂直距离不小于 2.3 m。

### 5. 紧急疏散

(1)提升高度不超过三层的车站,乘客从站台层疏散至站厅层公共区或其他安全区域的时间,应按式(3.4)计算。经过验算,$T=1+(Q_1+Q_2)/0.9[A_1(N-1)+A_2B]=1+[19752\times1.25/27+(1223+2203)\times1.25/27]/0.9[122\times(3-1)(扶梯)+62\times(2.2+2.2)(楼梯)]=1+1073.056/465.12=3.307$ min$<$4 min,满足疏散要求。

(2)站厅层右端主要设备管理用房区设一条直通地面的安全出口,兼作消防专用通道,净宽不小于 1200 mm。设备管理用房区内站厅、设备层、站台层的人行楼梯为封闭的防烟楼梯间。

(3)在站台每端均设到达轨行区的楼梯,楼梯宽 1200 mm。

(4)紧急疏散时(火灾工况)所有进站、出站检票机及设于分隔带上的门应能全部打开。

### 6. 商铺、银行设置

(1)地下车站站厅公共区非付费区内商铺的总面积不应大于 100 $m^2$,单处商铺的总面积不应大于 50 $m^2$,商铺应采用防火墙或防火卷帘等与其他部位进行防火隔离,并设火灾自动报警和灭火设施。玉岭路站设置商铺 1 个,面积 7.22 $m^2$。

(2)ATM 机设于非付费区。玉岭路站在非付费区靠近Ⅳ号出入口处设置 ATM 机,方便乘客使用。

## 4.4.3　防排烟设计

### 1. 隧道通风排烟系统

列车在运行过程中发生火灾时,司机应力争使列车进入前方车站,在前方车站组织人员疏散,利用车站的消防设备灭火,利用隧道的通风系统排烟。玉岭路站采用双活塞风井系统,在车站两端各设置两台风量为 60 $m^3/s$、压头为 900 Pa 的区间隧道风机。车站隧道排风系统单独设置,在车站两端各设置一台风量为 40 $m^3/s$、压头为 600 Pa 的车站隧道排风机。

1)车站隧道通风系统

当列车在车站发生火灾或运行过程中发生火灾而驶入前方车站时将利用该系统排烟,同时开启区间隧道排风机,其排烟量与烟气不影响安全疏散的逃生控制高度、列车火灾发热量、烟气扩散宽度、外界大气温度、烟气温度等因素有关。在列车火灾发热量为 5 MW 并考虑 1.5 倍安全系数的情况下,控制烟气在站台高度 2.5 m 以上,以不影响安全疏散。

2)区间隧道通风系统

当列车发生火灾且停在区间隧道内时,应根据列车所处区间位置和列车发生火灾的位置,执行预先设计的火灾运行模式。区间隧道内火灾运行模式的设计原则如下。

(1) 一旦列车发生火灾且停在区间隧道内时应立即启动相应的火灾运行模式。

(2) 隧道通风系统控制着火区间(或通风区段)内的气流方向与多数乘客疏散方向相反。

(3) 无法判断列车发生火灾的位置时按与行车一致的方向送风。

(4) 区间左右线之间的联络通道作为乘客疏散通道,因此非事故隧道也会采取一定的通风措施。

(5) 着火区间的另一侧隧道停止行车。

(6) 区间隧道内发生火灾时,为确保区间隧道的通风排烟效果,此时除用作乘客疏散的路径外,其他的门、全封闭站台门均应最大限度地保证关闭以防止气流短路的现象发生。

**2. 车站公共区通风空调排烟系统(简称车站大系统)**

玉岭路站公共区与设备管理用房区分别为独立的防火分区。车站公共区共划分2个防烟分区。公共区防排烟设计汇总表见表4.5。

表 4.5 公共区防排烟设计汇总表

| 站厅 | | 站台 | |
| --- | --- | --- | --- |
| 防烟分区 1/m² | 计算排烟量/(m³/h) | 防烟分区 2/m² | 计算排烟量/(m³/h) |
| 1550 | 93000 | 1160 | 69600 |

当车站公共区发生火灾时,立即停止车站的空调水系统和设备管理用房通风空调排烟系统(简称小系统),转换到车站大系统火灾模式运行。当站台层发生火灾时,利用站台层排烟系统排烟,并在经运行控制中心(operating control center,OCC)和站台层工作人员共同确认无列车驶向该站后(以避免列车穿过着火区),开启站台无列车停靠一侧的全高全封闭站台门首尾各两组滑动门,利用车站隧道通风系统和该侧隧道的隧道风机将烟气经排风井和活塞风井排至车站外,车站内人员迎着新风方向从站台经站厅疏散至地面。当站厅层发生火灾时,利用站厅层排烟系统进行排烟,车站内人员迎着新风方向从车站出入口向地面疏散。若某一车站发生火灾,即将到站的列车应越行至下一站(此时应保持该侧的全高全封闭站台门处于关闭状态),即不在发生火灾的车站上、下乘客。

车站大系统进入排烟模式时停止所有车站小系统的运行,以防止串烟。

### 3. 设备管理用房通风空调排烟系统

(1)当自动灭火系统保护范围内的房间中火灾自动报警系统确认发生火灾时,由消防联动控制系统关闭该保护区的送、排风管上的防火阀,然后喷灭火气体,待达到设计要求的淹没时间后,消防人员进入保护区内确认已灭火,将通风系统转换到相应的排除灭火气体模式后一段时间再恢复正常通风空调系统模式。

(2)同一个防火分区面积超过 200 $m^2$ 或单个房间面积超过 50 $m^2$ 且经常有人停留时,应设置机械排烟系统。当火灾自动报警系统确认某房间发生火灾时,消防联动控制系统将服务于该房间的通风空调系统转换到相应的预定的排烟模式,同时房间外的走道排烟系统及楼梯间、车站控制室的加压送风系统启动,消防人员进入该着火区域利用有关消防灭火设备进行灭火。

(3)当建筑面积小于 50 $m^2$ 的房间发生火灾时,服务于房间的送、排风系统关闭,相应风管进行防火隔断,着火房间外的走道排烟系统及楼梯间、车控室的加压送风系统启动,消防人员进入该着火区域利用有关消防灭火设备进行灭火。

(4)设备管理用房通风空调排烟系统设计。

玉岭路站小里程端设备管理用房区中,环控机房面积为 451 $m^2$,设置一台排烟风机 SEF-B501[$Q$(风量)$=30000$ $m^3/h$,$H$(风压)$=500$ Pa]和一台补风机 FAF-B401($Q=15000$ $m^3/h$,$H=300$ Pa)进行机械排烟及补风;走道长度超过 60 m,设置一台排烟风机 SEF-B401($Q=23000$ $m^3/h$,$H=500$ Pa)和一台补风机 FAF-B401($Q=11500$ $m^3/h$,$H=300$ Pa)进行机械排烟及补风,车控室补风与走道补风合用;防烟楼梯间设置两台加压补风机 FAF-B403($Q=25000$ $m^3/h$,$H=300$ Pa)。

玉岭路站大里程端设备管理用房区中,环控机房面积为 283 $m^2$,设置一台排烟风机 SEF-A201($Q=18700$ $m^3/h$,$H=500$ mPa)和一台补风机 FAF-A201($Q=9400$ $m^3/h$,$H=300$ Pa)进行机械排烟及补风。

根据火灾发生的具体位置运行相应的火灾模式。

### 4. 车站冷源系统

当车站发生火灾时,车站冷源系统关闭。

## 5. 材料及保温、防腐

1）风管保温及防腐措施

（1）通风空调风管采用钢板风管，采用离心玻璃棉板保温。保温材料燃烧性能等级为A级。

（2）用普通薄钢板制作咬接风管前，涂防锈漆一遍。镀锌钢板镀锌层破坏处应涂环氧富锌漆。

（3）不保温的普通薄钢板风管内外表面各涂防锈漆两遍，外表面涂面漆两遍。排烟风管涂防锈底漆后，内外表面涂耐热漆两遍。

（4）对需保温的风管应在做保温层前内外表面各涂防锈底漆两遍。

2）水管保温措施

（1）空调水管（冷冻水管、冷却水管、冷凝水管）采用镀锌钢管。空调冷冻水管、膨胀水管、冷凝水管等均应保温。空调水管保温材料采用泡沫玻璃及离心玻璃棉管壳。保温材料燃烧性能等级为A级。

（2）各种空调水管及支吊架在除锈后，支架及非保温水管分别底涂两遍铁红酚醛底漆，面涂两遍酚醛防火漆；保温水管涂两遍铁红酚醛底漆（镀锌钢管除外）。

（3）冷冻水管的绝热处理应在系统试压及防腐处理后进行。管件保温采用与管道保温材料相同的板材。

## 6. 车站控制模式

1）中央控制

控制中心安装综合监控系统的中央设备，在控制中心配置综合监控系统工作站和全线隧道通风系统模拟屏。正常情况下综合监控系统工作站可对隧道通风系统进行监控，执行隧道通风系统预定的运行模式或向车站下达各种隧道通风系统运行模式指令。同时还能对全线车站通风空调系统进行监视，向车站下达各种大小系统和水系统运行模式指令。

2）车站控制

车站控制装置设在车站控制室，该控制室配置综合监控系统车站级工作站和消防联动控制盘。在正常情况下，车站级工作站可监视车站所管辖范围内的隧道通风系统、车站大小系统和水系统，向OCC传送信息，同时可执行中央控制室下达的各项运行模式指令。在紧急情况和控制中心授权下,车站级工作站为车站消防指挥中心,能根据实际情况将车站大小系统转入紧急运行模式和执行控制中心下达的区间隧道紧急运行模式。当车站级工作站出现故障时,在消防联动控制盘上可以执行控制中心下达的所有紧急模式运行指令。

3) 就地控制

就地控制装置设置在各车站环控电控室,其具有单台设备就地控制功能,以方便设备的调试、检查和维修。就地控制具有优先权。

### 4.4.4 消防给排水系统设计

根据市政管网资料,发现当时(2017年)玉岭路站附近暂无市政管网。

**1. 玉岭路站管网设计原则**

(1) 车站给排水及消防系统的设计符合适用、经济、安全、卫生等基本要求,并尽量利用市政既有设施。

(2) 车站给水系统水源采用城市自来水,给水系统满足生产、生活及消防用水对水量、水压和水质的要求,同时坚持综合利用、节约用水的原则。

(3) 车站排水系统的各类污、废水及雨水分类集中,就近排入城市相应的排水管网。排水系统做到顺直通畅、便于清疏、维修工作量小。

(4) 车站消防有完善可靠的消防给水系统,对重要电气设备用房采用自动灭火系统,并设手提式灭火器,以确保能迅速有效地扑灭各种火灾。

(5) 与地铁同时修建的地下商场、地下商业街,面积大于 500 m² 时应设自动喷水灭火系统。

(6) 地铁针对火灾应贯彻"预防为主、防消结合"的方针。一条线路、一座换乘车站及相邻区间的防火设计应按同一时间发生一次火灾考虑。

(7) 配置的所有消防设施附近均不应有遮挡物遮挡。

(8) 所有给排水管道不穿过变电所、通信信号机房、控制室、配电房等电气设备用房。

(9) 地下车站的给排水及消防管道,宜由车站通风道进出。穿过地下主体结构的给排水管预埋柔性防水套管,同时在主体结构内侧设置可挠性橡胶软接头。

(10) 给排水及消防设备选用技术先进、安全可靠、经济合理、环保节能,并经过实际运营考验的设备产品;同时给排水设备规格统一,且便于安装和维修,满足系统功能的技术要求。给排水设备材料均采用国内产品。

(11)所有管道穿越人防结构时,做人防密闭套管,在人防结构内侧设置工作压力不小于 1.6 MPa 的闸阀以满足人防要求,其离结构内墙的距离不大于 200 mm,并满足《人民防空地下室设计规范》(GB 50038—2005)的其他要求。

(12)金属给排水管道及相关设备,采取防止杂散电流腐蚀的措施。

(13)设计中有关与城市给排水系统衔接的问题,均应与城市相关管理部门协商解决,并达成书面协议。

### 2. 消防给水系统

(1)车站消防用水量见表 4.6。

表 4.6 车站消防用水量

| 用水项目名称 | 单位用水量/(L/s) | 计算单元/h | 灭火用水量/(m³/次) | 备注 |
| --- | --- | --- | --- | --- |
| 室外消防用水量 | 30 | 2 | 216 | 由消防水池供水 |
| 室内消防用水量 | 20 | 2 | 144 | 由消防水池供水 |

注:玉岭路站一次灭火消防用水量为 360 m³。

(2)车站设置消火栓给水系统。消火栓给水系统由消防水泵、稳压泵和消防水池组成。

(3)消防给水引入管经位于大端的 1 号风亭新风井进入车站的消防水池,经消防水泵、稳压泵提升后与车站立体环状消防给水管网相接。

(4)消火栓给水系统在车站地下各层分别形成环状消防给水管网,并在车站两端分别用 DN150 的立管将地下各层水平环状消防管网相连,形成立体环状消防给水管网。环状消防给水管网采用阀门分成若干独立段,当某段损坏时,停止使用的消火栓在一层中不应超过 5 个。消防管道在站厅层敷设在吊顶内,在站台层敷设在站台板下。

(5)由车站两端分别向每个地下区间隧道引入一条 DN150 消防给水干管,在区间呈环状布置,使车站、区间形成一个完整的环状消防给水管网。在进入区间的消防管道前串联安装手、电两用蝶阀,手、电两用蝶阀应安装在站厅层端部人员容易操作的地方。

(6)消火栓箱的布置应确保车站内任何部位均有 2 支水枪的充实水柱同时到达,每一股水柱流量不小于 5 L/s,水枪的充实水柱长度不小于 10 m。消火栓口径为65 mm,水枪口径为19 mm,水龙带长度为25 m。

(7)车站站厅层及设备区设单口单阀消火栓,消火栓间距不超过30 m。车站站台层公共区设8个单口单阀消火栓,间距不大于30 m。车站站厅及站台的公共区设大型消火栓箱,上格设DN65的消火栓,并设消防软管卷盘一套,下格设2具MF/ABC5磷酸铵盐干粉灭火器。长度超过20 m的通道应设置消火栓箱。风道内不设消火栓箱,环控机房内设消火栓箱。区间消火栓间距按50 m控制,区间不设消火栓箱,仅设置栓口。

(8)车站站台层两端(车站与区间交接处)各设置2套(共4套)消防器材箱,箱内放2根25 m长水龙带,配2支多功能水枪,水枪喷嘴为$\phi$19。

(9)站厅层、站台层及人行通道公共区的消火栓箱和消防器材箱应全部暗装,设备用房区则宜半暗装或明装。

(10)室外消防水池设置于3号出入口西侧的开挖段处(置于地下),室外消火栓由室内增压设备消防水泵、稳压泵供水,在每个出入口设置室外消火栓,供消防车取水。靠近车站的室外消火栓处设置DN150消防水泵接合器,距室外消火栓15~40 m。

### 3. 消防排水系统

(1)消防废水量与消防用水量相同。

(2)在车站线路坡度最低点设一座废水泵房,泵房设2台潜水排污泵[$Q$(流量)$=50$ m³/h,$H$(扬程)$=35$ m,$N$(功率)$=11$ kW],平时一用一备,轮换工作,必要时同时启动。废水集水池的有效容积不应小于最大一台排水泵15~20 min的出水量,有效容积为25 m³,平时计算废水量为15.6 m³/d,消防时为231.6 m³/d。出入口及敞口风亭底部设置局部排水泵房,每处设2台潜水排污泵($Q=20$ m³/h,$H=20$ m,$N=2.2$ kW),平时一用一备,轮换工作,必要时同时启动。设集水井汇集雨水、废水、结构渗漏水。废水由潜水排污泵提升至地面排水压力井减压后,排入市政雨污合流管。

### 4. 灭火器的配置

(1)车站手提式灭火器配置场所的危险等级均按严重危险等级确定。

(2)火灾种类按A类火灾考虑,灭火器选用磷酸铵盐干粉灭火器,放置在专用的灭火器箱内。

(3)灭火器配置按《建筑灭火器配置设计规范》(GB 50140—2005)确定。

(4)一个灭火器配置场所内的灭火器不应少于2具。每个设置点的灭火器不宜多于5具。手提式灭火器的最大保护距离为15 m。

## 4.4.5 动力照明设计

**1.车站消防设备供电**

1)负荷分级

地铁机电设备及照明用电负荷按其不同的用途和重要性分为三级。

(1)一级负荷。

综合监控系统设备、通信系统设备、信号系统设备、火灾自动报警系统设备、环境与设备监控系统设备、自动售检票系统设备、门禁系统设备、变电所用电、站台门、防淹门、兼作疏散用的自动扶梯、气体灭火设施、消防水泵、废水泵、雨水泵、站厅站台公共区照明、应急照明、疏散用导向照明、事故风机及其风阀等为一级负荷。其中应急照明、变电所用电、火灾自动报警系统设备、通信系统设备、信号系统设备、环境与设备监控系统设备等为特别重要负荷。

(2)二级负荷。

设备区和管理区照明、一般导向照明、非事故风机及风阀、污水泵、集水泵、自动扶梯(不作疏散用)、备用空调、楼梯升降机、银行用电、区间维修电源等为二级负荷。

(3)三级负荷。

公共区及管理用房空调系统(包括冷水机组、冷冻水泵、冷却水泵、冷却塔风机等)、广告照明、清扫机械、电开水器、保洁电源、商铺用电等为三级负荷。

2)不同级别负荷供电要求

(1)一级负荷配电方式。

对综合监控系统、通信系统、信号系统、火灾自动报警系统、环境与设备监控系统、站台门、变电所用电、应急照明电源设备、消防泵、废水泵、雨水泵、自动售检票、门禁、火灾时需运行的自动扶梯等设备,自变电所两段母线各引一路电源至设备(组)处,两路电源在末端自动切换,相邻的一级负荷可共用切换箱。应急照明、疏散用导向照明设置 EPS 电源(emergency power supply,消防应急电源),变电所用电采用直流屏供电,其他一级负荷中的特别重要负荷,各系统自行设置 UPS 电源。

事故风机及其风阀等环控一级负荷的配电方式如下:自0.4 kV开关柜两段母线各引一路电源至环控电控柜,环控电控柜设环控母联开关,两路电源进行自动切换,环控电控柜至用电设备采取单回路供电。由为环控电控柜一级负荷供电的0.4 kV开关柜馈出母线槽,采用耐火母线槽。

车站公共区照明配电采用变电所两段母线各负担一半负荷的配电方式;应急照明的配电采用两段母线供电和EPS电源供电的方式。

(2)二级负荷配电方式。

从变电所、环控电控室、照明配电室馈出单回电源线路至设备的电源箱。

(3)三级负荷配电方式。

从变电所、环控电控室的三级负荷母线段馈出单回电源线路至设备的电源箱。当一台变压器出现故障,仅由另一台变压器供电时,应自动切除全部三级负荷。

(4)火灾时切断非消防用电的要求。

车站发生火灾时,在变电所由火灾自动报警系统切除一级负荷中的正常照明总箱、公共区AFC电源箱、安检设备电源箱和所有二、三级负荷开关。

## 2. 应急照明与疏散标志照明

1)应急照明

(1)应急照明电源。

车站应急照明电源室内设车站应急照明电源系统设备,为应急照明和疏散标志照明提供90 min工作电源。应急照明系统的电源来自降压变电所两段不同的母线且在应急照明电源室内自动切换。

(2)应急照明灯具的设置。

车站出入口、站厅、站台、设备管理用房、疏散通道、自动扶梯、通道拐弯处、楼梯口均设应急照明灯。人行通道、疏散通道及单洞区间隧道内每隔10 m设应急照明灯。具体照度见表4.7。

表4.7 照度标准值

| 序号 | 场所 | 正常照度/lx | 应急照度/lx | 参考平面 |
| --- | --- | --- | --- | --- |
| 1 | 出入口、通道及楼梯 | 150 | 15 | 地面 |
| 2 | 车站站厅 | 200 | 20 | 地面 |
| 3 | 车站站台 | 150 | 15 | 地面 |

续表

| 序号 | 场所 | 正常照度/lx | 应急照度/lx | 参考平面 |
|---|---|---|---|---|
| 4 | 售票机、闸机 | 300 | 30 | 工作面 |
| 5 | 站内楼梯及自动扶梯 | 150 | 15 | 工作面 |
| 6 | 车站站台门处 | 200 | 20 | 地面 |
| 7 | 车站控制室 | 300 | 300 | 工作面 |
| 8 | 站长室 | 300 | 150 | 工作面 |
| 9 | 配电室、电控室 | 200 | 200 | 工作面 |
| 10 | 消防泵房 | 150 | 150 | 工作面 |
| 11 | 各种机房 | 150 | 15 | 工作面 |
| 12 | 管理用房 | 150 | 15 | 工作面 |
| 13 | 洗手间 | 100 | 10 | 地面 |
| 14 | 银行 | 300 | 30 | 工作面 |
| 15 | 区间隧道、风道 | 5 | 5 | 轨道平面或地面 |
| 16 | 道岔区 | 20 | 20 | 轨道平面 |

2)疏散标志照明

(1)疏散标志灯电源。

疏散标志灯由应急照明回路供电。

(2)疏散标志灯的设置。

车站出入口、站厅、站台、设备管理用房、疏散通道、自动扶梯、通道拐弯处、交叉口、楼梯口均应设置疏散标志灯。

单洞区间隧道及疏散通道每隔 10 m 设疏散标志灯。灯具安装高度由限界专业确定,考虑离壁 30 mm 安装。疏散标志灯采用嵌入式或悬吊式安装。出入口疏散标志灯距地 2.2~2.5 m,其他疏散标志灯距地 0.3~0.5 m。

采用蓄光型疏散标志。嵌地式蓄光型疏散标志的材料为 3 mm 厚不锈钢板,表面作拉丝处理,强酸腐蚀刻面,蚀入深度为 1.2 mm。蓄光型发光材料使用稀土夜光材料,吸收光源的最低激发照度为 1000 lx,暗处可持续发光 30 h,蓄光—发光过程可循环十年以上。布置在公共区地面(间距 2400 m)和公共区疏散楼梯的踢面(每个踢面处),指向疏散方向。

# 第5章 地铁车站消防智能安全系统

## 5.1 地铁车站建筑消防系统联动

### 5.1.1 动力照明系统和地铁消防的联动

**1. 消防应急照明及疏散指示系统**

1)消防应急照明及疏散指示系统架构

地铁车站消防应急照明及疏散指示系统通常采用集中控制型系统[参考《消防应急照明和疏散指示系统技术标准》(GB 51309—2018)条款3.1.2],其系统由应急照明控制器、应急照明集中电源及消防应急灯或疏散指示标志组成。

位于架构顶层的应急照明控制器设置于车站控制室内,电源取自该区域的消防配电箱[参考《消防应急照明和疏散指示系统技术标准》(GB 51309—2018)条款3.3.7],并与FAS、BAS、通信专业预留相关接口,通过通信干线与各区域的集中电源联系,对系统实施组织、协调、管理,可按照预设的逻辑和时序控制来指示应急照明及疏散指示系统的工作状态。位于架构中层的应急照明集中电源通常设置于内有气灭房间(如照明配电室或环控电控室),电源取自该区域的消防配电箱,此外通常还有正常照明配电箱的馈线回路作为市电检测信号与集中电源相连,当发生紧急情况时,切断正常照明配电箱后集中电源会检测到信号掉电,从而开启集中电源点亮应急灯及疏散指示标志。位于架构底层的消防应急灯及疏散指示标志通常采用A型直流36 V灯具,设置在设备区车控室、弱电通信机房、照明配电室、环控电控室、环控机房、风道、楼梯间、公共区等区域。

2)应急照明系统智能化

应急照明集中电源控制系统要对每一个参与应急照明和疏散的模块进行24小时不间断的监控,并在接到火灾等灾害信号时自动制定最佳应急照明和疏散预案,启动应急照明控制器,综合分配相应灾害区域的备用照明和疏散标志用电。

3）系统设计

应急照明集中电源控制系统由控制器、集中电源、配电箱、消防应急标志灯具组成。应急照明控制器设置在消防控制室内或有人值守场所。其工作原理图如图 5.1 所示。

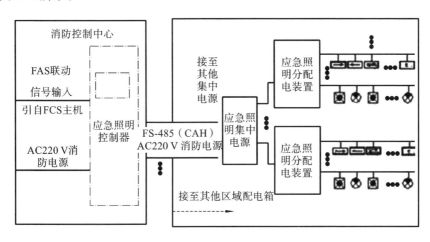

**图 5.1　系统工作原理图**

当消防控制中心接到火灾报警控制器发出的火灾信号或消防联动控制器发出的停电信号时,应急照明控制器启动,从而启动集中控制型消防应急照明和疏散指示系统。系统特点是所有消防应急灯具均内置带地址的监视和控制模块,其工作状态由应急照明控制器控制。

在正常工作状态下,消防供电回路向应急照明集中电源供电。应急照明集中电源通过各防火分区或楼层设置的应急照明分配电装置向消防应急灯具供电。

消防指挥中心通过应急照明控制器对应急照明集中电源、分配电装置和消防应急灯具的工作状态进行实时监控,实现系统的集中监测和管理。

## 2. 动力照明系统与地铁消防的综合联动

1）智能照明控制系统

地铁车站照明有别于民用建筑照明,有其固有的特点,因此应根据地铁车站照明的特点来确定智能照明控制系统的形式、规模和功能。智能照明控制系统控制的区域含出入口、通道、区间、站厅、站台公共区等。

智能照明控制系统分两级,采用全分散分布式总线结构,在车站车控室和照明配电室控制。在公共区照明配电箱内装设控制模块、时间继电器作用于每个出线回路,通过现场总线将所有的控制模块、时间继电器、触摸屏连在一个网络中。采用智能照明控制系统后,可实现以下系统功能。

(1)针对站台、站厅、区间照明的特点,系统可采用时间控制+触摸屏集中控制方式对站台、站厅和区间的照明进行控制。

(2)结合不同时间段的需要采用时间控制,在早、晚高峰期,灯光全开并调光至100%;在非高峰期,调光至50%;在深夜列车停运时,只开启少量的灯,满足基本的照度要求。

(3)其他时段可通过调光模式进行控制,这样既能满足照明要求又能达到节能目的。

(4)在车控室增加触摸屏,操作人员可以在此触摸屏上开启或关闭整个系统中任何一个回路,并显示系统运行的各种状态。

(5)在地下车站的出入口、通道安装光线传感器,在保证一定照度的基础上,充分利用自然采光,调节灯光场景,提高照明质量。

(6)为避免灯丝的热冲击,采取延时启动和延时关断技术,延长灯具寿命,降低运营成本,减少运营维护的工作量。在灯具损坏时,控制模块通过电流检测功能,能立即显示并在触摸屏上报警,便于管理和维护。

(7)该系统与综合监控系统进行数据交换,将必要数据上传至综合监控系统。

2)电气火灾监控系统

降压所设置的电气火灾监控系统可以全面监控和预防电气火灾。

(1)电气火灾的报警系统采用剩余电流式、测温式电气火灾探测器探测。

(2)电气火灾探测器设置在 0.4 kV 低压开关室低压馈出回路上。

(3)电气火灾探测器的设置及指标要求:连续可调报警温度 55~140 ℃,检测精度 1 级;0.5 级的监控精度;连续可调漏电电流 30~500 mA;配置外置温度探测器 3 组;数字信号可靠传输。

(4)车控室壁挂监控主机,监控探测器路数容量为 64×4=256 个;探测器参数可调;连续可调探测器的漏电报警电流设定值为 30~500 mA。

3)消防电源监控系统

为保证火灾发生时消防联动系统的可靠性,在全线车站及停车场设置消防电源监控系统,监控主机设置在车站车控室。

消防电源监控系统各监视模块安装于相关消防配电设备上,设置在设备进线开关前,包括气体灭火双电源切换箱、车控室双电源切换箱、备用照明电源装置、消防泵双电源切换箱、环控一级负荷进线柜、消防风机配电箱、喷淋泵双电源切换箱,主要监控三相双路电压及电流。各类消防设备供电电源发生中断供电、过压、过流、欠压、缺相等故障时,监控器进行声光报警并记录,将工作状态和故障信息传输给车控室图形显示装置,画面独立显示。

4)消防应急照明集中电源集中控制型系统

车站及停车场应急照明采用集中电源集中控制型消防应急照明和疏散指示系统,系统含应急照明集中电源、出口标志灯、应急照明控制器、指向标志灯、应急照明灯等设备,应在车站控制室设置控制器。所有消防应急灯的电压等级为DC36 V。灯具照度符合规范要求。

## 5.1.2 火灾自动报警系统和地铁消防的联动

**1. 火灾自动报警系统简介**

作为防范火灾发生和确保人民生命财产安全的重要设施,火灾自动报警系统可以对探测区域的火灾情况进行实时监测,其主要由电源、触发器件、火灾报警装置和火灾警报装置四个部分构成,如图5.2所示。

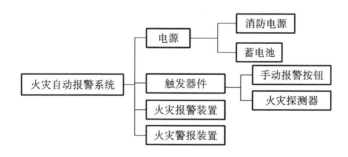

图 5.2 火灾自动报警系统的构成

(1)电源。作为消防用电设备,火灾自动报警系统的供电负荷等级应该处于工程供电系统中的最高供电等级,消防电源为其主要电源,蓄电池为其备用电源,并且要定期对蓄电池进行检查。

(2)触发器件。在火灾自动报警系统中,火灾探测器或手动报警按钮都属于触发器件。其中手动报警按钮是通过人工操作方式将火灾报警信号传送到火灾报警控制器上,来对火灾发生的位置等信息进行报告;火灾探测器是将现场的温度、烟雾、光等火灾信号转换为电信号,并传送给火灾报警控制器。

(3)火灾报警装置。火灾报警装置的作用是接收火灾探测器和手动报警按钮传输来的火灾报警信号,当确认监测区域发生火灾时启动声光报警和灭火及联动系统。

(4)火灾警报装置。火灾警报装置(又称火灾声光报警器)的作用是当监测到有火灾发生时,以声音、光音两种方式向报警区域发出火灾警报信号,提醒人们注意有火灾发生并采取必要措施。

根据国家的相关标准和要求,为了确保火灾自动报警系统的稳定和可靠性,火灾自动报警系统应该与建筑内其他智能系统分开。但随着智能建筑技术的快速发展,现代火灾自动报警系统已经逐渐允许其他智能系统获取相关报警信息。

### 2. 可视火灾自动报警系统简介

可视火灾自动报警系统可分为图像采集、图像处理和联动控制三个部分,细分为图像采集单元、智能火灾图像处理单元、报警及联动装置、数据管理单元及消防联动高压水炮灭火单元,探测流程如图5.3所示。

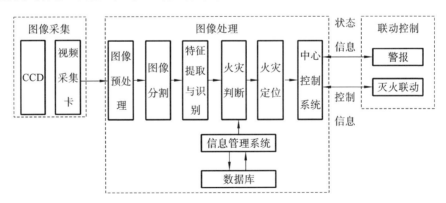

**图5.3 可视火灾自动报警系统的探测流程**

图像采集单元完成图像的采集,输出数字视频数据;智能火灾图像处理单元主要完成图像预处理、火灾特征信息提取、智能分析、火灾判别等;在确认发生火灾的情况下,触动报警及联动装置进行报警及灭火,并对火灾的视频数据进行存储和管理,其探测方法如图5.4所示。

可视火灾自动报警系统的核心是利用计算机视觉技术对火灾视频图像进行

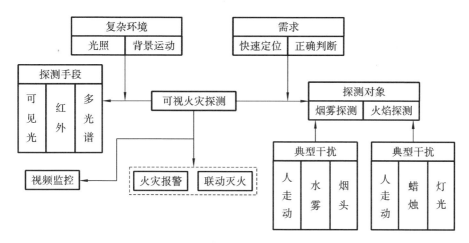

图 5.4 可视火灾自动报警系统探测方法

处理,结合火灾的发生、发展规律,研究出可靠的火焰、烟雾图像特征提取算法。对实拍的视频序列进行处理,从中检测出和火灾模式相同的视频运动,然后进行判断并采取适当行动。下面分别对视频采集、图像预处理、图像分割、特征提取及模式分类识别等核心内容进行简要介绍。

(1)视频采集。视频采集部分主要包括摄像器件和视频采集卡,在可视火灾自动报警系统中,通过视频采集前端获得数字视频是一个关键的前提。视频图像的采集就是从摄像机拍摄的图像到计算机读取并存储的过程。采集卡所采集到的图像以 AVI 格式文件存储,需要将其转化为 BMP 格式图片。

(2)图像预处理。如果探测的环境非常复杂,那么很多因素类似光线、灯光、天气、噪声、阴影等都会使得图片的质量较差。对于可视火灾自动报警系统,要想使得火灾目标被准确分割,首先要排除各种因素的干扰,即要使用图像预处理方法,借助将视频、图像中的"噪声"消除的方法对背景和模式进行改善。

(3)图像分割。在图像的研究应用方面,一般情况下我们需要的只是图像内部的某一个部分,它们通常叫作前景或者目标,前景是指除目标之外的部分,我们感兴趣的部分是那些特殊且独立的地区。为了对目标进行明确的识别和分析,就需要将这些部分分离出来。只有分离提取了目标,才能对其进行后期的处理应用,例如测量和特征提取。所谓的图像分割就是对获得的图像进行分割,将其中需要的部分分离并提取出来的技术。所谓的特征可以是纹理、颜色、灰度等各个方面,预先选择的目标可能具有多方面的特征,也可能具有单一特征。

(4)特征提取及模式分类识别。所谓提取图像特征是指借助计算机获取图像。计算机可以将图像的同一个特征点都提取出来,分析提取之后的结果是图像被分割成为很多部分,不同部分之间是不相同的,它们可能独立或者连续。基于特征表述,分类器对其进行分类,将相同模式进行集合,或者对在一定概率上相同的模式进行集合。

### 3. 地铁指挥中心火灾自动报警系统

1)地铁指挥中心火灾自动报警系统的总体架构

地铁指挥中心火灾自动报警系统主要分为视频采集、视频处理、非视频传感器、系统控制、消防水炮控制驱动、网络传输及中央控制单元等部分。其采用多点分布式信息采集和处理模型,每个处理节点具有较高的处理能力,可基本完成实时视频信号采集和检测处理,同时还可以对其他非视频传感器的检测信号进行响应,并做出初步融合检测,最后将检测结果和关键数据信息通过网络传输到中央控制单元进行最终决策和控制。图 5.5 为地铁指挥中心火灾自动报警系统的结构框架。

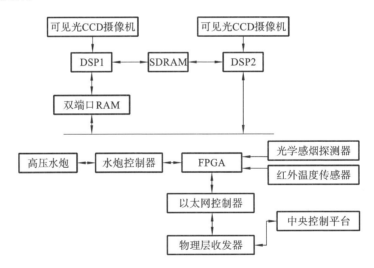

图 5.5 地铁指挥中心火灾自动报警系统的结构框架

地铁指挥中心火灾自动报警系统的主要探测手段是视频信息,视频信息采集和处理的性能是决定该系统性能的主要因素。视频采集单元通过两个可见光 CCD(charge coupled device,电荷耦合器件)摄像头实时采集视频信息并进行实时处理检测。在检测识别中,非视频传感器的信息也将融合进来,为进一步提高检测识别的准确性提供依据。非视频传感器主要由红外温度传感器和光学感烟探测器组成。系统采用多传感器融合技术来提高系统的检测性能。

视频信息处理与控制单元主要由两个DSP(digital signal processing,数字信号处理)单元和一个FPGA(field programmable gate array,现场可编辑门阵列)控制单元组成。DSP处理单元完成双路视频信息的实时处理,然后由FPGA控制单元对多种信号进行复合判断。消防联动单元主要由消防水炮控制器和三轴数控水炮组成。消防水炮控制器利用获取的火源坐标信息对水炮进行驱动,实现水炮的定位。中央控制单元主要由主控计算机、声光报警系统及监视系统组成。主控计算机完成火警信息的记录及对分布式处理单元进行集中管理和控制。

整个地铁指挥中心火灾自动报警系统的信息传输交换完全通过以太网进行,分布式处理单元将实时采集到的视频帧图像和检测结果数据发送到中央处理单元。两个可见光CCD摄像机采集的视频信息送入DSP1与DSP2两个视频处理单元,其中DSP1主要负责火灾检测算法的执行,DSP2主要负责对火源进行三维坐标的定位。DSP1通过一个双端口RAM(random access memory,随机存取存储器)将视频信息实时传入FPGA,同时DSP1会将含有火源的视频帧图像通过共享的SDRAM(synchronous dynamic random access memory,同步动态随机存取内存)送入DSP2,DSP2对来自两个可见光CCD摄像机的视频帧进行处理,得出火源的三维空间坐标,然后将火源的三维空间坐标传入FPGA。FPGA对来自传感器和DSP单元的数据进行分析、综合,然后将数据通过以太网传送至中央控制平台。如果有火灾发生,地铁指挥中心火灾自动报警系统会自动启动声光报警装置,同时由工作人员向FPGA发出灭火信号,最终FPGA控制水炮控制器,启动消防水炮进行灭火。故障监测模块实时监测系统的运行情况,对摄像头信号、DSP运行状态、水炮控制器运行状态进行实时监测和报警,并将信息发送到中央控制单元。

2) 地铁指挥中心火灾自动报警系统的运行方式

火灾自动报警及联动控制系统与地铁指挥中心视频监控系统相结合,无火灾情况下,消防控制室内的消防平面图均为安全指示。

(1) 系统自动运行。当探测到监测区域内有火灾发生时,两个以上探测器会将采集的数据通过无线传输方式送达区域报警控制器,然后区域报警控制器将同一探测现场的三种火灾参数及探测节点地址发送给集中报警控制器。集中报警控制器对数据进行处理后推算出火灾的严重等级,然后在地铁控制中心消防平面图相应的火灾区域上显示出该火灾发生地址并发出报警信息。集中报警控制器在发送警报的同时会联动设备启动信号,区域内的防火装置和消防喷淋装置将被开启。如果联动设备为手动模式,那么消防人员需要赶赴火灾现场进行相应的处理。

(2)人工报警运行。当发现区域内有火灾发生时,可以按动设置在现场的火灾报警按钮,通过区域报警控制器将报警信号传输给集中报警控制器,在消防平面图上显示火灾发生的位置。此时消防控制室的值班人员可以通过视频来对火灾报警区域的具体情况进行分析,一旦确认有火灾发生即可启动消防联动设备。

## 5.1.3 智慧安防系统和地铁消防的联动

### 1. 智慧安防系统的架构

根据《城市轨道交通公共安全防范系统工程技术规范》(GB 51151—2016)的要求,轨道交通智慧安防系统独立设置,深度集成视频监控、入侵报警、门禁控制、电子巡更、安检系统。同时轨道交通智慧安防系统可与综合监控系统深度融合,无缝共享综合监控系统中公共广播、环境与设备管理、火灾报警、站台门、乘客信息、售检票等系统的数据和信息,使城市轨道交通所有相关专业及设备整合为一个整体。可根据不同运营场景,应用不同的安全策略,实现高效安全防范决策支持及联动,提高城市轨道交通的运营管理水平,增加轨道交通安全防范管理效率,提升轨道交通服务质量和服务水平,为乘客提供舒适的乘车环境。

轨道交通智慧安防系统与综合监控系统可以采用两种模式实现深度融合,双方密切配合,共同构建起城市轨道交通智慧安防运行场景。

(1)同源架构平台融合模式。

智慧安防平台与综合监控平台基于同源架构进行开发,两个平台具有相同的软件架构、数据结构。通常当智慧安防平台和综合监控平台由同一个供应商提供时,可采用同源架构平台融合模式,两个平台可通过平台间的数据总线实现信息的高度共享和快速互通。

(2)异构平台融合模式。

当智慧安防平台与综合监控平台由不同的供应商提供时,就需要采用异构平台融合模式,在两种平台间架设接口机实现信息的共享和互通。当采用异构平台融合模式时,由于两个平台的软件架构及数据结构均不同,只能采用接口的方式实现数据的互通,要开发大量的接口处理程序对数据进行转发和处理。

## 2. 智慧安防系统与地铁消防的联动运行

智慧安防平台和综合监控平台深度融合,充分发挥各自的优势,并通过数据交互实现两个平台之间的联动和协调,形成应急指挥、车站运营、车站停运等多样化的运行场景,可以通过智能化的手段完成火灾预防、防汛、客流管控、物品管控、异常行为检测及人脸识别等一系列的工作,并且建立相关的应急预案,提高轨道交通应对各类安全风险的能力,降低事故造成的损失。

应急指挥场景是为了处理突发性灾难性事件,即容易出现严重伤亡的事故,或对环境有明显破坏,导致重大财产损失的事件。在智慧安防系统设计中,应急指挥场景享有最高优先级的联动指挥权限,可协同车站人力防范措施,快速、高效地处理突发事件,最大限度减少人员伤亡及财产损失。

1)火灾突发场景

(1)火灾发生。火灾发生的时间、地点具有不可预见性。火灾具有破坏性强、危害严重、易造成秩序混乱等特点,也是城市轨道交通安全防范的主要事件之一。当车站发生火灾时,智慧安防系统通过和综合监控系统的融合接口,迅速定位火灾发生的位置,通过视频监控系统调取火灾点的现场视频,按照设定的报警级别,发出声光报警,记录事件,界面显示应急处理流程,告知车站管理人员前往处理。同时系统实时联动触发公共广播循环播放乘客疏散语音,乘客信息系统显示乘客疏散信息,环境与设备监控系统启动相应的火灾模式,自动售检票系统打开闸机,视频监控系统显示火灾区域、邻近区域、疏散人员的图像信息,门禁系统打开相关区域门禁,确保乘客安全有序撤离。火灾发生时的处理流程如图5.6所示。

(2)火灾消失。当车站火灾突发场景消失时,系统消除报警、记录事件,公共广播、乘客信息系统、环境与设备监控系统、自动售检票系统、视频监控系统、门禁系统切换到正常模式,如图5.7所示。

2)爆炸物、危险品、有毒有害气体突发场景

城市轨道交通客流密集,爆炸物、危险品、有毒有害气体的存在会给人民财产及生命安全带来重大危害。鉴于该类危险源存在特殊性,系统紧密结合人防确认的机制,提出适当的处理方案来紧急应对。

车站视频监控、安检系统或环境与设备监控系统发现车站内有可疑物品、危险气体时,提示巡检人员进行查看,经确认为危险品或危险气体后,操作人员可

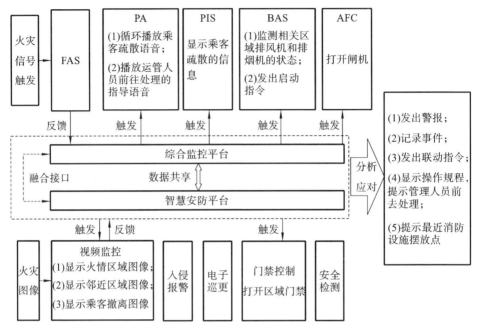

图 5.6 火灾发生时的处理流程

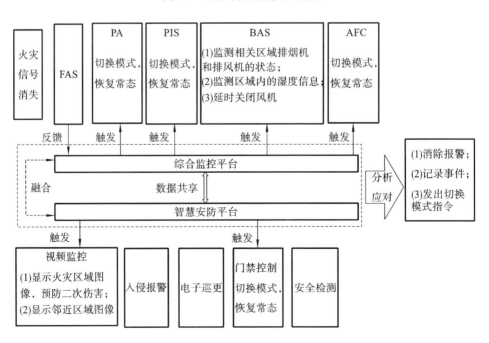

图 5.7 火灾消失时的处理流程

手动触发爆炸物、危险品、有毒有害气体突发场景应对模式。智慧安防系统实时记录现场图像信息,并发送至公安部门。系统自动播放适当的乘客疏散语音,显示乘客疏散路线,配合管理人员引导乘客有序撤离。有毒有害气体处理流程如图 5.8 所示。

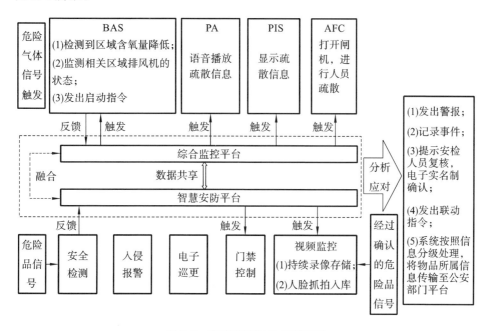

图 5.8　有毒有害气体处理流程

当危险解除后,智慧安防平台会联动相关系统恢复正常模式。

## 5.1.4　综合监控系统和地铁消防的联动

**1. 综合监控系统介绍**

地铁车站具有自动检票、视频监控、照明、火灾报警及自动灭火等多种功能,从车站运营的角度来看,利用一整套系统将这些必不可少的地铁车站功能集成在一起,将会极大地提高地铁车站的运维效率。地铁综合监控系统(integrated supervisory control system, ISCS)实时集中监控门禁设备、视频监控、火灾报警、车站广播、照明设备等软硬件装置,并且使各个部分的功能相互配合、协调作用,在车站强电设备和弱电设备之间实现高度集成。ISCS 的主要监控对象可参考表 5.1,从中可观察到地铁综合监控系统将车站内的各种设备集成在一起,形成一个具备一定自动化控制能力和信息交互共享能力的先进系统。车站内的消防联动控制系统也要接入 ISCS 中,与其他各个部分联动监控火情及控制和消除火灾事故。

表 5.1　地铁综合监控系统的主要监控对象

| 监控分类 | 具体监控对象 | 英文名称 |
| --- | --- | --- |
| 集成监控对象 | 牵引变电所自动化系统 | power supervision control and data acquisition,PSCADA |
| | 环境与设备监控系统 | building automation system,BAS |
| | 火灾自动报警系统 | fire alarm system,FAS |
| | 感温光纤探测系统 | distributed temperature sensing,DTS |
| | 屏蔽门 | platform screen doors,PSD |
| | 防淹门 | flood gate,FG |
| 互联监控对象 | 自动售检票系统 | automatic fare collection,AFC |
| | 门禁系统 | access control system,ACS |
| | 无线通信系统 | radio communication systems,RCS |
| | 调度电话 | dispatching telephone,DLT |
| | 信号系统 | signal system,SIG |
| | 通信集中告警系统 | telecommunication alarm system,TEL/ALARM |
| | 乘客信息显示系统 | passenger information system,PIS |
| | 闭路电视系统 | closed circuit television system,CCTV |
| | 广播系统 | public address system,PA |

## 2. 综合监控系统与地铁消防联动的设计和实现

1)设计要点

第一,感温光纤探测系统。这一系统的主要功能在于对地铁车站电缆夹层及各个区间的温度实现实时监控,并且在判断发生火情时发出报警信号。地铁线路上有多个站点,每一个站点都设置有 DTS,而这些 DTS 都要接受来自综合监控系统的管理,形成一个包括所有站点在内的 DTS 网络。此时,地铁综合监控系统就能从中央层面对各个站点的 DTS 设备进行全面的监控和管理。

第二,火灾自动报警。实际上 FAS 不仅仅具有自动报警的功能,当其检测到火灾时还可触发消防水泵、气体灭火系统及防火阀等一系列重要的灭火装置。

FAS在各个站点单独设置,然后由综合监控系统将各个站点的FAS集成为一个统一的整体,各个车站的FAS只用于处理车站级的火灾报警和灭火,中央级监控则由综合监控系统来完成。

第三,环境与设备监控系统。显然,地铁车站的消防联动功能不仅仅由DTS和FAS来完成,其他设备的运行状态及功能稳定性也对消防联动产生着重要的影响。BAS负责运行线路上的给排水系统、电扶梯及通风空调等设备的监控。消防系统的正常运行离不开与BAS之间的联动。例如,在发生火灾的情况下必须借助BAS的联动控制来禁止车站内直梯和扶梯的运行。

第四,自动售检票系统。正常情况下自动检票系统要在检票成功后才打开闸机放行,但是在发生火灾的情况下必须自动打开,同时还要支持人工手动操控的模式,为人群的快速撤离和疏散提供便利可靠的条件。地铁车站的综合监控系统在检测到火灾报警信息之后将联动控制自动售检票系统实行放行。

第五,广播系统。车站内的广播系统对火情预警、人员疏散指挥等工作具有非常重要的作用,因而在综合监控系统中也要将这一部分与火灾报警联动起来。

第六,闭路电视系统。地铁车站内部信息感知能力最强的系统就是CCTV,在产生潜在火情时仅仅依靠温度感应装置并不能有效掌握现场的实际情况。而CCTV凭借可视化的图像来准确地观察车站内的实际情况,对火情掌握具有非常重要的作用。后续的人员疏散、广播指导等工作在很大程度上都要依靠CCTV来完成,因而在发生火灾的情况下综合监控系统可借助CCTV来掌握更加准确的信息,辅助完成消防灭火和人员疏散等工作。

第七,综合后备盘。地铁综合监控系统中集成了大量的强弱电设备,因而部分系统出现故障后将会影响到火灾报警联动的整体功能,甚至在某些情况下综合监控系统不能自动向联动对象下发控制指令,在这种情况下还可借助综合后备盘(integrated backup panel,IBP)来辅助完成下发联动指令的功能。综合后备盘可提高整个综合监控系统的可靠性,使其不至于因为故障而失效。

2)实际应用

第一,车站和区间的消防联动。地铁综合监控系统是将各个站点的各种子系统联系在一起所形成的综合性管理系统。而真正实现功能的主体是各个站点的子系统。区间消防联动对地铁车辆在区间运行时的火灾风险处理具有不可替代的作用,区间消防联动如图5.9所示。

虽然现代化的探测设备和传感器在温度探测与火情探测方面具有很好的效果,但是地铁车站毕竟属于重要的公共基础设施,每天承载着大量市民出行,因

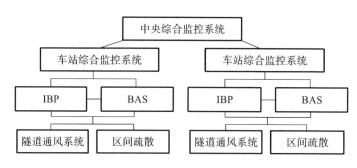

图 5.9 区间消防联动

而在发布任何火情和疏散信息之前都要再三确认,尽可能避免误报。鉴于此,任何火情信息和疏散信息在发布之前都要由车站相关管理人员来确认,利用地铁车站的广播系统发布信息并指导站内人员及时疏散到安全的地方。闭路电视系统可实时地向站内管理人员提供人员疏散的实际情况及火情发展的趋势和方向。

区间火灾是指列车已经驶离了地铁车站,处在两个站点之间。在这种情况下综合监控系统将会与列车的信号控制系统有效地联动,而 SIG 可向 ISCS 报告地铁车辆上发生火灾的具体位置、列车当前的位置及与下一个车站的距离等信息。由于地铁车辆此时可能处在隧道的某一个位置,消防重点在于隧道排烟及人员疏散。此时距离列车最近的车站将会发挥主要的指挥和联动功能。邻近车站的消防联动系统在这种情况下可辅助完成隧道通风、防排烟等工作,这一点对隧道中失火的地铁车辆具有重要的作用。显然,FAS、DTS 及 BAS 等系统联动在这一过程中发挥着关键的功能。

第二,消防联动监控对象。①防排烟。消防联动的主要监控对象包括防排烟设备、电力供应设备及消防用水供应设备等。在防排烟方面,地铁隧道原本就设计了正常的通风系统,在发生火灾的情况下,该通风系统兼具防排烟功能。在发生火灾时,FAS 和 BAS 联动,将原本用来通风的系统转化为排烟系统,这是提高通风系统利用率、降低工程造价的有效措施。②消防水。消防联动中还要借助消防水泵、消火栓及喷淋装置来完成重点位置的自动灭火,因而消防联动功能中要对信号阀及消防水的水流指示等形成有效监控,借此来判断市政管网的压力是否满足自动灭火的要求,必要时设置喷淋泵。

## 5.1.5 环境与设备监控系统和地铁消防的联动

**1. BAS 简介**

城市轨道交通环境与设备监控系统作为一个独立的系统,采用计算机网络、智能信号系统等技术,对地铁车站内的环控系统、消防系统、自动电扶梯系统、照明系统、自动售检票系统等常用机电设备实施三级控制管理,以确保机电设备处于安全、高效和最佳的运行状态,从而为乘客提供一个舒适、安全的乘车环境。同时 BAS 在非正常运行(如火灾、列车故障等)情况下,采集并判断各机电设备的运行状态,执行相应防灾和阻塞模式,与各机电设备系统联动,从而保障车站环境和乘客人员安全。

**2. BAS 的控制管理模式**

BAS 的三级控制管理模式包括运行控制中心的中心级监控系统、各车站的车站级监控系统及就地级监控设备(包括 IBP),其结构图如图 5.10 所示。

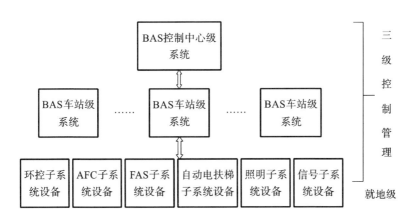

图 5.10 BAS 三级控制管理结构图

1) 控制中心级 BAS 功能

控制中心级 BAS 可对线路上所有车站的机电设备系统进行监视,通过智能网络实时接收上传数据信息,同时在必要时向对应车站下发运行指令,其主要功能如下:①实时监控各车站级 BAS 设备运行状况,必要时下发运行指令,确保各站系统可联动;②根据运营工况,合理对各站下发隧道区间通风模式信号,保证隧道区间的通风换气；③实时监控各站上传的灾害报警信息和OCC传输的列车停车位置信号，同时按应急预案对相应车站下发对应模式指令；④发生火灾时，与FAS联动进入火灾模式，与环控系统联动执行火灾模式，实施火灾救援，保证车站和乘客安全；⑤发生火灾时，车站级BAS具有最高权限，并及时反馈给控制中心级BAS。

2）车站级BAS功能

车站级BAS通常配备一个车站级监控工作站，可用来监视整个车站范围内机电设备的运行状态，子系统接口如图5.11所示，同时向控制中心级BAS实时传送信息，接收并执行控制中心级BAS下达的运行模式指令。

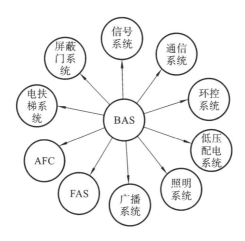

**图5.11 BAS子系统接口图**

在车站发生紧急情况时，工作人员可向环控调度员申请执行命令，车站级工作站应作为应急指挥中心，根据实际情况将环控系统、消防系统、自动售检票系统等转入紧急运行模式。必要时可由车控室的工作人员通过IBP操作相应的紧急模式运行指令。其主要功能如下：①实时监控车站各机电设备系统的运行状态和故障报警，并执行启、停命令；②接收中心级BAS的控制指令，并指挥控制器执行；③实时监测车站区域的温度、湿度等环境参数，并执行相应的控制操作；④在发生火灾时，接收车站FAS的火灾信号，执行相关的消防联动模式，联动环控系统、自动售检票系统、电扶梯系统等，转入灾害模式运行，并将执行完毕后的设备状态反馈给FAS的报警主机；⑤紧急情况下可由工作人员通过设在车控室IBP上的紧急按钮（由主控系统提供）控制防排烟系统设备按灾害模式运行。

3) 就地级 BAS 功能

就地控制设备包括就地控制柜和遍布在车站内的各种机电设备。控制柜主要设置在各车站设备房内,具有单台设备就地控制功能,以方便机电设备的调试、检查和维修。在紧急情况下,就地控制具有优先权。

4) 车辆段、停车场 BAS 功能

车辆段、停车场 BAS 由控制中心级 BAS 监控,可实现对车辆段、停车场设备的监视和控制,其主要功能与车站级 BAS 一致。

### 3. BAS 与车站设备系统的联动

1) BAS 与环控系统的联动

环控系统的组成包括区间隧道通风系统、车站隧道通风系统、大系统、小系统和水系统。其主要功能有:在日常运营时为整个车站提供舒适的环境;在非正常情况下(如火灾)能对车站进行通风、排烟、排毒等,协助灭火,保障乘客安全。环控系统的区间隧道通风系统主要由控制中心级 BAS 进行监控,必要时可向车站下达各种隧道通风系统运行模式指令。车站隧道通风系统、大系统、小系统和水系统均由车站级 BAS 进行监控,监控对象包括:空调系统中的温、湿度采样与控制,空调制冷系统的群控系统,空调供水系统的流量调节,以及与消防有关的空调送风系统、排风系统、排烟系统、消火栓系统、消防喷淋系统、污水系统、废水系统等。

2) BAS 与 FAS 的联动

FAS 主要是对控制中心、车站、车辆段等运营场所和设施的火警安全进行保护,具有火灾检测和报警功能。一旦确定警情,BAS 在接收到报警后将自动转入火灾模式,并通过消火栓系统、消防喷淋系统等进行灭火,实现消防联动。同时 BAS 对联动设备进行状态监控,将信息上传至控制中心。

图 5.12 为火灾消防联动流程图。一旦车站发生火灾,传感器检测到信号自动报警,或由工作人员发现后手动报警。当报警信号被确认后,FAS 会把相应的火灾位置和消防联动控制指令通过串行通信接口发送给 BAS,BAS 将自动转入火灾运行模式。此时,BAS 开始执行预先编制的控制程序,或按照人工操作指令执行相应动作,将环控系统的送排风运行模式转换为防排烟运行模式,配合车站和区间的防排烟控制及人员疏散。除此之外,FAS 控制专用消防设备开始灭火工作,如消火栓系统、消防喷淋系统、防火卷帘门等。同时和自动售检票系

统、自动电扶梯系统、照明系统联动,将闸机全部打开,电扶梯停止工作,并通过广播系统提醒乘客按应急照明灯指示进行安全逃生。当火灾救援结束后,BAS将执行完毕后的机电设备状态反馈给FAS的报警主机,警报解除,恢复正常运营状态。

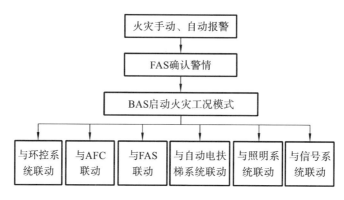

图 5.12 火灾消防联动流程图

3)车站紧急后备盘

IBP通常设置在地铁车控室内,主要由IBP操作盘面、监控工作台、盘后通信和接线设备构成。当车站发生紧急情况时,工作人员可通过IBP上相应的机电设备按键实施远程控制,减少突发事件所造成的生命和财产损失,保证车站运营安全。

IBP操作盘面包含了环控系统区域、FAS区域、自动电扶梯系统区域、闸机系统区域、屏蔽门系统区域、照明系统区域等。每个系统区域均设有手动、自动转换开关。以FAS区域为例,在正常运行状态下,可将开关设置为自动,一旦发生火灾,FAS可通过IBP自动将消防联动控制指令下发给BAS,BAS进入火灾模式。若开关设置为手动,IBP则会隔离FAS发来的指令,可由工作人员通过火灾模式按钮下发相应的指令给BAS,实现BAS与其他子系统的消防联动。

(1)与信号系统联动:信号系统向BAS实时反馈列车位置、运行图信息等,BAS把车站及区间的火灾模式信息回传给信号系统。信号系统在IBP上设置"扣车""终止扣车""紧急停车""紧急停车解除"等按钮及各类报警信息。

(2)与AFC联动:BAS在IBP上设置一个紧急释放装置和手动、自动转换装置。设置为自动时,AFC可自行接收FAS传达的火灾模式信号,并执行闸机的紧急放行模式;设置为手动时,可由工作人员手动按下闸机的紧急释放按键。

(3)与屏蔽门联动:IBP可实时向BAS反馈站台屏蔽门的运行状况(如门开

关状态)和故障报警信息;在火灾、夹人等紧急情况下可由工作人员通过按键打开屏蔽门。

(4)与照明系统联动:BAS实时接收照明设备的开关状态、故障报警、运行时间及故障次数等信息,并通过IBP控制照明系统的启动、停止,以及火灾时切除非消防电源。

## 5.2 基于BIM技术的地铁智能消防

### 5.2.1 基于BIM技术的地铁车站火灾模拟分析

近年来,基于BIM(building information modeling,建筑信息模型)技术的全过程全寿命周期管理与数据共享的优势日渐突出,BIM与专业的应急管理软件结合变得尤为重要。采用基于BIM技术的应急管理技术,火灾模拟就可以依托"BIM+"体系中的模拟方法得以实现,即设定初始模拟信息,借助计算机程序算法,以可视化的方法仿真并展示模拟过程与模拟结果。这样不仅能极大地避免传统火灾模拟方法的弊端,而且可以对不同地区、不同时间、不同起火种类、不同人数的火灾进行模拟,以便做好应急疏散方案设计。

**1. 适用于地铁的BIM软件与火灾模拟软件**

1)BIM软件

Revit是目前主流的BIM建模软件,除了能够从单一基础数据库提供明细表、图纸、二维视图与三维视图等基本功能,在整个项目进程中,也具有项目管理的作用,设计变更会在所有数据及演示中更新。另外Revit概念设计功能使用方便,可以对建筑图元进行自由形状建模及参数化设计,能够通过族的形式和利用API(application programming interface,应用程序编程接口)二次开发的插件(如可视化编程插件Dynamo)满足各专业的建模需求。同时,Revit模型包含多种建筑属性,在Revit中可以对各种材质的属性信息进行有效、快速、准确的存储与提取,为火灾模拟分析的数据来源提供了基础。Revit是专门针对BIM设计的软件,可提供建筑设计和文件管理支持,可以通过多种数据格式进行分享传输,进行全过程、全方位的建筑管理,对进度、质量、安全、日照、能耗等模拟分析提供模型支撑,包括本节的火灾模拟所需要的模型数据信息。

2)火灾模拟软件

基于 BIM 技术的火灾模拟呈现效果的真实性关键在于模拟程序算法,不同模拟软件程序对应着不同灾变情况,而软件程序也是依托 BIM 技术中最为基础的三维模型,因此当前火灾模拟仿真的关键在于灾变模型的选择。目前的主流灾变模型见表 5.2。

表 5.2 主流灾变模型

| 网络模型 | 区域模型 | 场模型 | 场区网复合模型 |
| --- | --- | --- | --- |
| ASCOS | HARVARD-V | FLUENT | 场-区-网(FZN)模型 |
|  | CFAST | PHOENICS | 场-区(FZ)模型 |
|  | FIRST | JAMINE | 场-网(FN)模型 |
|  | ASET 和 ASET-B | FDS |  |
|  | HAZARD 1 | CFX |  |

采用什么样的模拟软件则需要考虑模型的空间应用性。在这里,是主要针对火灾这种边界不固定、形状不定的连续现象的模拟仿真,场模型是常用于具有连续性的空间变化发展趋势情形的模拟模型,因此火灾情形下的灾变模型应选择为场模型。选择场模型中应用较为广泛的 FDS(Fire Dynamics Simulator,火灾动态模拟软件)进行地铁车站火灾模拟,而软件选择以 FDS 为基础的 PyroSim 2018 火灾模拟软件。

Thunderhead Engineering PyroSim(PyroSim)是 NIST(National Institute of Standards and Technology,美国国家标准与技术研究院)针对 FDS 的可视化改造成果,其模拟过程拥有一个图像展示界面,用户更方便与软件进行互动与编辑。基于 PyroSim 软件的火灾模拟流程如图 5.13 所示。

## 2. 火灾模型的交互与信息管理

1)BIM 应急管理模型与火灾模型的交互研究

BIM 技术涉及的相关软件中,Revit 是重要的基础软件,本节对 Revit 与 PyroSim 的数据交互进行研究。Revit 的输入格式与 PyroSim 的输入格式见表 5.3,两者的数据流通格式选择为 DXF。

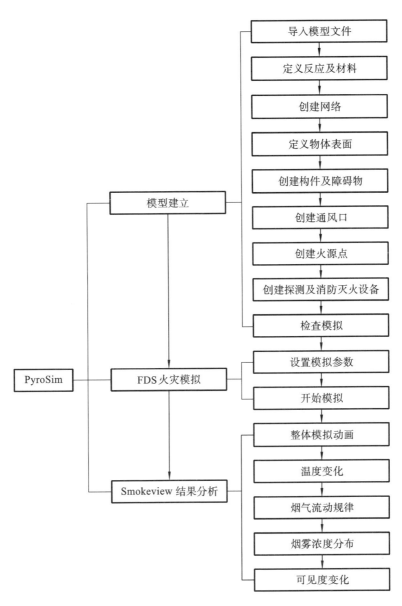

图 5.13　基于 PyroSim 软件的火灾模拟流程

表 5.3　Revit 与 PyroSim 输入格式

| Revit 输入格式 | PyroSim 输入格式 |
| --- | --- |
| 本身的格式 RVT、RTA 等 | PSM |
| DWG、DXF、DGN 等 | DXF |

续表

| Revit 输入格式 | PyroSim 输入格式 |
|---|---|
| IFC | FDS |
| 绿色建筑数据 gbXML | |
| FBX | |

Revit 建立的模型属性信息保存到 DXF 数据格式的文件中，然后 PyroSim 从 DXF 文件读取需要的数据，如图 5.14 所示。

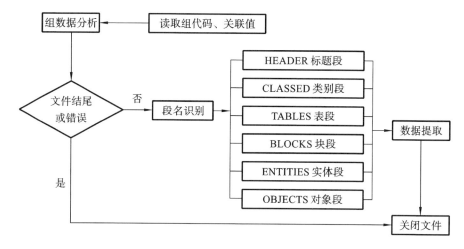

**图 5.14　DXF 数据读取流程**

对于地铁车站的火灾模拟，其研究的起火点、起火过程通常是在站厅与站台层之中，更注重灾变过程中火源发展趋势对于人员生命安全与逃生疏散的影响，因此地铁车站其他结构并不需要建立或详细展示，如车轨底层结构、地上风室结构、盾构结构等。根据火灾模拟的需求和特点，对原有的 Revit 模型进行修改，建立基于火灾模拟的 Revit 模型。

由 Revit 地铁车站模型导出 DXF 类型文件后，导入 PyroSim 2018 软件，对部分材料进行重新定义与编辑，如材质的比热、热传递速率等消防参数。

2）基于火灾模型的灾害应急信息管理

在基于 BIM 技术的火灾模拟中，信息管理一直是非常重要的环节。信息的合理化设置与管理不仅保证了模拟的顺利进行，也便于实际管理人员的分享与控制，体现出 BIM 的信息化优势。而火灾模拟中的信息基础依然是火灾模型，PyroSim 提供了多种相关灾变信息的管理系统，这也是选择该软件的原因之一。

大体来说火灾模型中的灾害应急管理相关信息如图 5.15 所示。

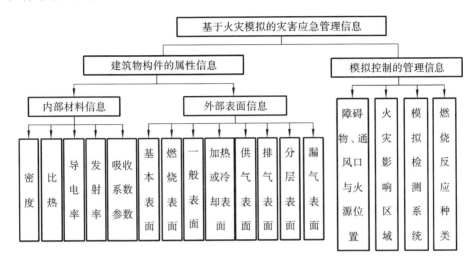

图 5.15 灾害应急管理相关信息

## 5.2.2 BIM 集成应用下的车站客流消防应急疏散仿真方案设计

BIM 集成应用下的车站客流消防应急疏散仿真方法是：利用 BIM 建模软件构建疏散 BIM 模型；分析车站乘客疏散行为特征，获取疏散参数；提出火灾和人员交互作用的疏散模拟算法，即扩展非均匀的格子气模型疏散算法；将疏散环境与疏散人员数据导入扩展非均匀的格子气模型疏散算法内，实施车站客流消防疏散仿真。BIM 集成应用下的车站客流消防应急疏散的设计方案如图 5.16 所示。

BIM 集成应用下的车站客流消防应急疏散的具体模拟步骤如下。

步骤 1：构建车站客流消防应急疏散 BIM 模型。以完工车站 BIM 模型为基础，利用实地考察的方式完善车站客流消防应急疏散 BIM 模型。车站客流消防应急疏散 BIM 模型为应急疏散仿真提供了一个精准与全面的疏散环境模型。

步骤 2：分析车站乘客疏散行为特征，获取计算机仿真的乘客人员疏散参数，其中包括疏散总人数与疏散速度等。

步骤 3：构建火灾和人员交互作用的疏散仿真算法，将扩展非均匀的格子气模型作为疏散仿真算法。

步骤 4：车站客流消防应急疏散仿真。将车站客流消防应急疏散 BIM 模型

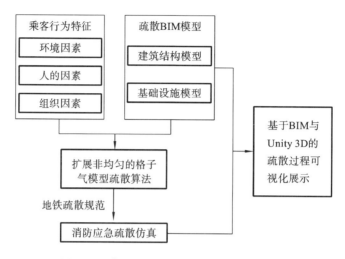

图 5.16　车站客流消防应急疏散的设计方案

与车站乘客疏散行为特征导入扩展非均匀的格子气模型算法内,依据车站疏散规范的规定实施车站客流消防应急疏散仿真。

步骤 5:车站客流消防应急疏散仿真过程的可视化展示。利用 Unity 3D 平台融合车站客流消防应急疏散 BIM 模型与车站客流消防应急疏散仿真过程,展现出三维的与可视化的车站客流消防应急疏散过程。

### 5.2.3　基于 BIM 技术的地铁车站消防管理平台设计

BIM 技术作为三维数字化信息技术,在图形可视化、方案协调、施工模拟等方面具有显著的优势,在建筑工程尤其是复杂建筑领域已经得到大量应用,但是目前 BIM 技术在我国消防领域的应用及发展还比较缓慢。因此,开展基于 BIM 技术的地铁消防管理研究非常必要。邓铁军等人研究了 BIM 技术在建筑物消防中的全生命周期应用;叶继红等人通过案例分析了 BIM 技术在火灾模拟与救援应急规划方面的优势;萧炎泉等人创建了 BIM 环境下基于 web 的火灾监视和管理系统,证明了 BIM 在消防管理方面的高效性。

基于 BIM 技术研发智慧消防应急辅助平台,可实时监控地铁车站的火灾报警信息,排烟风机运行状态信息,调用视频监控信息到消防应急中心,远程辅助指导火情侦察、消防疏散、火灾逃生等。下面以广西南宁地铁消防工程为例,对 BIM 技术在地铁消防管理中的应用进行探讨。

## 1. 智慧消防应急辅助平台

1）工程概况

朝阳广场站是南宁市轨道交通1号线一期工程自西向东的第12个车站，位于朝阳路与新华路的交叉口处，车站沿朝阳路设置，大致呈南北走向。车站为地下4层，双岛叠式站台，同台换乘车站，全长321.7 m。地铁车站防火等级为一级，车站装饰材料全部采用难燃或阻燃材料，设备系统采用了低烟无卤阻燃电缆。划分站厅、站台层和设备区三个防火分区，消防控制中心与综控室（综合控制室）共用，设在站厅层设备区。

2）平台架构

南宁地铁智慧消防应急辅助平台将GIS(geographic information system，地理信息系统)+BIM作为信息载体，集成地铁消防预警和视频监控信息。

(1)GIS地图模块。GIS地图模块是将整个南宁市地铁车站地理信息与周边的地理信息进行联动交互的模块，为地铁车站的消防管理打好基础。可在地图上看到每一个站点的具体位置，按照等级标明重点控制点和报警点。随着地图的缩放，可查看站点的BIM模型及周边道路、设施的环境信息，并且将周边重要的单位（如公安、消防、医院）标注在地图上，各方根据信息互享的需求，可以直接在平台上进行联动交互。

(2)可视化管理模块。在GIS地图上点击单个站点，进入单个站点BIM模型，所有的相关信息都附于相应模型构件中，可具体查看站内消防专业相关信息，包括位置、数量、属性、可采取的灭火措施及注意事项等，并对相应的防火设施设备进行特殊标注，为火灾救援做准备。

(3)监测预警模块。监测预警系统与BIM模型绑定，在BIM模型中重点标注重要监测预警点。平台具备预警功能，发生火灾时，可自动推送预警信息给相关人员，据此定位着火点。同时，指挥中心通过平台查看BIM模型绑定的视频监控，及时掌握地铁内部及其环境状况，开展火情通知、人员疏散及火势扑灭等先行工作，支援后续的人员救援工作。

(4)消防资产维保模块。运营维护时，根据平台可视化模型对地铁内的消防资产进行清点，实现可视化运维，保证维保数据可溯源。

(5)应急联动流程：提前将可能发生的火灾进行分类，按类别设置不同的应急流程，将应急流程上传平台，便于日常消防演练。应急联动技术路线如图5.17

所示。

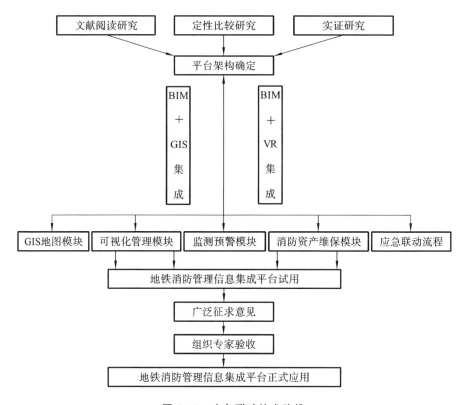

图 5.17 应急联动技术路线

### 2. 消防管理应用

1) 消防模拟演练

在地铁车站 BIM 模型中设置好可移动的虚拟小人,通过计算机算法自动计算与虚拟小人距离最近的出口,实现快速逃生的模拟演练,另外将提前放置的应急预案转换成动画模式在 BIM 模型中虚拟演练,可发现实际操作中可能遇到的问题,用于指导实际中的火灾逃生演练。

2) 应急救援联动机制

由于地铁项目垂直落差大、结构复杂、人员密度大,以及消防员受正压式空气呼吸器使用时间限制等不利因素的影响,故而建立消防总队与南宁地铁消防应急救援联动机制,以减少此类因素的不良影响。消防总队与南宁地铁消防应急救援联动机制如图 5.18 所示。

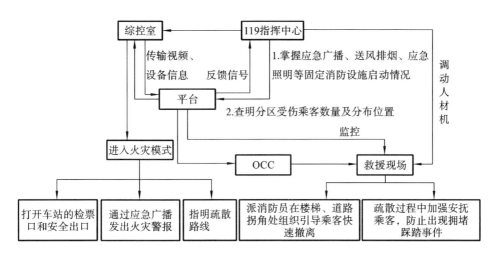

图 5.18　应急救援联动机制

消防应急救援联动机制包括三个阶段的内容。

(1)侦查阶段。由综控室传输视频信息、设备信息等到 BIM 辅助平台，再由平台反馈信号给 119 指挥中心。119 指挥中心掌握送风排烟、应急广播等固定消防设施开启情况，查明分区受伤乘客数量及分布位置，实时通过平台与综控室相互传递信息，采取相应措施。

(2)疏散阶段。通过 BIM 辅助平台实时进行数据共享后，综控室进入火灾模式，打开车站的检票口和安全出口，扶梯改为上行，通过应急广播发出火灾警报，指明疏散路线。同时 119 指挥中心调动救援人员、灭火材料、机械装备到救援现场，派消防员在楼梯、道路拐角处组织引导乘客快速撤离，疏散过程中加强安抚乘客，防止出现拥堵踩踏等事件。

(3)攻坚搜救。搜救人员以 4 人组成 1 个攻坚组，以梯队形式展开，需要携带个人防护、搜救、破拆、照明、通信等装备。发生火灾事故后，需要救助的地铁乘客分为三类。第一类是行动自如，但因恐慌迷失方向的乘客。到场力量对其是以引导疏散为主，指明疏散方向，避免疏散路线和消防进攻路线冲突，并在疏散过程中安抚乘客情绪。第二类是行动不便，但距离搜救人员较近的乘客，通过喊话呼叫等方式可以迅速确定被困者位置，由搜救人员根据被困者具体情况采取背、抱、扛、抬或用担架抬等方式转移至安全区域。第三类是完全昏迷人员。搜救人员难以确定被困者位置，在浓烟和黑暗的环境下，需要进行全方位无死角搜索。搜救中 4 个人组成 1 个搜救小组，1 人为搜救员、1 人为支点。搜救员和支点人员用绳索连接，搜救员扇形移动扫描区域，支点人员周期性推进，另外 2

人转移搜救到的被困者。

另外,搜救人员的空气呼吸机消耗较快,需要后勤及时保障空气呼吸机,将后勤保障点设置在前方指挥部,靠前保障。

基于BIM技术的智慧消防应急辅助平台,结合云数据、GIS技术和物联网技术等先进技术,通过将城市地铁车站的GIS地图、监控预警系统、应急预案等与BIM模型相关联,实现快速定位着火点、及时采取相应措施、可视化地指挥火灾疏散和救援、准确快速地疏散人群,保障人员生命安全,把灾害损失降到最低。还可通过反复模拟和运算来全面分析乘客的疏散行为,提前发现未来可能影响安全疏散的地铁车站问题,避免不必要的经济损失。同时,本平台可对地铁车站进行全面监控,项目管理者可清晰直观地在计算机上了解地铁车站的各种信息,掌握具体情况,预防危险发生,给管理者提供了决策时间。

## 5.2.4　基于物联网技术的上海地铁车站智慧消防建设

近年来,物联网技术的应用给传统监控技术带来了新的发展。同时,在消防监控领域,主要监管部门在消防安全监督管理工作方面做出更加严格的要求,提出在消防安全监督管理工作中融入物联网技术,让物联网技术在火灾防控、现场消防管理工作中发挥积极作用;利用物联网技术,实现消防安全监督管理工作的全面智能化,提高管理效率,提高消防"预警"能力、提升灭火战斗力、提升社会综合防火水平。

下面结合上海地铁2号线徐泾东站、17号线诸光路站的车站级智慧消防试点项目建设情况,对整体系统架构进行梳理分析。同时基于上海地铁的线网控制中心建设对线路控制中心级及线网控制中心级的智慧车站平台建设进行了架构方案设计,并对车站级的智慧消防系统试点项目中的相关功能及新技术的应用进行了介绍。

**1. 地铁消防物联网技术应用**

传统的消防监控系统一般在设计和使用时都存在一定的局限性,或过于依赖使用场所,或依赖人工监管。物联网技术在消防系统方面的应用主要是通过条码、感应器、射频识别等传感器设备实时采集消防设施的各种数据,同时通过无线传输技术与互联网形成网络。地铁车站消防物联网,是利用物联网的感知以及平台技术采集车站消防设施设备状态信息,构建火灾监控报警及应用的物联网。该消防物联网的建设可为提高整个地铁的火灾防控能力、应急处置能力提供有力的技术支持与保障。这是实现智慧消防的关键一步。

消防物联网在系统架构上由感知层、执行层和应用层三部分组成。其中,感知层和执行层需要以实体网络平台为基础,信息应用可以在虚拟网络平台上实现。地铁消防系统建设在管理架构上由车站级火灾监控平台、线路控制中心级火灾监控平台及线网控制中心级火灾监控平台三级组成。由各级数据中心统一负责信息处理与保存,构成综合型的地铁消防物联网平台。各部门可以从消防物联网管理中心的数据平台获取相关数据信息,从而实现对各类消防信息的管理、应用。

1) 车站级火灾监控平台

在上海建设智慧城市的进程中,上海地铁也积极推进智慧地铁的建设。其中,智慧车站是智慧地铁建设的关键节点,结合智慧车站的建设也积极开展了车站智慧消防的建设。上海选取召开中国国际进口博览会时的重点保障车站2号线徐泾东站、17号线诸光路站,试点进行了车站级智慧消防建设。

本次车站级智慧消防试点采用两站一线系统架构,即将2号线徐泾东站、17号线诸光路站分属两条线路的车站信息进行统一集成,实现两站一线集中消防设施设备状态实时监控及联动处置。

在车站原有机电设备监控系统的基础上,在消防风系统中增加末端风量物联网传感器、在消防水系统中增加用于实时监测消防水压的物联网传感器,同时进行开闭状态监测。通过边缘计算、物联网技术实现消防系统健康度分析。平台通过BIM等技术将车站火灾工况下(火灾模式、电梯降层、火灾广播、门禁释放4种)的系统联动情况、消防重点设备(事故风机、通风系统中回排风风机、空调新风机、组合空调风阀、电梯、扶梯、消防门禁、消防水系统中的压力阀门、末端试水等设备的启停、故障、通信、阈值等运营状态)正常及火灾时的工况执行情况进行对比,并进行立体综合展示。最终可在车站火灾工况下,主动推送显示车站火灾预案、客运组织布置、车站相关人员岗位职责。智慧消防系统主要实现以下功能。

(1)通过虹桥火车站将诸光路站与徐泾东站数据链路打通,实现两站一线集中消防监控。

(2)智能消防传感装置综合应用平台展示。

(3)车站火灾工况相关系统联动、消防重点设备集中监控。

(4)车站发生火灾后,页面自动显示对应火灾模式信号、AFC落杆联动信号触发情况。

(5)广播系统开启情况、门禁释放情况显示。
(6)车站正常及火灾工况智能对比分析展示。
(7)车站正常情况下,显示车站正常通风模式。
(8)车站火灾情况下,显示车站火灾工况情况。
(9)车站火灾工况下,处置流程、运营组织、客流疏散监控等综合预案推送。
(10)车站火灾工况下,主动推送显示车站火灾预案、客运组织布置、车站相关人员岗位职责。

如图5.19所示,结合智慧车站建设,推进车站智慧消防建设主要有以下优势。

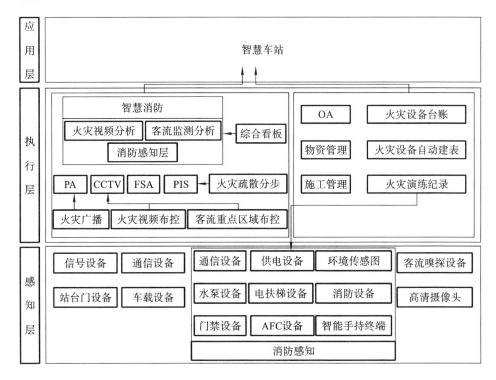

图 5.19 车站级智慧消防架构

(1)最大限度地实现前端智能设备复用(比如高清摄像头、智能手持终端),减少采购成本及施工工期。
(2)通过正常运营及火灾场景切换,运用不同算法减少开发成本及工期。
(3)通过统一平台进行集成开发,实现操作人员集中监控。

通过火灾火眼火情识别系统、WiFi等客流感知设备、视频、高精度室内定位技术、智能手持终端的运用实现车站火灾情况下客流密度、路径、疏散方向等实时监控,以及智慧消防系统面向车站运营人员的任务发布与人员布岗,建设面向消防设备的全方位监控、面向车站管理的辅助性决策、面向事件的共治式联动智慧消防系统。

2)线路控制中心级及线网控制中心级火灾监控平台

上海 2020 年已完成蒲汇塘 C3 集中控制中心建设,各运营线路监控系统已陆续由原线路控制中心接入 C3 集中控制中心,系统中包括了火灾报警系统,可以满足智慧消防对数据的需求。可以通过在 C3 建设线网级智慧消防平台,负责所有线路有关火灾信息的集中监控,通过数据摆渡至管理网,对消防相关的信息进行存储与应用。建筑消防系统的设计、施工、检测、验收、维保、日常消防监督及消防产品质量监督等工作均可在平台上进行,同时还可以给消防救援提供直接的数据信息支持,并且可以通过此平台对接上级消防平台,实现数据同步共享,火情快速响应。

如图 5.20 所示,依托 C3 线网平台建设,推进线网级智慧消防建设主要有以下优势。

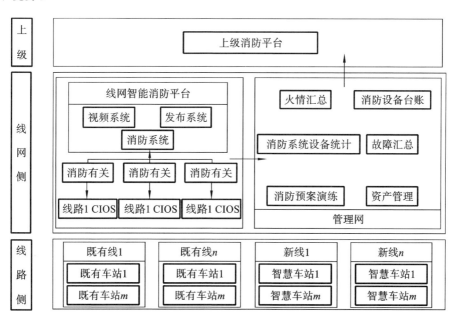

图 5.20　线网级智慧消防架构

(1)C3 线网平台建成后已涵盖所有线路有关消防的设备信息,统一汇总并集中开放消防有关界面,可最大限度减少项目投入、缩短开发周期。

(2)可利用C3新建智慧消防平台,集中统一监控所有地铁线路的消防报警及火灾情况。

(3)相关数据摆渡至管理网后,可利用信息化平台建设综合大屏,综合展示所有线路消防情况,同时结合物资台账统计进行信息化开发。

(4)管理网系统可以连接公网外部平台,同步共享发布有关信息。突发情况下,实现地铁车站消防与城市消防系统应急联动,可极大提高疏散救援效率。

本方案中的管理网系统架构基本确定为上海申通地铁股份有限公司的申通信息中心虚拟数据中心模式,该模式灵活多样,充分满足各类系统集成厂商对于系统平台服务与硬件搭设的需求。厂商均可按自身系统需求获取虚拟信息中心硬件及网络资源。当然可能最典型的应用,还是以地铁线路为基本单元,进行日常管理和消防服务。

综上,这种系统模式应该是投入最少、见效最快,系统灵活度、适用性、可拓展度最高的地铁智慧消防搭建模式。能高效地将现有地铁车站有关消防的信息进行互联监控,同时将地铁与市级消防系统进行网络互联,实现突发情况下的应急联动,提高事故处置效率。

3)BIM技术应用

BIM技术是以项目中的相关信息数据为基础,建立建筑模型,并通过数字信息仿真模拟建筑物的真实信息。

借助BIM技术,消防系统与建筑之间将会有更多的关联信息供消防专业人员使用。可针对建筑运行状况进行智能化监测,当发现异常情况时能及时发出警报,从而实现火灾预防。

在平台上不但可以看到建筑物的三维模型,还能看到消防设施设备的位置,消防设施设备的生产厂家、编号、状况等详细信息。据有关研究,地铁车站电气火灾事故占地铁火灾事故的70%以上。这些电气火灾都是有前兆的,如漏电、短路、超负荷、温度升高等,肉眼很难辨别。智慧消防就是运用技术手段,实时监测电气设备的相关参数,并上传到消防云平台,实现大量电气设备的实时监控,实现车站电气火灾预警。

BIM应用于智慧消防,每个消防设施的名称、型号、位置等相关参数都会直接录入系统,并贴上数字标签,有的设施可采用无线物联网在线实时监控,例如现在的消防新科技,利用车站无线网络、无线水位水压探测器、物联网消火栓,可以实现对消防水系统的实时监控,为消防救援提供全方位信息支持。

运用BIM技术对提升消防设计、施工验收、消防安全管理的精细水平都有很大的帮助。BIM技术在消防领域将得到更加普遍的运用。

## 2. 总结

智慧消防的建设应通过广泛建设消防物联网,然后逐步完善智慧应用功能。在消防物联网建设中,需要规范接入设备的数据格式及协议,建立统一标准,这将有力地推进智慧消防的全面建设。

# 参 考 文 献

[1] 北京市规划委员会.地铁设计规范:GB 50157—2013[S].北京:中国建筑工业出版社,2014.

[2] 蔡恒.地铁车站消防应急照明及疏散指示系统设计研究[J].黑龙江交通科技,2022,45(3)132-134.

[3] 陈梦菁.考虑客流比的站台设施设置方法[D].深圳:深圳大学,2019.

[4] 陈同刚.地铁消防安全管理[M].天津:天津科学技术出版社,2018.

[5] 崔保乐.地铁车站空间形态设计研究[D].苏州:苏州大学,2017.

[6] 高艺伟.地铁站火灾韧性评估体系研究[D].青岛:青岛理工大学,2022.

[7] 龚金刚.地铁站建筑综合体建筑设计研究[D].长沙:湖南大学,2012.

[8] 顾保南,叶霞飞.城市轨道交通工程[M].3版.武汉:华中科技大学出版社,2015.

[9] 郭健,王阳,裴陆杰,等.基于 m 法的弹性地基梁优化计算模型研究[J].佳木斯大学学报(自然科学版),2020,38(2):1-5.

[10] 郭晓阳,王占生.地铁车站空间环境设计[M].北京:中国水利水电出版社,2014.

[11] 胡志儒.关于地铁车站建筑防火及安全疏散设计[J].消防界(电子版),2020,6(17):79,81.

[12] 孔令飞.兰州地铁某地下车站的抗震分析[D].兰州:兰州交通大学,2021.

[13] 李冬冬.地铁火灾事故的特点及防火安全工程建设[J].工程与建设,2022,36(3):841-842,853.

[14] 李冉.地铁车站消防系统方案比选研究[D].西安:西安工业大学,2016.

[15] 李文杰,纪成亮.合肥南地铁站性能化防火设计简介[J].工程与建设,2018,32(5):700-703.

[16] 李严.基于综合监控系统的地铁消防联动应用研究[J].无线互联科技,2022,19(1):100-101.

[17] 李永康,马国祝.消防安全技术实务[M].5版.北京:机械工业出版

社,2020.

[18] 林晓伟,王侠.城市轨道交通智慧安防系统的建设[J].工业控制计算机,2021,34(3):112-114.

[19] 罗亮.地下综合体与地铁车站相结合的设计研究[D].广州:华南理工大学,2012.

[20] 秦玮.地铁车站出入口及风亭建筑设计探研——以郑州市地铁为例[D].郑州:中原工学院,2019.

[21] 任爽爽."在地性"观念引导下的地铁站建筑设计研究[D].济南:山东建筑大学,2021.

[22] 宋希辰.大型地下火车站的消防性能化设计探讨[J].居舍,2021(27):105-106.

[23] 王炳华.基于BIM技术的地铁车站消防管理平台研究[J].低温建筑技术,2020,42(9):144-147.

[24] 王晨野.地铁车站运营状态下智能应急疏散方法研究[D].西安:西安理工大学,2020.

[25] 王俊雅.青岛地铁站与城市空间关系研究[D].青岛:中国石油大学(华东),2017.

[26] 王凯.基于物联网技术的上海地铁车站智慧消防建设[J].数字技术与应用,2022,40(6):192-194.

[27] 王文君.地铁车站结构抗震设计分析[J].工程技术研究,2021,6(12):212-213.

[28] 王午生,许玉德,郑其昌.铁道与城市轨道交通工程[M].上海:同济大学出版社,2003.

[29] 魏诚.新消防标准下地铁站应急照明系统改进探讨[J].山西能源学院学报,2022,35(2):100-102.

[30] 吴贝,时雨.BIM集成应用下的车站客流消防应急疏散仿真[J].计算机仿真,2021,38(9):485-489.

[31] 吴璇.城市轨道交通车站环境与设备监控系统分析[J].南方农机,2021,52(7):162-163,172.

[32] 席雷.某地铁换乘车站的结构设计分析研究[D].广州:华南理工大学,2012.

[33] 徐昊.石家庄地铁南豆站车站结构抗震分析[D].石家庄:石家庄铁道大

学,2019.

[34] 许威.地铁指挥中心火灾自动报警系统的设计与实现[D].北京:北京建筑大学,2016.

[35] 杨怡庆.地铁车站建筑防火设计探讨[J].城市道桥与防洪,2017,221(9):228-233,24.

[36] 叶欣.地铁车站建筑设计中防火安全问题的探讨[J].北方建筑,2019,4(2):60-64.

[37] 袁茹.关于地铁车站建筑防火及安全疏散设计[J].居舍,2021(5):68-69,97.

[38] 张兴强.城市轨道交通土建工程[M].北京:北京交通大学出版社,2011.

[39] 张瑜.地铁车站动力照明的优化设计[J].工程技术研究,2022,7(2):160-162.

[40] 上海市隧道工程轨道交通设计研究院,公安部天津消防研究所.地铁设计防火标准:GB 51298—2018[S].北京:中国计划出版社,2018.

[41] 中华人民共和国公安部.建筑设计防火规范:GB 50016—2014(2018年版)[S].北京:中国计划出版社,2018.

[42] 周鑫.地铁车站基坑支护结构研究[D].淮南:安徽理工大学,2017.

[43] 周紫涵.地铁车站烟气流动规律及消防疏散策略研究[D].青岛:青岛理工大学,2019.

# 后　　记

地铁以其运量大、快捷、准时、方便、安全的特点和优势,逐渐成为城市交通中最重要的公共交通工具之一,以及城市现代化的重要标志。目前,我国城市地铁交通建设已进入跨越式发展阶段,建设规模之大、发展速度之快前所未有。由于地铁的密闭性和人员的密集性,疏散和救援难度较大。一旦发生事故,影响是巨大的。地铁事故种类繁多,火灾是其中最具威胁性的风险之一。因此,研究地铁车站的建筑设计和消防设计具有极强的现实意义。要通过合理的建筑设计和消防设计,实现地铁车站的规范消防疏散,全面提高地铁车站火灾事故的应急救援能力,最大限度地减少火灾造成的损失,维护社会稳定,为经济建设和人民生活提供消防安全保障。